U0516081

权威·前沿·原创

皮书系列为
"十二五""十三五"国家重点图书出版规划项目

新三板蓝皮书

BLUE BOOK OF
NEW THIRD BOARD

中国新三板市场发展报告
（2018~2019）

ANNUAL REPORT ON CHINA'S NEW THIRD BOARD MARKET

(2018-2019)

新三板挂牌公司质量评价

中国社会科学院金融研究所
中国博士后特华科研工作站

主　编／王　力
副主编／刘　坤　王子松

社会科学文献出版社
SOCIAL SCIENCES ACADEMIC PRESS（CHINA）

图书在版编目（CIP）数据

中国新三板市场发展报告：新三板挂牌公司质量评价 . 2018—2019 / 王力主编 . -- 北京：社会科学文献出版社，2019.5

（新三板蓝皮书）

ISBN 978 - 7 - 5201 - 4509 - 1

Ⅰ.①中… Ⅱ.①王… Ⅲ.①上市公司 - 经济发展 - 研究报告 - 中国 - 2018 - 2019 Ⅳ.①F279.246

中国版本图书馆 CIP 数据核字（2019）第 049166 号

新三板蓝皮书

中国新三板市场发展报告（2018～2019）
——新三板挂牌公司质量评价

主　　编／王　力

副主编／刘　坤　王子松

出 版 人／谢寿光
责任编辑／王玉山

出　　版／社会科学文献出版社·经济与管理分社（010）59367226
　　　　　　地址：北京市北三环中路甲 29 号院华龙大厦　邮编：100029
　　　　　　网址：www. ssap. com. cn
发　　行／市场营销中心（010）59367081　59367083
印　　装／天津千鹤文化传播有限公司

规　　格／开 本：787mm×1092mm　1/16
　　　　　　印 张：21.75　字 数：323 千字
版　　次／2019 年 5 月第 1 版　2019 年 5 月第 1 次印刷
书　　号／ISBN 978 - 7 - 5201 - 4509 - 1
定　　价／138.00 元

新三板蓝皮书编委会

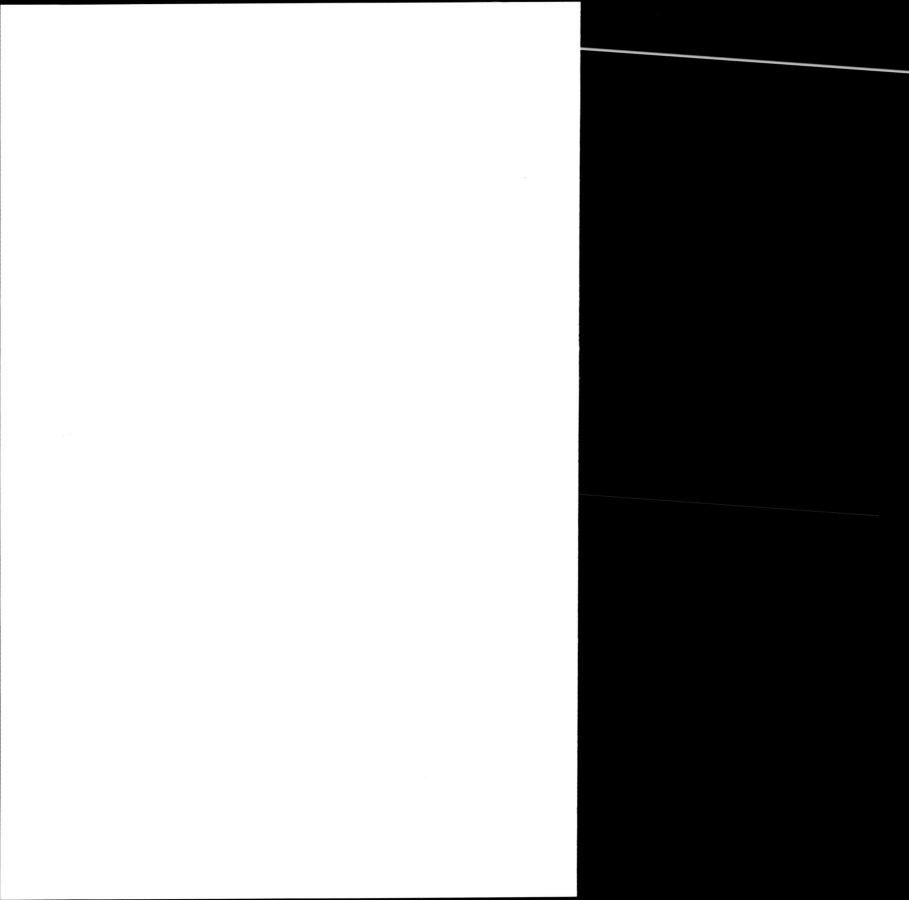

主要编纂者简介

王 力 研究员，经济学博士，特华博士后科研工作站执行站长，中国社会科学院金融研究所博士生导师，北京大学经济学院校外导师。主要研究领域：区域金融、产业经济、资本市场和创业投资。主要社会兼职：中国生产力学会常务理事和副秘书长、中国保险学会常务理事和副秘书长、中国城市经济学会常务理事等，还受聘担任多家地方政府经济顾问和上市公司独立董事。主要研究成果有：编辑出版《兼并与收购》、《香港创业板市场研究》、《中国创业板市场运行制度研究》、《中小企业板市场研究》、《国际金融中心研究》、《中国区域金融中心研究》、《国有商业银行股份制改革研究》等10多部著作，在国家核心刊物发表学术论文170余篇，主编《中国服务外包竞争力发展报告》、《中国金融中心城市金融竞争力发展报告》、《中国上市公司质量评价报告》、《中国融资租赁业发展报告》和《中国保险业竞争力发展报告》等蓝皮书多部，主持《深圳金融后台与服务外包体系建设研究》、《北京中关村科技园区金融资源整合研究》、《当前金融领域流动性紧张问题研究》和《上海自贸试验区金融创新机制研究》等省部级和国家级重点课题50余项。

刘 坤 经济学博士，济南大学金融研究院研究员、特华博士后科研工作站博士后兼研究员，山东省资本市场创新发展协同创新中心研究员。主要研究方向：资本市场、公司金融与创新经济。近年来，参与国家社科基金项目2项，主持教育部人文社会科学研究项目1项、山东省社科规划研究项目1项，参与北京市金融业十三五规划编制，组织或参与社会合作课题研究项目10余项。先后在《中国工业经济》、《经济科学》、《财经研究》等知名期刊发表论文 10 余篇，多篇文章被《新华文摘》、《中国社科科学文摘》、《人大复印资料》等转载。获山东省社会科学优秀成果奖一等奖 1 项。连续三年主持编写新三板蓝皮书《中国新三板市场发展报告》，获优秀皮书报告奖三等奖 1 次。

王子松 经济学博士，研究领域为资本市场。参与主持编写新三板蓝皮书《中国新三板市场发展报告》，获优秀皮书报告奖三等奖 1 次。

摘　要

伴随着 2018 年末国内资本市场并购重组政策的重新放宽以及科创板的提出，围绕科技板块与成长性的并购重组活动再度活跃起来，新三板市场上的并购重组活动也很可能会再放光彩。沿着 2017 年新三板挂牌公司质量评价报告的研究思路，本报告立足于挂牌公司的群体特征，从持续经营能力、信息披露质量、成长性和创新性四个维度对挂牌公司投资质量进行全面评价，以期为各方市场参与者提供有参考价值的信息。本报告研究分为两部分：总报告和行业篇。

总报告的主要内容包括新三板市场发展现状、挂牌公司质量评价方法的修订与完善、样本选择、总体质量评价结果以及总结与展望。具体来说，市场发展现状旨在给出一幅远景图，作为本报告的参照背景，主要介绍新三板市场总体发展情况与挂牌公司在 2017 年度的总体经营状况；本报告采用的挂牌公司质量评价方法是对上一年所用评价方法的继承和发展，整体上仍由持续经营能力、信息披露质量、成长性和创新性四个维度构成评价模型，评价指标体系共由 28 个基础指标组成，较上年做了较明显的调整；本报告共选择 2189 家样本公司，约占挂牌公司总数的 20%，平均得分为 67.50 分，得分分布在 46.80 分~83.45 分之间，总体呈正态分布，显示具有较好的区分度。

行业篇主要从行业维度对挂牌公司质量评价的结果进行总结，分别给出了 14 个大类行业挂牌公司的质量评价结果。从结构上来说，首先是行业基本情况介绍、主要细分行业的行业分析以及行业发展趋势展望，其次是行业内挂牌公司的质量评价结果，最后是行业内挂牌公司案例分析。

关键词：新三板　挂牌公司　质量评价

序　新三板将与科创板竞相绽放

2018 年 11 月 5 日，国家主席习近平出席首届中国国际进口博览会开幕式并发表题为《共建创新包容的开放型世界经济》的主旨演讲。习近平主席在演讲中强调：创新是第一动力，各国应该把握新一轮科技革命和产业变革带来的机遇，加强数字经济、人工智能、纳米技术等前沿领域合作，共同打造新技术、新产业、新业态、新模式。我国将在上海证券交易所设立科创板并试点注册制，支持上海国际金融中心和科技创新中心建设，不断完善资本市场基础制度。一石激起千层浪，上交所将设立科创板并试点注册制的消息一经发布，便立即牵动国内资本市场的神经，A 股市场创投概念股票纷纷涨停报收。市场人士分析认为，上交所设立科创板并试点注册制将重构国内资本市场生态，有人已经开始憧憬科创板将会成为中国版的纳斯达克市场，与此同时，也对新三板市场未来发展的不确定性表现出忧虑。

诚然，科创板的设立与注册制的试点来自国家最高决策层的意志，肩负着助力创新驱动战略的使命，只能成功，不容失败。事实上，在 11 月 5 日下午，证监会积极表态将抓紧完善科创板的相关制度规则安排。由此可见，科创板的推出正在紧锣密鼓地进行。那么带来的问题是，新三板市场会不会被边缘化？优质科技创新企业是不是更倾向于选择到科创板上市？新三板市场会不会沦为劣质公司挂牌市场的代名词？已经明确的是，科创板的设立属增量改革，设立科创板的目的绝不是替代新三板市场，更不是要放弃新三板市场。党的十九大报告已明确指出，要促进多层次资本市场健康发展。国家"十三五"规划也明确提出，要创造条件实施股票发行注册制，发展多层次股权融资市场。应该说，科创板与新三板都是我国多层次资本市场的组成部分，双方有着差异化的市场定位，未来它们将在各自的领域内提供高效的资

本市场服务。

从我国多层次资本市场定位来说，新三板的服务对象是"创新型、创业型、成长型中小微企业"，包括但不限于科技创新类企业，挂牌公司规模通常较小，而科创板则是为创新型科技企业服务，特别是为初创或者规模较大但没有达到盈利要求等硬性指标的企业，提供一个上市渠道。因此新三板与科创板的服务对象在类型、规模等方面都有显著差异，并不构成绝对的竞争。换句话说，适合在科创板上市的公司，与适合在新三板挂牌的公司，并不是同一类群体。如果要说两个市场板块之间存在潜在竞争，可能会表现为科创板对在新三板成长起来的优质挂牌公司的吸引力，这一点有待于新三板市场在发展中建立自身的差异化竞争优势来解决。从更积极的角度来看，科创板在制度设计方面可能会为新三板市场改革起到引领和示范效应，进而带动新三板与科创板形成良性竞争、互相促进的发展新格局。比如，新三板市场当前被广为诟病的问题是流动性差，市场人士普遍认为，这既与投资者准入门槛过高有关，又与挂牌公司股权集中度高有关，还与缺乏交易需求情形下做市商低效有关。如果科创板在投资者准入、交易机制设计等方面探索出一条可行的道路，将有利于推动新三板市场的改革达成共识，引导新三板市场分化出一个新的市场层次，在服务科技创新企业方面与科创板"竞相绽放"。

对于新三板市场来说，挂牌公司数量庞大，质量难免良莠不齐，发掘新三板挂牌公司的投资价值是一项十分有意义的工作。特别是在当前市场关注度持续下降的背景下，从第三方的角度、以年报公开披露信息为依据，坚持定期发布新三板挂牌公司质量评价报告，为市场各参与主体提供参考，就显得更加有意义。《中国新三板市场发展报告（2018）》是对年度新三板挂牌公司的投资质量进行全面评价。该报告基于新三板挂牌公司的群体特征，构建了包括持续经营能力、信息披露质量、成长性和创新性四个维度的质量评价模型，对28个基础性指标进行测度。评价模型延续上年，但在基础指标的选择上做了较大调整，调整的总体思路是，删减冗余、低效指标，增加能更准确反映评价内容的指标。本年度报告以2017年新三板挂牌公司年度报告披露的数据为依据，对 2189 家样本公司进行全面的投资质量评价，样本公司占全部挂牌公司的比例约为 20% 。读者的信息反馈将是我们进一步完善新三板挂牌公司质量评价的直接推动力，我们期待着能与关心质量评价工作的各领域专家并肩合作，共同努力将新三板挂牌公司质量评价做得更好！

王　力

2019 年 1 月

目　录

Ⅰ　总报告

Ⅱ　行业篇

Ⅲ　附　录

新三板蓝皮书

皮书数据库阅读**使用指南**

总 报 告

General Reports

B.1

新三板挂牌公司质量评价

王力 刘坤 王子松 王师*

摘 要： 伴随着 2018 年末国内资本市场并购重组市场的重新放宽以及
科创板的提出，围绕科技板块与成长性的并购重组活动必然
会再度活跃起来，新三板市场上的并购重组活动也将再放光
彩。沿着 2017 年新三板挂牌公司质量评价报告的研究思路，
本报告立足于挂牌公司的群体特征，从持续经营能力、信息
披露质量、成长性和创新性四个维度对挂牌公司投资质量进
行全面评价，评价指标体系共由 28 个基础指标组成。本年度
的评价中，课题组对 2189 家样本公司（约占 2017 年末全部

* 王力，经济学博士，特华博士后科研工作站执行站长，中国社会科学院研究生院博士生导师，
主要研究领域为区域金融、创业投资、资本市场。刘坤，经济学博士，济南大学金融研究院
研究员、特华博士后科研工作站博士后，主要研究领域为新三板市场、公司金融、产业经济。
王子松，经济学博士，中国社会科学院研究生院，主要研究领域为资本市场。王师，特华财
经研究所研究员，主要研究领域为资本市场、区域产业规划。

挂牌公司的20%)进行了综合评价。挂牌公司质量评价平均得分为67.50分,得分分布在46.80分~83.45分之间,总体呈正态分布,显示具有较好的区分度,可以较好地识别相对优质的挂牌公司。应该说,质量评价得分本质上反映了挂牌公司质量指数的相对排名。在此意义上,从投资者关注的角度来说,细分行业内具有共性特征的挂牌公司之间的排名更具有参考价值。

关键词: 新三板 挂牌公司 质量评价 并购重组

一 导言

2017年,落实和推进供给侧结构性改革成为全国经济工作的主线,政府以"三去一降一补"五大任务为抓手,推动供给侧结构性改革取得显著成效。在"去产能"、"去杠杆"的改革过程中,经济下行的压力对中小微企业的冲击尤其明显,大量缺乏创新能力的中小企业与落后产能被淘汰出局,即使是对于具备发展潜力的中小企业来说,融资也变得更加困难。这一点从中小企业上市(挂牌)公司在资本市场上的表现可以看得更加清楚:在经历了2015年的股灾后,2016~2017年,A股市场呈现出结构性慢牛走势的特征,众多大盘蓝筹股不但走出了股灾的阴影,甚至还创出历史新高,沪深300指数由2016年初最低的2821点逐级攀升至2018年初的4403点;而中小盘股票的表现则让投资者十分失望,大量小盘股票不断创出新低,跌幅超过60%的公司比比皆是。

在资本市场估值剧烈调整的背景下,规模小、技术和市场风险高、业务稳定性差的新三板挂牌公司的市场表现则更加不尽如人意。三板做市指数已由2015年最高点的2673.17点跌至2018年10月份的716.34点,最大跌幅73.2%。针对新三板市场流动性不足等问题,监管部门在2017年推出了市场分层、信息披露、交易制度等多项制度改革，未能收到预期效果，三板做市指数在此后仍是不断下挫。目前，万余家挂牌公司中，每日成交额超过 100 万元的挂牌公司数量不过二三十家，市场上的流动性几近枯竭，新三板市场生态圈中正处于肃杀的严冬季节，与三四年前新三板市场的火热景象形成鲜明对比。

新三板市场扩容之初，全新的制度设计为市场引来无尽的想象空间。市场上普遍寄希望于新三板能够打造成为中国的纳斯达克市场，成为科技型、小型上市公司借助资本市场发展壮大的沃土，成为科技股明星企业云集的市场。各方市场参与者抱着极大的热情参与到了市场建设中，挂牌公司数量在 3 年内净增 10000 余家。与此同时，一系列创新性的制度引入新三板市场，就像一个新生的生命，充满了希望。2017 年，新三板首次被写入政府工作报告，提出要深化多层次资本市场改革，完善主板市场基础性制度，积极发展创业板、新三板，规范发展区域性股权市场；2017 年，新三板还被写入《证券法》二审稿，被明确为我国证券市场的三个市场层次之一。时任证监会主席刘士余在 2017 年全国证券期货监管工作会议上提到新三板定位问题，表示"新三板挂牌企业还需优化分层的制度和办法，新三板既要有苗圃功能，又要发挥土壤功能。让一批创新能力强、诚实守信、市场前景好的企业，能够转板的就转板，不愿意转板的就在新三板里面绽放"。尽管新三板的市场地位毋庸置疑受到很大重视，但从二级市场的发展情况来看，交投极为清淡，更像是一个缺乏市场流动性的 PE 市场，新三板挂牌公司的投资价值难以通过交易价格有效揭示。大量的市场参与者在迷茫中选择了离场，市场迅速冷却。

"试玉要烧三日满，辨才需待七年期。"新三板仍然是成长中的市场，还面临许多成长中的烦恼，不能因一时的成绩而沾沾自喜，也不能因一时的困难而裹足不前，新三板的成长需要各方参与者的包容和支持。当前，新三板市场已经进入转型升级的关键时期，生动的市场正是激励制度创新的最佳环境。本报告沿袭 2017 年的研究思路，立足于新三板挂牌公司的群体特征以及新三板市场的发展定位，试图构建一个评价新三板挂牌公司质量的指标体系，并对挂牌公司、行业做出评价和展望，以期为各方市场参与者提供有参考价值的信息。

二 新三板市场发展现状

（一）市场基本情况统计

自 2013 年末新三板市场扩容至全国范围开始，新三板经历了三年的"野蛮"生长期，挂牌公司数量从 2013 年末的 356 家骤增至 2016 年末的 10163 家，成为全国最大的基础性证券市场。2017 年末，新三板挂牌公司数量达到 11630 家，全年新增 1467 家，同比增长 14.43%，数量扩张的势头明显放缓。事实上，自 2016 年开始，新三板市场便进入了一个监管更加严格的时代，在防范系统性金融风险的宏观背景下，监管力度有增无减，新三板市场的发展重心也从数量型增长逐步转向质量型增长。

表 1　市场主要统计指标概览

	2017 年	2016 年	2015 年	2014 年
挂牌规模				
挂牌公司家数	11630	10163	5129	1572
总股本（亿股）	6756.73	5851.55	2959.51	658.35
总市值（亿元）	49404.56	40558.11	24584.42	4591.42
股票发行				
发行次数	2725	2940	2565	330
发行股数（亿股）	239.26	294.61	230.79	26.60
融资金额（亿元）	1336.25	1390.89	1216.17	134.08
优先股发行				
发行次数	8	3	—	—
融资金额（亿元）	1.49	20.20	—	—
股票转让				
成交金额（亿元）	2271.80	1912.29	1910.62	130.36
成交数量（亿股）	433.22	363.63	278.91	22.82
换手率（%）	13.47	20.74	53.88	19.67
市盈率（倍）	30.18	28.71	47.23	35.27
投资者账户数				
机构投资者（万户）	5.12	3.85	2.27	0.47
个人投资者（万户）	35.74	29.57	19.86	4.39

资料来源：全国中小企业股份转让系统。

通过表 1 中的数据，从规模指标来看，2017 年新三板挂牌公司数量达到 11630 家，总股本 6756.73 亿股，总市值 4.94 万亿元，均保持了稳中有增的势头。从一级市场股票发行情况来看，2017 全年共发行股票 2725 次，同比减少 215 次（或 7.31%）；发行股票 239.26 亿股，同比减少 18.79%；融资金额达到 1336.25 亿元，同比减少 3.93%，表明一级市场的融资能力较为稳定。从二级市场股票转让情况来看，全年共成交股票 433.22 亿股，成交金额 2271.80 亿元，同比分别增加 19.14%、18.80%，但从换手率指标来看，全年换手率仅为 13.47%，较上年大幅降低，表明交易趋于不活跃。从投资者发展情况来看，截至 2017 年末，机构投资者户数增加至 5.12 万户，同比增加 1.27 万户（或 32.99%）；个人投资者户数增加至 35.74 万户，同比增加 6.17 万户（或 20.87%）。

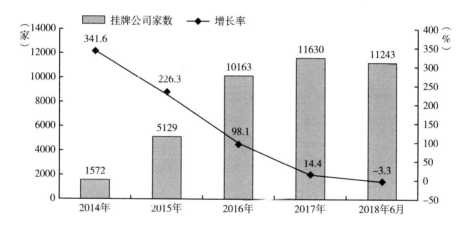

图 1　新三板挂牌公司数量（2014～2018 年）

截至 2017 年末，新三板共有挂牌公司 11630 家。进入 2018 年后，新三板市场新增的挂牌公司数量要少于摘牌的企业数量，挂牌公司总量出现了小幅减少的态势。截至 2018 年 6 月，新三板共有挂牌公司 11243 家，较 2017 年末减少 387 家（或 3.3%）。从整体来看，挂牌公司进入质量重于数量的发展时代。

根据股转公司的行业划分标准，全部挂牌公司分布在制造业、信息传

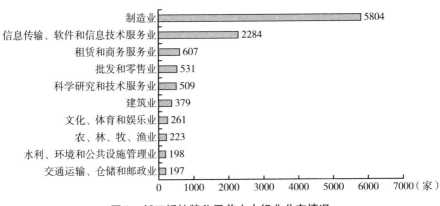

图2 新三板挂牌公司前十大行业分布情况

输、软件和信息技术服务业、租赁和商务服务业等18个大类行业中。前十大行业共有挂牌公司10993家，占全部挂牌公司的94.52%。其中，制造业挂牌公司5804家，占全部挂牌公司的49.91%；信息传输、软件和信息技术服务业挂牌公司2284家，占全部挂牌公司的19.64%。制造业与信息传输、软件和信息技术服务业是挂牌公司最为集中的行业类别，二者合计占到挂牌公司总数的约七成。

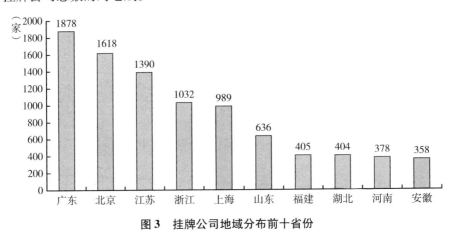

图3 挂牌公司地域分布前十省份

从图3的地区分布情况来看，广东、北京、江苏、浙江、上海、山东、福建、湖北、河南、安徽是我国新三板挂牌公司数量最多的十个省份，共有挂牌公司9088家，占全部挂牌公司总量的78.14%。

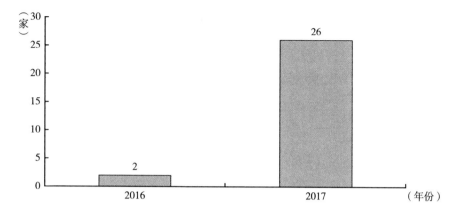

图4 转板上市情况统计（2016～2017年）

如图4所示，2016年12月，中旗股份（300575.SZ）、拓斯达（300607.SZ）先后从新三板转板至创业板上市。2017年，新三板挂牌公司进入第一波转板高潮，全年共有26家新三板挂牌公司实现转板上市（包括先从新三板摘牌后过会上市的企业）。由此，挂牌公司上市辅导热情大增。2017年359家挂牌公司宣布上市辅导，较2016年增长60.27%。

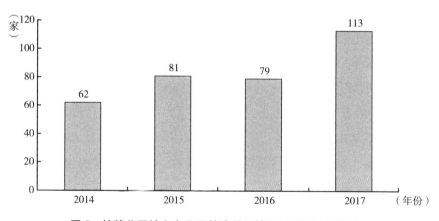

图5 挂牌公司被上市公司并购重组情况（2014～2017年）

如图5所示，2017年，除26家新三板挂牌公司实现转板上市外，还有113家挂牌公司被上市公司并购重组，曲线达到了上市的目的。两种情况共有139家公司，占全部挂牌公司数量的1.20%。可见，新三板市场与创业

板、中小板市场之间已经在一定程度上实现了有机对接，优质的新三板挂牌公司完全有机会升级至更高层次的资本市场。

（二）2017年挂牌公司年报分析

挂牌公司年报披露完毕后，股转公司对挂牌公司2017年报所呈现的新情况做出了权威分析。股转公司的统计显示，截至2018年4月27日，共计11371家公司须披露2017年年度报告，除已提交终止挂牌申请的147家公司外，共有10764家挂牌公司完成2017年年报披露工作，按期披露率96%。

股转公司的分析报告认为，2017年是我国供给侧结构性改革的深化之年，产业转型升级步伐加快，创新驱动积极效应不断释放。作为国内创新创业型中小企业的代表群体，挂牌公司2017年业绩整体呈现高质量增长，产业结构持续优化，新动能、新产业、新业态加速发展，新三板市场服务国家创新发展战略的根基愈加深厚。具体情况如下：

1. 挂牌公司整体保持高质量快速发展态势，企业社会责任和规范度均有进一步提升

（1）整体业绩继续保持较快增速。已披露年报挂牌公司2017年共实现营收1.98万亿元，净利润1154.84亿元，分别同比增长21.21%和14.69%，盈利面76.44%。其中非金融类企业共实现营收1.89万亿元，净利润1012.99亿元，分别同比增长21.12%和17.79%，增速较上年进一步提高3.64个和7.20个百分点，盈利面79.63%。盈利能力维持较高水平，净资产收益率8.69%。

经过市场的发展培育，挂牌公司五年以来总资产、营业收入和净利润分别累计增长102.02%、75.97%、91.61%，已有906家公司挂牌后实现规模升级，其中48家微型企业成长为小型企业，844家小型企业成长为大、中型企业。

（2）经营稳健性进一步提升。一是传统行业去杠杆收获实效。2017年非金融类企业平均资产负债率47.84%，同比下降0.19个百分点，其中传统行业同比下降0.87个百分点。二是运营效率提高。非金融类企业存货周

转率、固定资产周转率、总资产周转率分别同比提高 2.84%、7.48%、2.79%。三是税费负担继续下降。企业现金支付的各项税费占营收比重同比下降 0.43 个百分点,其中小、微型企业分别同比下降 0.62 个、0.82 个百分点。

(3)产业结构持续优化。一是现代服务业引领作用增强。现代服务业(剔除金融业)营收和净利润分别同比增长 26.94% 和 29.12%,其中信息技术服务业净利润同比增长 49.01%,互联网经济、数字经济、共享经济表现突出,成为推动新经济发展的新引擎。二是制造业向价值链中高端延伸。先进制造业营收占比 61.84%,同比提高 0.27 个百分点。装备制造业、高技术制造业固定资产投资增速分别较上年提高 11.74 个和 2.30 个百分点。三是环保与民生产业生态改善。涉及环保与社会公共服务等行业经营业绩大幅改善,营收和净利润增速分别较上年提高 14.28 个和 18.72 个百分点,投资进一步扩张,增速同比提高 2.24 个百分点。四是高耗能产业产能继续下降。石油加工、电力热力、黑色金属加工等行业投资均同比下降 20% 以上。

(4)服务国家战略和履行社会责任的广度与深度均有所提升。一是服务区域协调和乡村振兴战略。西部和民族地区挂牌企业业绩持续改善,净利润同比增长 19.87%,增速较上年提高 12.61 个百分点。农村农业农民相关企业增收,服务乡村振兴战略。共有涉农企业 368 家,营收同比增长 9.19%,县域乡镇企业 850 家,营收同比增长 24.25%。二是参与扶贫的深度、广度和精细化程度均明显提升。贫困地区挂牌公司共 235 家,营收和净利润分别同比增长 25.53% 和 36.26%,业绩显著改善。9995 家公司披露了扶贫与社会责任事项,其中 2489 家公司响应扶贫号召,以捐款、捐赠图书、设立公益基金等形式,积极深入参与精准扶贫。三是扩大吸纳社会就业。挂牌公司员工人数达 252.03 万人,同比增长 7.85%,较全国城镇就业人员增长率高 5.03 个百分点。

(5)公司治理进一步改善。挂牌新三板后,公司治理的规范性明显加强。制度建设方面,4333 家公司在 2017 年建立新的公司治理制度,占比 40.25%;7407 家公司建立年度报告重大差错责任追究制度,占比 68.81%,

同比提升 13.85 个百分点。外部制衡方面，有 654 家公司开始设独立董事，538 家公司管理层引入了职业经理人。

权益分配方面，共有 2548 家挂牌公司公布分红预案，占已披露年报挂牌公司家数的 23.67%。其中 2044 家实施现金分红，拟发放现金股利合计 267.85 亿元。

信息披露方面，因未按时披露 2017 年年报而被处罚的公司家数同比减少 20 家。1268 家创新层公司中，除 28 家已提交摘牌申请的公司外，1193 家按时完成 2018 年一季报披露，按期披露率达 96%。

2. 新动能新产业新业态蓬勃发展，梯次已初步形成，新三板市场服务国家创新发展战略的根基愈加深厚

（1）创新驱动战略深入实施。一是持续高研发和人才投入。共有 8586 家挂牌公司披露了研发支出，研发总支出 607.30 亿元，同比增长 9.96%。研发强度 3.82%，较全社会研发强度高 1.7 个百分点。人才驱动特点显著，本科以上学历人员占比 25.81%。如锂电子负极材料龙头企业贝特瑞，其成立的研究院已发展为国家级技术中心，研发人员超过 200 人，是新能源新材料领域全球规模最大的研究院。二是研发产出效率高。24 家挂牌公司参与的科研项目获 2017 年国家科学技术奖，多家挂牌公司拥有世界先进的核心技术。如物联网企业德鑫物联，拥有国际领先的无线射频识别技术，有 5 个世界级核心发明专利和 10 个国家级核心发明专利。三是坚持产研结合。挂牌公司 2017 年签订重大技术开发合同金额合计 255.05 亿元，同比增长 406.76%。约有半数公司通过设立下属研究院、与研究院合作科研项目、引进具有科研院所背景人才的方式深入开展科研，科研范围涉及区块链、人工智能等前沿技术。如生物科技公司赛莱拉拥有"三站两院一中心"的科技创新平台，通过"科研 + 产业"双轮驱动形成良性循环可持续发展模式，2017 年研发强度高达 17.51%。

（2）新经济企业在新三板内部已形成发展梯次。一是新经济企业近五千家。披露 2017 年年报的 10764 家公司中，新经济企业共 4782 家，占比 44.43%，涉及高端制造、生物医药、科技服务等新产业以及新文化、新零

售等新业态。其中有 2138 家新经济企业生产投入的智力驱动、资本驱动、技术驱动因素表现突出，并体现了高成长性、高附加值、高回报率的产出效应，具有显著的新经济特征。二是半数以上新经济企业已发展成为成长潜力较高的瞪羚企业。新经济企业中有 2654 家公司增速符合瞪羚企业划分标准，占比 55.50%。这批企业的规模小于独角兽企业，但呈现跳跃式的高成长潜力，平均营收和净利润增速分别达到 39.68% 和 104.28%。如工业安全领域高科技企业帮安迪，2017 年净利润 2002.56 万元，同比增长 171.35 倍。三是多个新经济产业已涌现出独角兽企业。有 28 家挂牌公司符合全球公认的新经济独角兽划分标准，集中在互联网应用、文化娱乐、新科技、新环保和生物制药产业。多家企业为细分行业龙头，2017 年业绩表现抢眼。如生物医药企业成大生物，是全球人用狂犬疫苗龙头生产企业，国内市场占有率达 50%，2017 年净利润 5.58 亿元，连续两年净利润同比增长超过 20%。大型文化科技集团华强方特，蝉联七届"中国文化企业 30 强"，2017 年净利润 7.48 亿元。

（3）新经济企业在新三板市场获得培育与发展。共 2546 家新经济企业挂牌以来完成 4310 次发行，合计融资 1696.20 亿元，为公司的经营发展提供了重要支持。如神州优车在亏损的情况下完成两次发行融资（共 70 亿元），保证了公司市场战略的实施，目前公司已建有国内最大的 B2C 出行共享平台，2017 年营收同比增长 68.62%，亏损大幅缩减 33.71 亿元。共 405 家新经济企业完成 471 次并购重组，合计交易金额 559.93 亿元。挂牌企业通过并购重组完成产业整合或转型升级，其中不乏对行业影响力较大的案例。如国内领先婚恋网站平台百合网，2017 年通过重大资产重组与世纪佳缘完成了合并，显著提升了公司的行业影响力，2017 年营收同比增长 2.58 倍，净利润同比扭亏为盈。

3. 客观认识中小企业发展特点，进一步提高服务中小企业发展能力

（1）对中小企业业绩波动需要客观看待。挂牌公司中有 3027 家净利润增速超过 50%，同时也有 3442 家公司业绩下滑幅度超过 50%。整体看，业绩波动符合成长期中小企业发展的特点，部分行业研发期较长，典型的如生物医药产业，普遍具有高投入、长周期的特征，在研发阶段往往需要大量的

资金投入且无盈利。

同时，我国经济正处于转型升级时期，各种新技术新业态不断涌现，部分行业可能面临新兴行业的冲击，另有成长期企业处于战略升级转型阶段，这些都可能对短期利润造成影响。市场各主体应客观看待中小企业业绩波动，共同创造良好的投资环境和投资氛围，以利于创新创业型中小企业的长期发展。

（2）虽然挂牌企业融资能力继续提升，但提高中小微企业直接融资比重任务依然艰巨。非金融类挂牌企业 2017 年合计普通股融资 1233.66 亿元，占全社会非金融类企业股票融资总额的 14.09%，同比提高 4.25 个百分点。企业挂牌后一方面受益于规范性和公众化程度提升，间接融资能力获得提高，2017 年共有 6607 家公司发生了间接融资，占比 61.38%，合计间接融资金额 4650.81 亿元。但另一方面，挂牌企业财务费用同比增加 40.15%。其中中型企业和小型企业增幅分别达 65.24% 和 42.07%，财务费用占营收比重均增加超过 0.2 个百分点，反映了中小企业间接融资成本仍有较大降低空间，新三板服务中小微企业、提升直接融资比重的任务仍然艰巨。

建议进一步丰富融资产品，针对不同成长阶段的企业提供差异化和更高效的融资方式，加大对中小企业的融资支持力度。

三　新三板挂牌公司质量评价方法

（一）质量评价模型

新三板定位于服务"创新型、创业型、成长型中小微企业"，大多数挂牌公司具备明显的成长快、规模小、技术与市场风险高、业务稳定性较差等特征，新三板挂牌公司的质量评价因而应该与以往研究中以 A 股上市公司为评价对象的研究有所不同。2017 年，《中国新三板市场发展报告（2017）》在国内首次发布了新三板挂牌公司的质量评价办法与评价结果，构建了一个包括持续经营能力、信息披露质量、成长性和创新性四个维度的质量评价模型。这四个维度既能够反映新三板挂牌公司的典型特征（高风险、信息不对称、成长性、创新性），也涵盖了新三板市场定位及监管要求信息，由此四个维度共同构成评价新三板挂牌公司质量的一级指标，也即本报告的质量评价模型（见图6）。本报告是在继承和发展这一思路的基础上进行的。

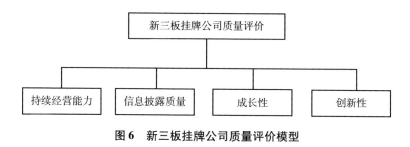

图6 新三板挂牌公司质量评价模型

（二）新三板挂牌公司质量评价指标体系

根据新三板挂牌公司质量评价模型，在新三板挂牌公司质量评价指标体系中，挂牌公司质量评价由四个一级指标进行度量，包括持续经营能力、信息披露质量、成长性与创新性。一级指标仍是概念性指标，进一步分别由各自的二级指标、三级指标甚至四级指标进行度量（详见后文）。新三板市场虽然已具备相当规模，但市场发展的时间尚短，市场基础性的制度仍在持续完善中，挂牌公司所披露的信息质量也有许多不完善之处，有鉴于此，本报告研究中各指标的权重采用德尔菲法（即专家打分法）确定。与上年相比，考虑到数据可得性以及数据信息含量等因素，持续经营能力指标的权重由40%调整到50%，信息披露质量指标的权重由15%调整到10%，成长性指标权重维持不变，创新性指标的权重由20%调整到15%（见表2）。

表2 新三板挂牌公司质量评价一级指标

总指标	一级指标	权重
新三板挂牌公司质量	持续经营能力	50%
	信息披露质量	10%
	成长性	25%
	创新性	15%

资料来源：课题组根据公开资料整理。

1. 衡量持续经营能力的指标

新三板挂牌公司持续经营能力评价主要从财务质量、经营风险与公司治理三个子维度展开。具体来说，财务质量由盈利表现、偿债能力与运营能力三个指标度量，经营风险由主营业务突出程度、单一客户依赖程度、单一供应商依赖程度、盈利敏感性以及破产风险概率等指标进行度量，公司治理由关联交易、负面或有事项、两权分离情况以及独立董事制度设立情况等指标来度量。根据以往上市公司质量评价相关研究成果的结论，结合新三板挂牌公司的特征，本报告选择如下具体指标构成持续经营能力评价体系（见表3）。

表3　持续经营能力评价指标体系

一级指标	二级指标	三级指标	基础指标
持续经营能力	财务质量（55%）	盈利表现（30%）	净资产收益率（60%）
			营业收入毛利率（40%）
		偿债能力（35%）	总资产负债率（25%）
			利息保障倍数（25%）
			速动比率（25%）
			信用占款比率（25%）
		运营能力（35%）	净利润现金比率（30%）
			应收账款周转率（30%）
			其他与经营活动相关现金支出比重（40%）
	经营风险（20%）	主营业务突出（15%）	主营业务收入占比
		单一客户依赖（20%）	前五大客户收入占比
		单一供应商依赖（20%）	前五大供应商采购占比
		盈利敏感性（25%）	资本固化率
		破产风险概率（20%）	Z 值
	公司治理（25%）	关联交易（25%）	是否存在关联交易
		负面或有事项（35%）	五类或有负面事项发生情况
		两权分离情况（25%）	董事长、总经理和实际控制人交叉任职情况
		独立董事制度（15%）	独立董事人数

资料来源：课题组根据公开资料整理。

与上年相比，财务质量二级指标仍由盈利表现、偿债能力和运营能力三个三级指标进行度量，但对三级指标的权重进行了调整，且具体指标选择做了较大的调整。考虑到新三板挂牌公司仍具有不稳定的特征，因而降低了盈利表现指标的权重，由 50% 降至 30%；增加了偿债能力指标的权重，由 30% 增至 35%；增加了运营能力指标的权重，由 20% 增至 35%，这一调整更符合投资者的利益导向。盈利表现指标由净资产收益率和营业收入毛利率两个基础指标进行度量，与上年相比，删减了总资产收益率、投资资本回报率指标，增加了营业收入毛利率指标，不但可以反映公司的盈利结果，还可以反映公司产品在市场上的竞争力。偿债能力指标由总资产负债率、利息保障倍数、速动比率和信用占款比率等基础指标进行度量，相对于上年来说，删减了现金比率指标，增加了速动比率和信用占款比率指标。运营能力指标由净利润现金比率、应收账款周转率、其他与经营活动相关现金支出比重三个基础指标进行度量，相较于上年，删减了总资产周转率、流动资产周转率指标，增加了净利润现金比率、其他与经营活动相关现金支出比重指标，更加侧重于将运营周转情况与公司流动性结合起来，在一定程度上也能反映出公司的市场竞争力。

经营风险指标由主营业务突出程度、单一客户依赖程度、单一供应商依赖程度、盈利敏感性和破产风险概率五个指标进行度量，具体分别由主营业务收入占比、前五大客户收入占比、前五大供应商采购占比、资本固化率、Z 值进行度量。与上年相比，删减了主营业务是否变更指标，增加了单一供应商依赖程度、破产风险概率，更加强调新三板挂牌公司从业务上具有主营业务突出、经营独立性以及破产概率低。

公司治理指标的度量由关联交易、负面或有事项、两权分离情况、独立董事制度等维度构成，具体分别由是否存在关联交易，是否存在五类或有负面事项发生情况，董事长、总经理和实际控制人交叉任职情况、独立董事人数进行度量。与上年比较而言，删减了信息含量较低的股权激励指标、大股东占款、大股东利用公司做担保等指标，增加了或有负面事项指标用于涵盖公司治理中的负面信息。

2. 衡量信息披露质量的指标

在以往信息披露质量研究结论的基础上，本项目选择从信息披露的及时

性、详细性与真实性三个方面综合考察信息披露的质量，选取影响信息披露质量的具体指标如表4所示。

表4　信息披露质量评价指标体系

一级指标	二级指标	三级指标
信息披露质量	及时性（20%）	公司年报披露时间
	详细性（30%）	公司年报财务报表附注详细程度
	真实性（50%）	公司财务报表数据本福特检验结果

资料来源：课题组根据公开资料整理。

由于信息披露质量量化较为困难，上年报告中分别选择"补充或更正"情况、信息披露的数量、公司年报披露的时间、信息披露违规情况来反映公司信息披露的准确性、完整性、及时性与规范性。从上年收集数据及评价结果来看，样本公司在信息披露质量指标上得分分布较为集中，区分度较低，未能很好地体现出不同公司在信息披露质量方面的差异性。有鉴于此，本报告删减了信息披露的规范性、准确性、全面性维度，增加了详细性、真实性指标。具体来说，使用公司披露年报中关于财务报表附注的详细程度（篇幅）来间接度量该公司信息披露的全面性，引入本福特检验方法来反映公司信息披露的真实性。

3. 衡量成长性的指标

成长性指标的评价由成长表现与成长动因两个维度组成（见表5）。其中，成长表现选取样本挂牌公司过去一年的主营业务收入增长率和净利润增长率两项指标。在展示样本挂牌公司成长表现情况的基础上，进一步深入挖掘样本企业成长背后的动因，将成长动因分为内因和外因两个方面。内因方面，企业业绩成长最主要的动力来自企业投资行为，选取的参考指标为投入资本回报率；外因部分，挂牌公司主要受制于两类外部环境因素影响，即企业所处的行业市场状况和经营活动所在区域的经济状况。

相对上年的评价指标来说，将"成长能力"指标替换为"成长表现"，并删减了三级指标中的"总资产增长率"指标。另外，将上年报告中的

表5 新三板挂牌公司成长性评价指标

一级指标	二级指标	三级指标	基础指标
成长性	成长表现(60%)	营业收入增长率(55%)	
		净利润增长率(45%)	
	成长动因(40%)	内部动因(40%)	投入资本回报率
		外部动因(60%)	行业因素(60%)
			地域因素(40%)

资料来源：课题组根据公开资料整理。

"成长空间"指标删减，增加了"成长动因"指标，从投入资本回报率角度度量公司成长的内部动因，从行业固定资产投资增长速度、区域工业总产值增长速度角度度量公司成长的外部动因。

4.衡量创新性的指标

以往研究中，创新性一般从投入和产出两个方面进行评价。科技创新投入通常选择研发经费投入强度、研发人力资本构成和投入等指标进行度量，创新产出则从知识产权资产生成产出结果、科技进步对企业生产力水平提升作用（即全要素劳动生产率）等角度衡量。考虑数据可得性，并结合以往研究中关于上市公司创新性评价的研究结论，本研究选择从投入产出、知识产权成果两个维度进行度量（见表6）。

表6 新三板挂牌公司创新性评价指标

一级指标	二级指标	三级指标
创新性	投入产出(50%)	研发经费投入强度(40%)
		本科学历占比(30%)
		人力资本投资回报率(30%)
	知识产权成果(50%)	全要素生产率(55%)
		知识产权类资产规模(45%)

资料来源：课题组根据公开资料整理。

与上年指标体系相比，投入产出指标的度量构成维持不变，权重由60%调整到50%；知识产权成果指标的权重由40%增至50%，增加了知识

产权成果在创新性中的作用。具体来说，将知识产权成果由专利数量扩展至知识产权类资产的规模，包括专利、商标、版权作品、工业品外观设计、地理标志、商业秘密和其他形式的知识产权成果；将全要素生产率作为知识产权成果应用的结果。

（三）指标释义

1. 持续经营能力指标

（1）净资产收益率

净资产收益率是指公司一定时期内的净利润与平均净资产的比率。净资产收益率充分体现了公司的自有资本获取报酬水平的能力，突出反映了投资与报酬的关系，是评价公司资本盈利能力的核心指标。公式为：

$$净资产收益率 = （净利润／平均净资产）\times 100\%$$

其中，平均净资产 = （所有者权益年初数 + 所有者权益年末数）／2

净利润受各种政策等其他人为因素影响较少，能够比较客观、综合地反映公司的经济效益，准确体现投资者投入资本的获利能力。通过对该指标的综合对比分析，可以看出公司收益能力在同行业中所处的地位，以及与同类公司的差异水平。一般认为，公司净资产收益率越高，公司自有资本获取收益的能力越强，运营效益越好，对公司投资人、债权人的利益保证程度越高。

（2）销售毛利率

销售毛利率是毛利占销售净值的百分比，通常称为毛利率。其中毛利是销售净收入与产品成本的差。销售毛利率计算公式为：

$$销售毛利率 = （销售净收入 - 产品成本）／销售净收入 \times 100\%$$

一般来说，销售毛利率有助于选择投资方向，毛利率指标有助于预测企业的发展、衡量企业的成长性，销售毛利率有助于发现企业是否隐瞒销售收入或者虚报销售成本，销售毛利率有助于评价经理人员经营业绩，毛利率指标有助于合理预测企业的核心竞争力，有助于发现公司潜在的问题。此处，我们使用销售毛利率指标主要用于反映挂牌公司在细分市场中的竞争能力以及细分市场本身的供求双方溢价能力。理论上，销售毛利率越高，说明公司自身具备很强的竞争性，产品竞争优势明显，能够获得溢价回报；另外，也说明市场对该细分领域的产品需求旺盛，属于卖方市场，该细分市场还有很大的盈利扩张空间。

（3）资产负债率

资产负债率是指上市公司负债总额与资产总额的比率，该指标表示公司总资产中有多少是通过负债筹集的，是评价公司负债水平和偿债能力的综合指标。公式为：

$$资产负债率 =（负债总额／资产总额）\times 100\%$$

适度的资产负债率表示投资人及债权人投资风险较小，公司经营安全稳健，具有较强的筹资能力。但资产负债率过高，表明公司债务负担太重。

（4）利息保障倍数

利息保障倍数（Interest Coverage Ratio），又称已获利息倍数，是指企业生产经营所获得的息税前利润与利息费用的比率，是衡量企业支付负债利息能力的指标。企业生产经营所获得的息税前利润与利息费用相比，倍数越大，说明企业支付利息费用的能力越强。公式为：

$$利息保障倍数 = EBIT／利息费用$$
$$息税前利润（EBIT）= 净销售额 － 营业费用$$

利息保障倍数不仅反映了企业获利能力的大小，而且反映了获利能力对偿还到期债务的保证程度，它既是企业举债经营的前提依据，也是衡量企业长期偿债能力大小的重要标志。要维持正常偿债能力，利息保障倍数至少应大于1，且比值越高，企业长期偿债能力越强。如果利息保障倍数过低，企业将面临亏损、偿债的安全性与稳定性下降的风险。

（5）速动比率

速动比率是衡量速动资产对比流动负债的比率。它是衡量企业流动资产中可以立即变现用于偿还流动负债能力的指标。速动资产包括货币资

金、短期投资、应收票据、应收账款、其他应收款项等，可以在较短时间内变现。而流动资产中存货、1 年内到期的非流动资产及其他流动资产等则不应计入。

$$速动比率 = 速动资产 / 流动负债,$$
$$其中:速动资产 = 流动资产 - 存货 - 预付账款 - 待摊费用$$

（6）信用占款能力

信用占款能力指标通过样本公司基于商业信用产生的信用负债与信用资产的比值来确定。具体指标计算如下：

$$信用占款比率 = \frac{（报告期年末应付账款 + 报告期年末预收账款）}{（报告期年末应收账款 + 报告期年末预付账款）}$$

这一指标数值的高低，说明样本公司所在行业和产业链环节中，溢价能力的强势程度，说明企业在销售和采购环节中收付款方式中，可以从产业链上下游各方获得多大程度的融资便利。在公司采购销售规模既定的情况下，应付账款和预收账款余额越大，说明公司部分短期流动负债的平均剩余期限越长；而公司应收账款和预付账款余额越小，说明公司部分短期流动资产的平均剩余期限越短。因此，这一比值高的话，说明公司短期资产流动性变现能力好于短期负债，短期偿债压力较小，资金周转情况更安全。这一指标也是除了速动比率之外，衡量企业短期资产负债状况的主要参考指标之一。

（7）净利润现金比率

根据财务会计准则，企业经营期的净利润是根据权责发生制计算获得，并不代表企业利润可以在经营期间内获得真实现金流入。净利润现金比率是报告期内企业实现账面净利润和经营活动现金净流量的比值，反映出企业净利润中有多大比例已经通过现金形式实现。

（8）应收账款周转率

应收账款周转率是指公司在一定经营期间内主营业务收入净额与本期应收账款平均余额的比率，反映公司应收账款的流动程度，是考核公司偿债能力和经营能力的重要指标。公式为：

营收账款周转率 =（主营业务收入净额／应收账款平均余额）×100%

一般来讲，应收账款周转率越高，说明公司的短期偿债能力越强，反映公司管理应收账款方面的效率越高。

（9）其他与经营活动相关现金支出比重

该指标反映的是样本公司现金流量表中"支付的与经营活动有关的其他现金"数值与公司报告期内经营活动现金流支出总额的比重。一般而言，企业经营活动现金支出主要内容包括采购商品和服务、支付员工的薪酬和社会保险、缴纳税费等。

"支付的与经营活动有关的其他现金"项目反映企业支付的除上述各项目外，与经营活动有关的其他现金流出，如捐赠现金支出、行政处罚支出、民事赔偿、支付的差旅费、业务招待费现金支出、支付的保险费等，其他现金流出如价值较大的①，应单列项目反映。

其他经营活动支出比重过高，说明公司业务经营和管理中存在很大问题和漏洞，大量支出带有偶发性、随机性和不确定性，存在大量不透明灰色支出。支出构成复杂多样、不规范完整，无法集中统一归并管理核算。这种情况下，公司难以有效建立落实全面预算管理制度和成本控制体系，公司内部控制和风险管理能力很难提高。

（10）主营业务收入占比

主营业务收入是指企业经常性的、主要业务所产生的基本收入，如制造业的销售产品、非成品和提供工业性劳务作业的收入；商品流通企业的销售商品收入；旅游服务业的门票收入、客户收入、餐饮收入等。主营业务收入占比，即主营业务收入占总营收的比重。

主营业务收入占比 =（主营业务收入净额／营收总额）×100%

一般来说，主营业务收入占比越高，说明公司的主营业务越突出，公司

---

① 其他与经营活动相关的现金支出，还包括对外采购中供应商无法开票入账、向没有劳动合同或者劳务关系的自然人支付酬劳（多为提成或者回扣）等情况，这种情况在经营不很规范的新三板中小企业中普遍存在。

的市场定位准确清晰，产品在细分市场上具有竞争力；反之，说明公司尚未形成有竞争力的产品，主营业务不明确，缺乏足够的竞争力。

（11）前五大客户收入占比

前五大客户收入占比反映公司对主要客户的依赖程度。如果公司的营业收入主要来自个别客户，或者说公司的收入集中度非常高，表明公司的业务独立性相对较差，公司的经营稳定性受到下游客户的影响较大。

该指标计算公式为：

前五大客户收入占比 ＝（前五大客户销售额／营收总额）× 100%

（12）前五大供应商采购占比

前五大供应商采购占比反映公司对主要供应商或者协作伙伴的依赖程度。如果公司经营活动发生的采购支出过于集中于个别供应商，或者公司的采购集中度非常高，表明公司的业务独立性相对较差，公司的经营稳定性受到上游供应商的影响较大。

该指标计算公式为：

前五大供应商采购占比 ＝（前五大供应商采购额／采购总额）× 100%

（13）资本固化率

资本固化率，即被固化的资产占所有者权益的比重。被固化的资产指固定资产净值、在建工程、无形资产及递延资产等项目。这一比重和公司经营成本构成中的固定成本比重直接相关。企业经营过程中发生的成本大致可分为固定成本与可变成本。当业务活动量在一定范围内变化时，固定成本的总量将保持不变，单位产品成本中的固定成本将与总产量呈线性反比关系。可变成本总量水平及其在总成本中所占比重随经营活动水平的变化而改变，同时，单位产品成本中的可变成本稳定不变。因此，如果企业的产品成本构成中，固定成本比重越高，则销售净利润的波动幅度越大于同期营业收入波动幅度，企业相对于市场行情反映敏感性更强，盈利稳定性越差，经营风险越高。

（14）破产风险概率

国际投资界通常用 Z 值指标检验上市企业的破产风险概率。财务比率分析中的 Z 指数分析法又称"Z 记分法"，它是一种通过多变模式来预测公司财务危机的分析方法。最初的"Z 记分法"是由美国学者爱德华·阿尔曼（E·Altman）在 20 世纪 60 年代中期提出来的。

最初阿尔曼在制造企业中分别选择了 33 家破产企业和良好企业为样本，收集了样本企业资产负债表和利润表中的有关数据，并通过整理从二十二个变量中选定预测破产最有用的五个变量，经过综合分析建立了一个判别函数：在这个模型中他赋予五个基本财务指标以不同权重，并加计产生"Z"值。

Z 值计算公式如下：

$$Z = 0.012 \times Z_1 + 0.014 \times Z_2 + 0.033 \times Z_3 + 0.006 \times Z_4 + 0.999 \times Z_5$$

其中：

Z_1 等于营运资本除以总资产；

Z_2 等于累计留存收益除以总资产；

Z_3 等于息税前利润除以总资产；

Z_4 等于所有者权益的市场价值除以总负债；

Z_5 等于销售收入除以总资产。

（15）是否存在关联交易

在我国资本市场发展过程中，大股东通过关联交易的方式占用上市公司资金的问题也非常突出，通过关联交易占用资金的方式可能是在生产经营环节中对经营性资金的占用，也可能是非经营性的资金占用。鉴于大股东的强势地位，关联交易使得挂牌公司有失去业务独立性的风险，有可能侵害中小股东的利益。

（16）负面或有事项

新三板市场挂牌公司年报中都会披露公司报告期内发生的部分或有事项，其中包括重大诉讼、仲裁事项，对外担保，关联方占用资金，资产被查封、扣押、冻结或者被抵押、质押的情况，以及所受行政执法处罚的情况。

挂牌公司面临法律诉讼，说明公司经营过程中存在法律纠纷，极有可能

对公司业务经营带来不利影响。如果公司法律诉讼失败，公司将同时受到企业声誉和经济利益的损失。

挂牌公司普遍存在股权集中度过高的情形，公司内部缺乏能够有效制衡大股东的力量，使得大股东的行为有破坏挂牌公司独立经营的可能。如果大股东利用挂牌公司作为担保获取大量贷款并发生信用违约，将使得挂牌公司背负沉重的债务负担，进而损害中小股东的利益。本项目选择是否存在大股东利用挂牌公司担保贷款的情形，从大股东行为的角度，考察挂牌公司的公司治理质量。

由于股权高度集中、大股东一股独大等现象突出，公司内部缺乏对大股东的有效制衡，公司外部缺乏监督大股东的渠道，事后的惩戒机制也显单薄，导致国内资本市场大股东占用上市公司资金问题屡见不鲜。大股东占用上市公司资金问题是证券市场长期存在的一个重要问题，严重影响了上市公司的独立性，是对中小股东合法利益的侵害。虽然目前新三板挂牌公司尚较少存在大股东占用公司资金的情况，未来随着挂牌公司融资能力增强，股权高度集中的股权结构使得大股东具有占用挂牌公司资金的动机。

公司资产被冻结查封通常与民事纠纷、债务问题或者其他法律诉讼相关，不仅会影响公司正常业务的开展，也会给公司经营带来更多的内外部风险。受到执法部门的处罚，说明公司业务经营过程中出现违法违规问题，处罚结果将会导致公司的政商关系和信誉形象受损。

本评价指标，根据样本公司报告期内上述负面或有事项发生与否的实际情况，对已发生事项逐一扣减相应的分数。

（17）所有权与经营权分离

所有权与经营权相分离是随着现代公司制度一起产生的，也是现代企业的典型特征。所有权与经营权相统一，适用于创业早期阶段，有利于克服因两权分离而引致的委托代理问题。随着公司经营规模的扩大，两权分离成为公司治理规范化的重要标志。大部分新三板挂牌公司均呈现股权高度集中的特征，创业者既是所有者，同时也是经营者的情况普遍存在，不利于保护中小股东的合法权益。通过对比分析，样本挂牌公司实际控制人、董事长和总经理人选的重合程度①，可以从一定程度上反映出样本挂牌公司两权分离的执行情况，从侧面反映出公司企业治理状况。

（18）设立独立董事

独立董事是指独立于公司股东且不在公司内部任职，并与公司或公司经营管理者没有重要的业务联系或专业联系，并对公司事务做出独立判断的董事。中国证监会要求在上市公司建立独立董事制度，但新三板挂牌公司目前还未强制要求建立独立董事制度。理论上，在经营权与所有权分离的情况下，独立董事制度有利于监督经营者不损害所有者的利益，减少代理成本。因此，新三板挂牌公司自觉引入独立董事的行为可认为是重视公司治理的表现。

2. 信息披露质量指标

（1）信息披露"及时性"评价指标

按照全国股转公司对新三板挂牌公司年报以及半年报披露时间的要求，挂牌公司应当在每年 4 月 30 日之前披露上一年的年报，在每年 8 月 31 日前披露上半年的半年报。在很大程度上，越早披露年报或半年报的挂牌公司，对公司的发展越有信心，而且，较早发布定期报告，也有利于投资者较早获知公司相关信息，是对投资者负责任态度的具体反映。不能"及时"发布定期报告，则很可能是公司经营出现不利情况的表现，使得公司"延迟"甚至无法发布定期报告。因此，我们选择定期报告的发布时间作为衡量信息披露"及时性"的标准。

（2）信息披露"详细性"评价指标

"详细性"是反映信息披露质量的第二个重要维度。从信息披露的内容来说，信息披露分为强制性信息披露与自愿性信息披露。根据新三板挂牌公司信息披露监管要求，强制性信息披露的内容主要包括股份转让说明书、年报、半年报等，季度报告以及公司治理、投资者关切的其他信息遵循自愿披

---

① 由于实际控制人包括若干个一致行动人的集合，所以评测样本公司中，会出现董事长、总经理是实控人团队或家族成员之一的情况。出现这种情况，视同董事长或者总经理与实际控制人不相同。

露的原则。根据信号传递理论，挂牌公司自愿披露的信息越多、越详细，表明挂牌公司对公司自身的发展充满自信，希望更多的投资者能够了解和投资公司。

但不同类型挂牌公司样本，业务经营管理模式差别很大，临时披露报告信息数量无法进行简单对比。基于可操作性角度考虑，本研究项目选择挂牌公司 2017 年年报后面财务报表附注部分的页数，作为样本评价对比项目。财务报表附注主要内容为挂牌公司财务会计处理原则、主要财务报表会计科目的详细说明展示以及其他或有事项等。财务报表附注格式具有规范性、一致性，其内容多寡与公司业务模式、经营规模不相关，可以用于比较样本公司通过年报向投资主体反映的财务信息数量。样本挂牌公司财务附注内容越多，对主要财务会计科目数据解释越详细，越有利于投资主体了解样本公司经营财务状况。

（3）信息披露"真实性"评价指标

信息披露是投资主体了解投资标的企业的最基本手段，信息披露质量集中体现在真实性和可靠性上。但限于客观条件和手段，无法实地查证样本挂牌公司披露信息的真实性，同时考虑到样本挂牌公司财务报表是信息披露核心内容重中之重，本研究利用财务审计中常用的本福特定律，对样本挂牌公司财务报表质量进行评测。

本福特定律因 20 世纪早期英国物理学家本福特而得名，其内容是自然数据源（信用卡账单、采购记录、现金收据）生成的数字中，约有30%的数字首位数是 1，如 1、1314；首位数为 2 的数字约有 18%；顺序递减，首位数为 9 的数字少于 5%。如果一组会计数据不符合本福特定律的话，就存在被篡改过的嫌疑。经过实证验证，公司的财务报表数据在大样本数据下也符合本福特法则①。

本研究选取样本挂牌公司 2016、2017 两年财务报表中来自资产负债表、

---

① 该定理尚没有在经济学、数学或者统计学领域被学术证明，但现实应用中被证明普遍有效。国内已有研究机构通过大数据分析的方式论证 A 股上市公司财务数据应用本福特检验的结果合理性。具体参见链接：https://xueqiu.com/5962548939/108514611。

营收损益表和现金流量表中 64 个普遍使用的主要会计科目数据，共计 128 个财务数据，对其首位数字分布状况进行统计，再与本福特定律标准首位数分布进行对比，计算出反映偏离程度的样本首位数分布概率相对离差值，并以此指标作为财务报表真实性评价得分基础数值。具体计算过程如下：

本福特定律标准分布形态，首位数分布概率，P_{bd-1}、P_{bd-2}……P_{bd-9}，其中 $P_{bd-1} = 0.301$，$P_{bd-2} = 0.176$ 等等。

对于某样本公司 n，该公司 128 个财务数据首位数字分布规律为，首位数为一概率 P_{n-1}、首位数为二概率 P_{n-2}，依次 $P_{n-1} + P_{n-2}$……$+ P_{n-9} = 1$。

将两组概率进行对比，对于首位数一，当样本分布概率 $P_{n-1} \geqslant P_{bd-1}$，样本 n 相对离差值为 $V_{n-1} = \dfrac{P_{bd-1}}{P_{n-1}}$；当样本分布概率 $P_{n-1} < P_{bd-1}$，样本 n 相对离差值为 $V_{n-1} = \dfrac{P_{n-1}}{P_{bd-1}}$，其中 $0 < V_{n-1} \leqslant 1$。

以此类推，求出样本 n 其他首位数的相对离差值，则样本 n 的相对离差均值 $V_n = (V_{n-1} + V_{n-2}$……$+ V_{n-9}) \div 9$，其中 $0 < V_n \leqslant 1$。

3. 成长性指标

（1）营业收入增长率

营业收入增长率是企业营业收入增长额与上年营业收入总额的比率，反映企业营业收入的增减变动情况。其计算公式为：

营业收入增长率 =（营业收入增长额／上年营业收入总额）× 100%
营业收入增长额 = 本年营业收入总额 - 上年营业收入总额

营业收入增长率大于零，表明企业营业收入有所增长。该指标值越高，表明企业营业收入的增长速度越快，企业市场前景越好。

（2）净利润增长率

净利润增长率是指企业本期净利润增加额与上期净利润额的比率计算公式为：

$$净利润增长率 = \frac{本期利润净额 - 上期利润净额}{上期利润净额} \times 100\%$$

净利润增长率反映了企业实现价值最大化的扩张速度，是综合衡量企业资产营运与管理业绩，以及成长状况和发展能力的重要指标。净利润增长得越快，公司的增长能力就越强，上市公司的质量也会越好。

（3）投入资本回报率

投入资本回报率（Return on Invested Capital，ROIC）是指投出和/或使用资金与相关回报（回报通常表现为获取的利息和/或分得利润）之比例。用于衡量投出资金的使用效果。投入资本回报率是用来评估一个企业或其事业部门历史绩效的指标。它决定着企业的最终（未来）价值，它也是对公司进行评估的一个最主要的指标。公式为：

$$投入资本回报率 = 息前税后经营利润 / 投入资本$$
$$息前税后经营利润 = （营业利润 + 财务费用 - 非经常性投资损益）× （1 - 所得税率）$$
$$投入资本 = 有息负债 + 净资产 - 超额现金 - 非经营性资产$$

（4）外部成长动因——行业因素

样本挂牌公司作为行业企业的一员，其业务发展无法摆脱所在行业宏观环境的影响。行业的发展前景在一定程度上决定了企业未来的发展空间。行业发展前景被看好，将会有越来越多的资本进入，带动行业总体发展。本指标采用样本公司所在设定分类相关行业过去五年的固定资产投资增速作为参照值，判定各个行业的市场成长潜力。

（5）外部成长动因——地域因素

新三板挂牌公司普遍业务规模有限，经营地域空间较为集中，所以受业务所在地区经济发展状况影响较大。考虑到新三板样本挂牌公司主要以制造业为主（占比过半），其他行业分布主要也是服务与制造业的生产性服务业，因此本指标选取所在省市①过去五年的规模以上工业总产值（统计年鉴项目为"规模以上工业企业主营业务收入"）作为参考评价指标，根据各地这一指标增速，对样本公司进行评价赋分。

---

① 类似于 A 股上市公司，新三板挂牌公司也存在因为迁移注册地、资产重组等原因导致注册地和开展经营地区不一致的情况，本研究忽略这种情况，一律以企业注册地为准。

4. 创新性指标

（1）研发经费投入强度

研发经费投入强度是指一个企业的研发支出占销售收入的比例。该比例越高，说明公司越重视研发和创新。该指标属于信息披露的内容，数据较容易获取，因此该指标被广泛用于从创新投入的角度衡量企业的创新行为。

（2）员工中科技研发人员数量占比

智力资本是累积性的财富，也是公司从事创新行为的核心投入要素。具备较高专业知识和技术水平的科技研发人员是企业技术创新活动的参与主体，也是企业最宝贵的财富。该指标用于反映挂牌公司员工结构，反映存量人力资本的"质量"水平。从事创造性生产经营活动的员工比重越高，意味着样本公司从事创新科技研发的能力越强，越有可能创新出为市场所认可的产品。

（3）人力资本投资回报率

人力资本投资回报率指企业在人力资本上投资所获得的回报率，可理解为公司在人力资本投资方面的边际回报，是一项衡量人力资本有效性的核心指标。人力资本投资回报率越高，说明公司增加人力资本投资越有利可图，进而使得公司高薪聘请高水平人才的动机更强烈。因此，人力资本投资回报率越高，公司的人才结构趋于改善，公司实现创新产出的可能性越大。

（4）全要素生产率

本项目使用"全要素生产率"指标来反映挂牌公司由于科技创新投入所带来的生产效率提升。全要素生产率增长率并非所有要素的生产率，"全"的意思是经济增长中不能分别归因于有关的有形生产要素的增长的那部分，因而全要素生产率增长率只能用来衡量除去所有有形生产要素以外的纯技术进步的生产率的增长。一般来说，全要素生产率的来源包括技术进步、组织创新、专业化和生产创新等方面。但考虑到大部分样本挂牌公司组织形态、专业化程度差别不大，全要素生产率在更大程度上反映的是企业由于科技进步所带来的生产效率提升。

（5）知识产权资产规模

知识产权资产是知识产权的总汇。包括专利、商标、版权作品、工业品

外观设计、地理标志、商业秘密和其他形式。是企业提升产品价值，从而提高利润的关键，是更广泛经济意义上的智力资本的组成部分，其中受法律保护的无形资产，诸如专利、版权作品和商标发挥着关键作用。对于样本挂牌公司，公司账面的知识产权类资产，既是企业研发创新活动的重要成果体现，也是企业开展业务互动进行进一步创新研究所凭借的核心资源。不同于上述其他财务指标，该指标采用财务账面金额绝对数值，而不是相对计算比例。主要是考虑到知识产权类无形资产带有显著的规模效益，其转化过程需要大量时间和资源投入。因此拥有此类资产的企业业务资产规模越大、知识产权资产绝对数量越多，其知识产权资产才能更好地转化为现实生产力，其蕴含的经济价值就更容易获得体现①。

（四）评价指标的打分办法

1. 分层百分位数打分法

打分办法是对指标序列的全部原始数据进行标准化处理，最终形成无量纲无单位，有上下限区间的得分数据序列。常用的打分办法包括本蓝皮书上一版中用到的最大最小值法、功效系数打分法，以及应用于标准化考试分数处理的百分位数法。上述打分办法都是相对打分，没有指标数据序列之外的参照数据，所形成的得分仅仅可以反映出指标序列数据内部之间的分布特征。课题组为了解决相对打分法没有外部客观参照系的缺陷，设计出分层百分位数打分法。

百分位数打分法，又称"百分位数评价法"（percentile），是一种医学统计使用的计量方法，如果将一组数据从小到大排序，并计算相应的累计百分位，则某一百分位所对应数据的值就称为这一百分位的百分位数，可表示为：一组 n 个观测值按数值大小排列，如处于 p% 位置的值称第 p 百分位数。某个样本的百分位数评价得分可以反映出，在一百个随机样本中，指标

---

① 作为相反的案例，国内很多从事创新药物研发的初创企业，虽然取得了研发成果专利，但受自身资金实力限制，无力将其产业化，被迫转让大企业"卖青苗"。参见新闻链接：http://sh.eastday.com/m/20160918/u1ai9741478.html。

数据低于该样本的样本总数期望均值。百分位数打分法形成的得分反映的是样本数据相对排名，与绝对数值无关。

本书评价得分体系，引入外部参考值，将正向指标的样本数据分为两大部分，以参考值为及格线，大于等于及格线的样本数据归入及格区间，小于及格线的样本数据归入不及格区间。对于两个区间分别采用类似百分位数评价法的方式按照从大到小位次进行打分，使得及格区间和不及格区间的样本数据，按照大小次序，分别获得99.99至60以及59.99至0的得分结果。

具体测算过程如下：

对于指标 x 的样本数据序列，D_{x1}、D_{x2}…D_{xn}…$D_{x(a+b)}$，共计 a + b 个样本。该数据序列的参照值为 Dr_x。

对于该指标数据序列的第 n 个样本数据（$1 \leqslant n \leqslant a+b$），当 $D_{xn} \geqslant Dr_x$，该样本被归入及格区间。假定及格区间内共有样本数据 a 个，按照数据从大到小排列，样本 n 的序号为 N_{xn}，其中 $1 \leqslant N_{xn} \leqslant a$。指标 n 的得分 $S_{xn} = 60 + 40 \times \left(1 - \dfrac{N_{xn}}{a}\right)$，其中 $60 \leqslant S_{xn} < 100$。

当 $D_{xn} < Dr_x$，该样本被归入不及格区间。假定不及格区间内共有样本数据 b 个，按照数据从大到小排列，样本 n 的序号为 N_{xn}，其中 $1 \leqslant N_{xn} \leqslant b$，指标 n 的得分 $S_{xn} = 60 \times \left(1 - \dfrac{N_{xn}}{b}\right)$，其中 $0 \leqslant S_{xn} < 60$。

对负向指标的样本数据，也采取类似操作办法，以参考值为及格线，小于等于及格线的样本数据归入及格区间，大于及格线的样本数据归入不及格区间。对于两个区间分别采用类似百分位数评价法的方式按照从小到大位次进行打分。具体计算过程不再重复说明。

本部分指标评价中，31 个基础指标共有 13 个指标数据采用此办法，各个指标的及格参考值，取自上市公司同类指标数据。具体来源以 2018 年 1 月 1 日之前在国内沪深 A 股市场上市的 1613 家中小板、创业板非金融类上市公司的三年财报对应指标数据均值为基础，各项指标的三年均值中位数上下各一百家样本公司数据，总计两百家样本公司数据均值。具体数值如表 7 所示。

表7 13个采用分层百分位数法基础指标及参考值

序号	基础指标名称	来源于上市公司数据的参照值
1	净资产收益率	8.7954%
2	销售毛利率	31.5866%
3	资产负债率	33.7952%
4	现金流利息保障倍数	6.6896
5	速动比率	1.7250
6	净利润现金比率	0.8998
7	应收账款周转率	3.8358
8	其他与经营活动相关现金支出比重	0.1177
9	资本固化率	67.4721%
10	营业收入增长率	17.0636%
11	净利润增长率	19.2267%
12	投入资本回报率	6.9589%
13	人力投入回报率	93.6591%

2. 数据区间赋值法

对于很多指标数据，缺少可供参照的外部公开数据，如本福特检验离差值等，或者数据本身和评价样本公司质量并不存在严格的线性对应关系，如全要素劳动生产率等。对于上述类型指标，采取模糊处理方式，不对每个样本数据进行计算，仅根据指标数据分布区间进行直接赋分。各个指标具体打分办法如表8所示。

表8 12个采用区间赋值法的指标序列及打分标准

序号	基础指标名称	值域区间	赋予分值
1	信用占款能力	大于等于1	100
		大于等于0.7，小于1	80
		大于等于0.3，小于0.7	60
		小于0.3	40
2	主营业务收入比重	大于等于100%	100
		大于等于95%，小于100%	80
		大于等于90%，小于95%	60
		小于90%	40

续表

序号	基础指标名称	值域区间	赋予分值
3	前五大客户销售占比	小于等于20%	100
		小于等于50%,大于20%	80
		小于等于70%,大于50%	60
		大于70%	40
4	前五大供应商采购占比	小于等于20%	100
		小于等于50%,大于20%	80
		小于等于70%,大于50%	60
		大于70%	40
5	Z值	大于等于5	100
		大于等于3,小于5	80
		大于等于1.8,小于3	60
		小于1.8	40
6	年报披露时间	早于三月三十一日(含)	100
		早于四月二十日(含)	80
		早于四月二十六日(含)	60
		晚于四月二十六日	40
7	年报财务附注页数	大于等于70页	100
		大于等于55页,小于70页	80
		大于等于45页,小于55页	60
		小于45页	40
8	本福特检验离差值	大于等于0.8	100
		大于等于0.75,小于0.8	80
		大于等于0.7,小于0.75	60
		小于0.7	40
9	研发费用占营业收入比重	大于等于8%	100
		大于等于4%,小于8%	80
		大于等于2%,小于4%	60
		小于2%	40
10	研发人员占比	大于等于60%	100
		大于等于30%,小于60%	80
		大于等于10%,小于03%	60
		小于10%	40
11	全要素劳动生产率指标	大于等于-4	100
		大于等于-5,小于-4	80
		大于等于-6,小于-5	60
		小于-6	40
12	知识产权资产规模	大于等于1000万元	100
		大于等于200万元,小于1000万元	80
		大于等于80万元,小于200万元	60
		小于80万元	40

3. 逻辑赋值法

对于剩余六个非数据序列指标，采取基于特定事项触发条件的逻辑赋值法，具体打分办法如表 9 所示。

表 9　6 个采用逻辑赋值法的指标序列及打分标准

序号	基础指标名称	触发条件	赋予分值
1	关联交易	不存在关联交易	100
		存在偶发关联交易，不存在经常性关联交易	80
		存在经常性关联交易，不存在偶发关联交易	60
		同时存在偶发关联交易和经常性关联交易	40
2	负面或有事项	存在重大诉讼事项	扣减 30
		存在对外担保事项	扣减 25
		股东或关联方占用资金	扣减 40
		存在资产查封、扣押、冻结或质押情况	扣减 30
		存在行政处罚情况	扣减 50
		上述情况都未发生满分为 100；最低分数为 0	
3	所有权和经营权分离情况	实际控制人、董事长、总经理均不相同	100
		董事长和总经理相同，与实际控制人不同	80
		实际控制人和总经理相同，与董事长不同	60
		实际控制人和董事长相同，与总经理不同	40
		实际控制人、董事长、总经理为同一人	20
4	独立董事制度	没有独董	50
		独董人数 1 人	60
		独董人数 2 人	70
		独董人数 3 人	80
		独董人数 4 人及以上	90
5	行业因素	全国统计年鉴对应有关行业 2011～2016 年固定资产投资增速	以全国同期增速为 60，14 个细分行业的最高值为 100，对各个细分行业进行等比例赋分
6	地域因素	全国统计年鉴对应省份 2011～2016 年规模以上工业企业主营业务收入增速	以全国同期增速为 60，32 个省份的最高值为 100，对各个省份进行等比例赋分

四　挂牌公司样本选择与质量总体评价结果

（一）样本选择

1. 样本公司的选择标准

根据万得数据终端，截至 2018 年 7 月 13 日，2017 年 12 月 31 日以前在全国中小企业股转系统挂牌的公司，还在挂牌交易的有 10812 家。以上述一万多家挂牌公司为基础，结合以下参选标准，最终确定本报告评价的样本公司名单。

（1）数据完整性

截至 2018 年 7 月 31 日已披露 2017 年年报，且万得数据终端无大范围数据缺失。此处筛选标准主要为了确保样本数据来源全面可靠，可以用于计算生成评价结果。

（2）盈利和净资产状况

2017 年和 2016 年两个会计年度，净利润为正数；且截至 2017 年底公司净资产为正数。这一筛选标准主要是排除了经营活动出现亏损以及资不抵债的企业，确保参评样本挂牌公司经营状况稳健良好，报告期内及今后相当长一段时间内不出现重大财务风险。

（3）规模指标

需符合下列三个条件之一：2017 年公司营业总收入不低于 10000 万元、截至 2017 年底公司总资产不低于 8000 万元、2017 年公司实现净利润不低于 1500 万元。

以中小规模企业为主的新三板挂牌公司，企业业务资产规模较小，可能导致两大问题，一方面是企业抵抗风险能力较差，容易出现较大程度的业绩波动；另一方面，由于企业规模较小，企业经营业绩成果可能更多地依赖于企业创始经营团队、股东资源或者其他外围因素，挂牌公司自身可持续经营能力不强。因此，通过样本公司规模指标筛选，只对具有一定规模的样本挂

牌公司进行评价，可以最大限度地规避上述问题。

此外，本书的评价体系存在不足或缺陷，财务指标选取的周期较短，最长仅有三年，同时基于同一指标数据测算模型的评价方式无法反映出挂牌公司所在细分行业的差异性。但挂牌公司规模指标本身就是长期经营活动成长的结果，一定程度上反映出长周期的经营业绩。另外，挂牌公司自身规模指标足够大，也从侧面反映出所在细分行业的规模和市场空间。

（4）成长性指标

需符合下列三个条件之一：2017 年公司营业收入增长率不低于 30%、2017 年公司净利润增长率不低于 40%、2017 年公司总资产增长率不低于50%。

需要同时满足下列三个条件：2017 年公司营业收入增长率不高于300%，且净利润增长率不高于 600%，且总资产增长率不高于 300%。

良好的成长性是新三板市场挂牌公司的重要特征之一，作为资本市场投资者，新三板投资机构最为关注的就是挂牌公司国外的增长表现和未来的成长前景。如果样本挂牌公司增长指标不佳，说明样本公司抑或是市场饱和业务经营进入成熟期未来发展空间有限（类似于 A 股市场上的蓝筹龙头企业），抑或是企业自身出现重大经营状况发展动力不足前景不乐观。

对样本挂牌公司进行筛选，除了设定增长指标下限外，还设定了增长指标上限。设定上限主要是为了排除部分报告期内业绩或者资产出现爆发式异常增长的样本公司。财务指标出现异常大幅增长的原因，无外乎包括：企业经营严重衰退后回复、企业生产经营设施建成投产、外部资产或者业务注入等。出现上述情况的样本挂牌公司，业务经营存在重大波动风险和不确定性，因此不被纳入本书样本评价范围。

（5）杠杆率指标

截至 2017 年末，公司净资产负债率，即杠杆率不高于 4。

高杠杆率的非金融类样本挂牌公司，存在两种情况：其一是过往经营亏损导致净资产严重不足，存在资不抵债财务破产的可能；其二是虽然样本公司名义上行业不属于金融类或者租赁类企业，但实质上从事通过出让资产使用权获取收益的资产租赁类业务，如仓储、软件园区、停车设施和旅游景区等不动产租赁经营企业。上述两类样本挂牌公司不被纳入本书样本评价范围。

（6）资本密集度资本

截至 2017 年末，公司总资产报酬率 ROA 不高于 50%。

新三板挂牌公司中存在很多总资产报酬率过高的"轻资产"形态公司，尤以专业技术服务业企业居多，这类企业开展生产经营取得盈利，更多依靠的是专业技术人才等企业"非物质资本"[1]，这类企业的核心要素资源和资本是无法在财务报表指标数据中反映出来的。而本书设计应用的评价体系基本上都是以财务指标数据为基础，所以现有指标评价体系无法真实全面评价上述"轻资产"企业的真实经营情况和内在投资价值，故而上述挂牌公司不被纳入本书样本评价范围。

（7）人均劳动生产率

2017 年公司人均（员工人数为年底数值）实现营业收入不低于 20 万元，非批发零售贸易电商类挂牌公司，人均营业收入不高于 220 万元。

对挂牌公司筛选设置人均营业收入下限门槛，主要是排除众多高度依赖人力投入的特定行业企业（如物业服务、家政服务、安保、市政保洁等）。设置上限指标主要是排除非流通行业人均营业收入显著高于全国总体水平的异常公司。根据国际知名跨国公司财报，非流通类各行业世界五百强跨国公司，年度人均营收 40 万美元以上就属于较高水平[2]，这些人均生产效率极高的跨国巨头旗下在华企业，人均营收还要低于其在全球市场平均水平。而以中小民营企业为主的新三板挂牌公司，非流通类企业人均营业收入超过跨国巨头平均水平明显违背常识，其背后必然隐藏很多其他难以获知的情况，

---

① 关于企业非物质资本方面的理论研究，参见中南财经大学研究成果《马克思主义非物质资本研究》。http：//www.cnki.com.cn/Article/CJFDTotal－ZFSD201701222.htm.

② 如"2017 美国 500 强（包含流通类企业）人均营业收入与净利润分别为 42.78 万美元、3.16 万美元，均明显高于同期中国企业 500 强人均营业收入与人均净利润。"资料来源：http：//www.sohu.com/a/200091627_485176。

因此将此类人均营收过高的挂牌公司排除在评价样本范围之外。

（8）行业分类

不属于管理型行业分类标准中的 J 金融门类，以及租赁和商务服务业中的 L71 租赁业大类。

按照上述 8 个标准进行筛选，最终获得 2189 家挂牌公司参评样本。

2. 样本公司的行业分类设定

本研究对所选样本公司行业分类标准，采用万得三类行业标准体系。目前行业内常用的行业分类体系主要包括三类。最早被广泛应用的是国家发改委制定的国民经济行业标准——管理型行业分类指引，之后出现万得公司制定的万得四级行业分类标准体系，以及参照美国摩根士坦利公司和标准普尔公司联合发布的全球产业分类标准（Global Industry Classification Standard, GICS）。全国中小企业股转公司目前同时采用第一种和第三种分类体系，证券监管部门采用第一种分类体系。但第一种分类体系，是按照计划经济时期产业管理需要制定的，并不符合实际经济活动特别是投资主体需要；第三种分类体系，源自美国金融机构，反映的是美国及主要发达资本主义经济体经济特点和资本市场需求[1]，与国内的经济产业状况有很大差异，实用性较差；此外，该分类标准的科学性和严谨性有待商榷[2]。目前，国内投资机构主要采用万得体系的行业分类标准，因此本研究对样本挂牌公司也采用这种分类标准。

对选取的 2189 家样本公司，按照万得行业分类标准进行分类，样本公司共涉及 60 个万得三级细分行业，不同行业样本公司数量多少不一，多者超过

---

[1] 最为典型的是，该标准在细分子行业设定中，对专业性保险公司、油气开采服务、医疗保健等细分行业设定过多过细，反映出在美国上述行业高度发达、上市企业数量众多、专业分工明细；而我国上述行业基本处于垄断状态，开放程度低，相关上市企业数量少，显然没有必要进行过细的行业分类。

[2] 在该标准的一级门类行业分类中，同属于制造业企业，生产制造医疗产品、信息产品、消费品的行业归为"医疗保健""信息技术""可选消费"等。而其他制造行业归属为"工业"门类，这种只按照终端需求忽视行业企业本质的分类标准必然会导致大范围的交差重叠和遗漏。

200 家，少者只有个位数。为了方便之后的数据测算和排名，对样本公司万得三级行业分类信息进行调整整合，最终获得 14 个设定行业（见表 10）。

表 10　14 个设定行业及样本公司数量

序号	设定行业	所包含 Wind 三级行业名称	样本公司数量
1	电气设备	电气设备	114
2	电子信息	通信设备Ⅲ、半导体产品与半导体设备、电脑与外围设备、办公电子设备Ⅲ	219
3	互联网	互联网软件与服务Ⅲ、互联网与售货目录零售、多元电信服务	127
4	建筑地产	建筑与工程Ⅲ、建筑产品Ⅲ、建材Ⅲ、房地产管理和开发	151
5	金属矿冶	金属、非金属与采矿	75
6	能源化工	化工、石油、天然气与供消费用燃料、能源设备与服务、电力Ⅲ、独立电力生产商与能源贸易商Ⅲ、燃气Ⅲ	210
7	软件信息	信息技术服务软件	193
8	生产服务	商业服务与用品、专业服务、公路与铁路运输、贸易公司与工业品经销商Ⅲ、复合型公用事业、水务Ⅲ、航空货运与物流Ⅲ、交通基础设施、海运Ⅲ、综合类Ⅲ、多元金融服务、无线电信业务Ⅲ、航空Ⅲ	275
9	生活服务	酒店、餐馆与休闲Ⅲ、综合消费者服务Ⅲ、消费品经销商Ⅲ、专营零售、多元化零售	59
10	食　品	食品①、食品与主要用品零售Ⅲ、饮料	104
11	文　化	媒体Ⅲ	65
12	医　药	制药、医疗保健设备与用品、生物科技Ⅲ、医疗保健提供商与服务、生命科学工具和服务Ⅲ、医疗保健技术Ⅲ	147
13	消费品	家庭耐用消费品、纺织品、服装与奢侈品、纸与林木产品、容器与包装、休闲设备与用品、个人用品Ⅲ、家庭用品Ⅲ、烟草Ⅲ	151
14	装备制造	机械、汽车零配件、航空航天与国防Ⅲ、汽车	299
	总　　　计		2189

①此处的"食品"已经包括了养殖业、种植业等上游农业各生产部门。

资料来源：Wind、特华博士后科研工作站。

3. 样本公司的基本情况

2189 家样本公司分布在境内 31 个省份、60 个 Wind 三级行业中（对应 75 个证监会大类行业）。其中，广东（377 家）、江苏（289 家）、北京

（224 家）、浙江（206 家）、上海（171 家）五省市样本公司数量占比达 57.89%，行业分布则主要集中在软件与服务、互联网、电子通信、先进装备制造和现代服务业等战略性新兴产业领域，民营企业共有 2011 家，占全部样本公司的 91.87%。

表 11　样本公司描述性统计信息（2017）

类　别	最小值	最大值	平均值	中位数	标准差
员工数(人)	10	4909	299.56	199	358.63
总股本(万股)	5	202019.09	6009.75	4400	8936.17
股东户数(户)	2	3845	42.73	15	121.57
总资产(万元)	999.82	1376790.44	28435.34	16868.95	55383.90
总营收(万元)	895.86	7344981.03	26530.24	14100.04	161902.15
净利润(万元)	10.22	89048.66	2228.66	1516.37	3445.97
每股收益(元)	0.00	20.92	0.53	0.36	0.83

资料来源：Wind、特华博士后科研工作站。

基于公开披露的 2017 年挂牌公司年报信息，我们整理得到表 11 中的数据，2189 家样本公司平均雇员规模约为 299.6 人，平均股本规模为 6009.75 万股，平均股东户数为 42.73 户，平均总资产规模为 2.84 亿元，平均营业收入规模为 2.65 亿元，平均净利润为 2228.66 万元，平均每股收益 0.53 元。上述几个反映样本个体规模总量的统计指标均显著高于上一版评价的样本平均值。

表 12 中的统计信息表明，在 14 个设定的行业类别中，各行业中样本公司的数量分布相对均匀，其中，电子信息、装备制造、能源化工、软件信息与生产服务等行业中挂牌公司数量相对较多。从具体的行业和指标来看，生活服务类挂牌公司的员工人数最多，平均每家公司约有 415 名员工，文化和建筑地产行业员工相对较少，平均每家公司分别有 234 名、214 名员工。各行业挂牌公司的平均股本规模相差不大，平均股本规模最大的是金属矿冶行业，平均每家公司股本为 7931.48 万股；平均股本规模最小的是装备制造行业，平均每家公司股本为 5069.56 万股。相对来说，新三板挂牌公司的股权

表12　不同行业样本公司指标均值信息汇总（2017）

行业	行业均值							
	样本数（家）	员工数（人）	总股本（万股）	股东户数（户）	总资产（万元）	营业收入（万元）	净利润（万元）	每股收益（元）
电气设备	114	285.96	5568.10	51.61	25086.23	20896.43	1868.45	0.39
电子信息	219	339.31	5316.21	40.77	25231.75	20652.99	2335.83	0.62
互 联 网	127	248.61	5168.20	46.95	19688.58	28945.11	2352.12	0.63
建筑地产	151	213.79	5290.64	24.40	24687.63	18200.65	1579.20	0.42
金属矿冶	75	363.67	7931.48	60.12	34448.74	26694.64	2568.69	0.48
能源化工	210	298.16	7267.95	56.77	40430.88	31630.18	2647.33	0.51
软件信息	193	251.53	5281.04	45.33	24385.96	52078.36	2088.50	0.61
生产服务	275	299.27	7104.70	39.48	31701.31	26991.49	2078.45	0.62
生活服务	59	414.90	5099.63	30.64	26724.79	40432.71	2588.34	0.78
食 品	104	334.06	7626.24	51.21	37635.91	30224.04	2391.95	0.39
文 化	65	233.71	6888.39	33.51	32034.13	18541.88	3726.57	0.57
消 费 品	147	366.68	5488.26	35.24	24925.65	23015.52	1844.81	0.51
医 药	151	288.91	6242.28	47.91	26227.46	20735.19	2745.63	0.47
装备制造	299	308.71	5069.56	37.82	26538.68	17988.63	1886.56	0.47
总 计	2189	299.56	6009.75	42.73	28435.34	26530.24	2228.66	0.53

资料来源：Wind、特华博士后科研工作站。

集中度非常高，不利于市场自发形成公允的交易价格。其中，金属矿冶行业平均每家公司有60名股东，股权相对分散；文化、生活服务、建筑地产等行业平均股东人数均少于35人，股权相对集中。从总资产、营业收入以及净利润等财务指标来看，各个行业相差不大，基本都是围绕全部样本均值波动。例如，从投资价值的角度来说，净利润的水平是最值得关注的。14个行业中，盈利水平最高的是文化行业，每家公司平均盈利3726.57万元，盈利水平最低的是建筑地产行业，平均每家公司盈利1519.2万元，二者与全部样本公司的平均盈利水平相差并不大。出现这一特征的原因可能与样本的选择有关，样本本身就是选择了盈利能力相对较好的挂牌公司。

（二）挂牌公司质量评价的总体结果

本报告以2189家样本挂牌公司为评价对象，以挂牌公司2017年年报中

的财务信息与非财务信息为数据基础，2189 家样本公司质量评价整体平均得分为 67.50 分，得分分布在 46.80～83.45 分之间，总体呈正态分布，显示具有较好的区分度。与上年相比，本次评价的样本更为集中（由上年的 3157 家减至 2189 家），约占挂牌公司总数的 20%，更符合二八定律的基本原则，使得被评价对象更有可能是挂牌公司整体中质量最优的前 20% 的公司。因此，从评价结果来看，本次质量评价的平均得分比上年增加了 9.30 分，有显著提升，这与样本公司选择标准的提升有直接关系。2018 年，挂牌公司质量评价总体结果如表 13 所示。

表 13　新三板挂牌公司质量评价得分情况

单位：分

类别	均值	标准差	最大值	最小值	中位数
1. 持续经营能力	66.34	8.24	88.20	35.95	66.49
1.1 财务质量	65.64	10.88	90.10	26.61	66.79
1.2 经营风险	70.89	11.04	98.19	32.85	72.14
1.3 公司治理	64.23	13.31	98.50	22.50	67.00
2. 信息披露质量	68.90	12.47	100.00	40.00	70.00
2.1 及时性	68.42	18.95	100.00	40.00	60.00
2.2 详细性	67.25	19.52	100.00	40.00	60.00
2.3 真实性	70.08	20.49	100.00	40.00	80.00
3. 成长性	74.47	9.64	95.14	24.16	76.16
3.1 成长表现	80.33	11.86	98.69	16.32	82.89
3.2 成长动因	65.68	12.69	97.78	21.46	66.55
4. 创新性	62.21	8.55	90.39	38.60	61.81
4.1 投入产出	67.97	12.18	99.12	28.05	68.61
4.2 知识产权成果	56.46	11.63	100.00	40.00	51.00
总　分	67.50	5.88	83.45	46.80	67.72

资料来源：特华博士后科研工作站。

2018 年 2189 家样本挂牌公司质量评价平均得分为 67.50 分，最高分为 83.45 分，最低分为 46.80 分，中位数的分数为 67.72 分。从得分的结构角度来看，新三板挂牌公司质量评价结果由持续经营能力（50%）、信息披露质量（10%）、成长性（25%）和创新性（15%）四个一级指标衡量。其中，持续经营能力指标得分为 66.34 分，较上年增加 5.89 分，反映出样本挂牌公司具有较好的经营能力，且有持续改善的态势。信息披露质量指标得分为 68.90 分，较上年小幅减少 1.84 分，在具体度量指标做了较大调整的情况下，整体得分表现出一定的稳定性。成长性指标的平均得分是 74.47 分，较上年大幅增加 14.79 分，成为四个一级指标中得分最高的指标，表明样本公司在成长性指标方面表现更优。成长性指标最高得分 95.14 分，最低得分 24.16 分，表明样本公司在成长性方面有较大的差异。创新性指标的平均得分是 62.21 分，较上年增加 15.32 分，得分变化较大可能与具体度量指标的调整有关。创新性指标的最高分是 90.39 分，最低分是 38.60 分，清晰展示出不同公司在创新投入和产出方面的巨大差异。

从四个一级指标的内部结构视角来看，持续经营能力指标由财务质量（55%）、经营风险（20%）与公司治理（25%）三个二级指标进行度量。其中，财务质量指标得分为 65.64 分，经营风险指标得分为 70.89 分，公司治理指标得分为 64.23 分。经营风险指标得分较高，在一定程度上表明样本公司是挂牌公司中的优秀群体，破产概率较低，经营风险相对较低，尽管如此，从整体上来说，财务质量与公司治理指标的表现相对平庸，反映出挂牌公司在经营管理制度化方面尚有待提升、经营业绩波动较大。信息披露质量指标由信息披露的及时性、详细性、真实性指标衡量，三个二级指标的得分分别为 68.42 分、67.25 分、70.08 分。从得分情况来看，经本福特检验分析得出的财务报表真实性程度较高，因而取得相对较高的得分；及时性与详细性指标得分也相对较好，表明在主办券商的督导之下，各挂牌公司（尤其是样本挂牌公司）大都能够及早进行信息披露并详尽说明财务报表中的事项。成长性指标由成长表现与成长动因两个二级指标衡量，其中，成长表现指标的得分为 80.33 分，成长动因指标的得分为 65.68 分。前者得分较高，与样本筛选条件有关，相对来说，能进入样本的挂牌公司都是在成长性方面表现优秀的公司；而成长动因主要是考察挂牌公司所处的行业和地域因素，对于挂牌公司来说是外生变量。创新性指标由创新投入产出与知识产权成果两个二级指标衡量，其中，投入产出指标的得分为 67.97 分，知识产权

成果指标的得分为 56.46 分。这一数据表明，从整体上来说，挂牌公司对研发创新抱有积极的态度，愿意持续投入，但从已经拥有的知识产权成果存量来看，还相对比较薄弱。可以说，挂牌公司在研发创新方面，普遍存在起点低、底子薄的特点。

表 14 提供了不同行业挂牌公司（样本）质量评价的总体得分情况。从各行业挂牌公司质量评价的总体得分情况来看，软件信息（71.14 分）、互联网（70.78 分）、电子信息（68.49 分）等新兴行业挂牌公司的平均得分较高，建筑地产（65.19 分）、电气设备（65.71 分）、能源化工（65.97分）等传统行业挂牌公司的平均得分相对较低。具体来说，在持续经营能力指标方面，互联网（69.73 分）、软件信息（68.89 分）、生活服务（68.52 分）等 6 个行业的得分超过平均水平；建筑地产（63.71 分）、电气设备（64.72 分）、金属矿冶（64.80）等 8 个行业的得分低于平均水平。在信息披露质量指标方面，食品（70.52 分）、文化（70.49 分）、互联网

表 14　不同行业挂牌公司质量评价指标得分情况

单位：分

类　　别	持续经营能力	信息披露质量	成长性	创新性	质量评价平均分
软件信息	68.89	69.75	79.18	69.33	71.14
互 联 网	69.73	70.41	75.91	68.79	70.78
电子信息	67.92	69.88	73.90	63.84	68.49
生产服务	65.79	69.43	79.31	61.76	68.27
文　　化	67.34	70.49	74.56	61.77	67.96
医　　药	66.55	69.52	74.69	62.35	67.75
生活服务	68.52	67.15	74.41	56.81	67.43
食　　品	65.81	70.52	74.49	58.95	66.83
金属矿冶	64.80	69.12	73.30	60.34	66.29
消 费 品	66.25	67.43	72.63	58.22	66.28
装备制造	64.89	69.02	73.47	60.26	66.27
能源化工	65.65	66.46	70.99	61.50	65.97
电气设备	64.72	66.54	71.61	61.48	65.71
建筑地产	63.71	68.64	71.07	60.70	65.19
全　　部	66.34	68.90	74.47	62.21	67.50

资料来源：特华博士后科研工作站。

（70.41 分）等 9 个行业得分超过平均水平；能源化工（66.46 分）、电气设备（66.54 分）、生活服务（67.15 分）等 5 个行业得分低于平均水平。在成长性指标方面，生产服务（79.31 分）、软件信息（79.18 分）、互联网（75.91 分）等 6 个行业得分超过平均水平，能源化工（70.99 分）、建筑地产（71.07 分）、电气设备（71.61 分）等 8 个行业得分低于平均水平。在创新性指标方面，软件信息（69.33 分）、互联网（68.79 分）、电子信息（63.84 分）等 4 个行业得分超过平均水平，生活服务（56.81 分）、消费品（58.22 分）、食品（58.95 分）等 10 个行业得分低于平均水平。

表 15　新三板挂牌公司综合质量评价前 100 名

名次	证券代码	证券简称	综合质量评分（分）	分项评分（分）				细分行业	省份
				持续经营能力	信息披露质量	成长性	创新性		
1	871052.OC	盛日环保	83.45	83.86	90.00	88.53	70.74	商业服务与用品	山东
2	837942.OC	金尔豪	82.58	82.88	90.00	85.39	72.86	纺织品、服装与奢侈品	广东
3	839737.OC	鸥玛软件	82.46	85.21	72.00	87.73	73.00	信息技术服务	山东
4	838275.OC	驱动力	82.08	83.60	94.00	84.92	66.65	食品	广东
5	870019.OC	博源恒芯	81.65	80.68	70.00	90.90	78.73	软件	北京
6	837045.OC	敬众科技	81.47	83.86	54.00	91.46	80.26	信息技术服务	上海
7	835653.OC	天润融通	80.69	78.00	82.00	85.48	81.22	信息技术服务	北京
8	871182.OC	靠谱云	80.65	80.25	64.00	86.59	84.99	互联网软件与服务Ⅲ	福建
9	832368.OC	佳创科技	80.43	83.50	78.00	82.61	69.28	机械	福建
10	834003.OC	挖金客	80.37	81.68	76.00	81.74	76.83	互联网软件与服务Ⅲ	北京
11	835212.OC	多想互动	80.25	82.90	78.00	90.95	59.55	专业服务	福建
12	834452.OC	奥菲传媒	80.19	78.35	72.00	85.23	84.10	互联网软件与服务Ⅲ	上海
13	835823.OC	视美泰	80.16	75.81	74.00	92.89	79.61	信息技术服务	广东
14	837037.OC	嗨皮网络	80.15	84.10	64.00	85.53	71.18	互联网软件与服务Ⅲ	上海
15	833096.OC	仰邦科技	80.06	83.09	90.00	77.89	68.50	软件	上海
16	837592.OC	华信永道	80.04	80.77	76.00	85.57	71.89	软件	北京
17	830866.OC	凌志软件	80.01	83.60	90.00	80.99	62.65	信息技术服务	江苏
18	835097.OC	讯腾智科	79.97	79.69	74.00	86.30	75.02	软件	北京
19	838758.OC	思迅软件	79.84	83.34	70.00	85.27	67.67	信息技术服务	广东
20	833427.OC	同济设计	79.79	77.80	70.00	92.78	73.64	专业服务	江西
21	832389.OC	睿思凯	79.76	81.97	88.00	78.85	69.48	电子设备、仪器和元件	江苏

续表

名次	证券代码	证券简称	综合质量评分（分）	分项评分(分)				细分行业	省份
				持续经营能力	信息披露质量	成长性	创新性		
22	831822. OC	米奥会展	79.69	86.12	78.00	82.05	59.44	商业服务与用品	浙江
23	836399. OC	汇春科技	79.48	82.43	60.00	80.13	83.79	半导体产品与设备	广东
24	839097. OC	泽达易盛	79.45	77.63	70.00	84.94	83.59	软件	天津
25	836949. OC	源启科技	79.44	75.35	96.00	92.23	65.10	软件	湖北
26	430645. OC	中瑞药业	79.42	85.77	54.00	79.51	79.30	制药	天津
27	836610. OC	铠甲网络	79.32	77.51	74.00	86.56	77.56	互联网软件与服务Ⅲ	福建
28	838975. OC	鑫泰科技	79.21	81.48	76.00	82.05	69.86	金属、非金属与采矿	江西
29	430211. OC	丰电科技	79.16	76.32	94.00	85.14	70.64	专业服务	北京
30	870299. OC	灿能电力	79.11	82.30	70.00	83.21	69.12	电子设备、仪器和元件	江苏
31	836888. OC	来邦科技	79.08	77.06	96.00	86.87	64.75	电子设备、仪器和元件	安徽
32	837564. OC	创志科技	79.04	77.91	88.00	84.23	69.42	医疗保健设备与用品	江苏
33	831467. OC	世窗信息	79.00	85.56	64.00	78.96	69.73	互联网软件与服务Ⅲ	河北
34	870666. OC	肖克利	78.92	78.63	72.00	90.10	68.12	贸易、工业品经销商	上海
35	870221. OC	申朴信息	78.91	80.00	78.00	85.11	66.97	软件	上海
36	833954. OC	飞天经纬	78.89	78.35	64.00	89.62	75.05	信息技术服务	北京
37	833523. OC	德瑞锂电	78.88	84.88	76.00	84.13	56.86	家庭耐用消费品	广东
38	870126. OC	卓识网安	78.87	76.29	84.00	84.89	74.74	信息技术服务	北京
39	835213. OC	福信富通	78.77	73.39	80.00	85.47	86.16	互联网软件与服务Ⅲ	福建
40	831377. OC	有友食品	78.70	88.20	84.00	82.61	47.53	食品	重庆
41	836036. OC	昆仑股份	78.68	78.22	84.00	88.11	63.60	信息技术服务	北京
42	837178. OC	商科数控	78.64	81.39	66.00	84.24	70.27	机械	天津
43	430567. OC	无锡海航	78.63	77.39	70.00	82.81	82.19	电气设备	江苏
44	834621. OC	润晶水利	78.55	75.60	94.00	84.17	70.56	专业服务	云南
45	839036. OC	珠海鸿瑞	78.55	78.23	58.00	88.42	80.02	软件	广东
46	833234. OC	美创医疗	78.52	75.63	90.00	86.83	68.70	医疗保健设备与用品	四川
47	838349. OC	乐舱网	78.46	83.93	76.00	73.37	71.60	海运Ⅲ	山东
48	834687. OC	海唐公关	78.41	77.54	72.00	86.47	73.21	媒体Ⅲ	北京
49	831424. OC	薪泽奇	78.31	74.56	90.00	87.55	69.81	机械	江苏
50	430066. OC	南北天地	78.30	78.82	64.00	82.34	80.59	软件	北京
51	833054. OC	未来电器	78.29	78.46	100.00	81.30	62.00	电气设备	江苏
52	835804. OC	安趣股份	78.27	81.62	86.00	68.59	79.62	信息技术服务	北京
53	832114. OC	中爆数字	78.26	75.23	68.00	87.02	82.17	互联网软件与服务Ⅲ	广东
54	833291. OC	森合高科	78.09	79.41	64.00	86.66	70.89	化工	广西

续表

名次	证券代码	证券简称	综合质量评分（分）	分项评分（分）				细分行业	省份
				持续经营能力	信息披露质量	成长性	创新性		
55	430161.OC	光谷信息	78.06	78.59	78.00	81.39	71.19	软件	湖北
56	839388.OC	多彩贵州	78.04	80.37	86.00	83.24	59.56	媒体Ⅲ	贵州
57	837758.OC	宏天信业	78.02	82.20	54.00	84.94	72.76	软件	北京
58	836333.OC	像素软件	77.92	72.75	58.00	94.03	87.22	软件	北京
59	836460.OC	风云科技	77.92	73.82	72.00	88.87	79.01	信息技术服务	福建
60	832340.OC	国联股份	77.91	77.71	80.00	85.14	66.57	互联网软件与服务Ⅲ	北京
61	839164.OC	兴华设计	77.77	73.69	84.00	91.04	67.97	专业服务	江苏
62	832559.OC	熊猫乳业	77.67	79.28	82.00	74.96	74.23	食品	浙江
63	831306.OC	丽明股份	77.59	78.55	68.00	74.75	86.50	软件	吉林
64	834886.OC	久正工学	77.50	78.25	64.00	87.74	69.34	家庭耐用消费品	江苏
65	831688.OC	山大地纬	77.49	80.85	76.00	76.10	70.22	软件	山东
66	839460.OC	乐享互动	77.45	76.81	54.00	87.96	81.87	互联网软件与服务Ⅲ	北京
67	831187.OC	创尔生物	77.43	76.58	90.00	76.14	74.73	生物科技Ⅲ	广东
68	832145.OC	恒合股份	77.41	75.57	64.00	88.51	76.17	信息技术服务	北京
69	834532.OC	萨纳斯	77.40	79.99	76.00	84.88	60.21	软件	山东
70	837939.OC	云竹信息	77.39	76.16	64.00	84.37	80.24	软件	北京
71	870941.OC	零点有数	77.37	80.05	68.00	82.60	67.50	专业服务	北京
72	832498.OC	明源软件	77.28	77.76	72.00	88.63	63.13	软件	广东
73	870319.OC	鼎信通达	77.26	80.28	66.00	77.95	74.41	通信设备Ⅲ	广东
74	430754.OC	三态股份	77.23	86.09	58.00	84.36	56.17	互联网软件与服务Ⅲ	北京
75	870731.OC	游动网络	77.20	72.82	74.00	86.54	79.72	软件	福建
76	832097.OC	浩辰软件	77.18	72.93	90.00	82.53	75.28	互联网软件与服务Ⅲ	江苏
77	833861.OC	麦可思	77.16	77.57	70.00	87.30	65.83	信息技术服务	四川
78	832876.OC	慧为智能	77.13	77.91	92.00	78.36	64.61	电子设备、仪器和元件	广东
79	836100.OC	瑞捷电气	77.11	80.27	60.00	79.50	75.78	电气设备	广东
80	832171.OC	志晟信息	77.07	78.25	56.00	87.28	73.71	互联网软件与服务Ⅲ	河北
81	832021.OC	安谱实验	77.05	80.85	82.00	74.38	66.74	消费品经销商Ⅲ	上海
82	832499.OC	天海流体	77.03	78.85	82.00	82.29	61.24	机械	安徽
83	832624.OC	金智教育	77.03	78.30	76.00	84.59	62.96	软件	江苏
84	839158.OC	酷炫网络	77.01	75.64	62.00	83.65	82.29	互联网软件与服务Ⅲ	北京
85	839749.OC	炬申物流	77.01	74.49	78.00	90.77	64.87	公路与铁路运输	广东
86	837785.OC	聚力股份	77.00	75.23	100.00	73.27	75.91	燃气Ⅲ	山东
87	835666.OC	天亿马	77.00	76.97	68.00	81.72	75.87	信息技术服务	广东

续表

名次	证券代码	证券简称	综合质量评分（分）	分项评分（分）				细分行业	省份
				持续经营能力	信息披露质量	成长性	创新性		
88	871696. OC	安捷包装	76.99	82.27	54.00	83.29	68.59	纸与林木产品	江苏
89	430642. OC	映翰通	76.92	75.84	90.00	79.63	68.56	电子设备、仪器和元件	北京
90	836813. OC	格兰尼	76.89	80.82	70.00	80.15	64.70	制药	福建
91	838672. OC	金润德	76.88	77.65	78.00	80.63	68.03	金属、非金属与采矿	山东
92	831961. OC	创远仪器	76.83	77.19	84.00	70.81	81.65	电气设备	上海
93	838130. OC	明学光电	76.82	79.31	78.00	82.40	60.82	家庭耐用消费品	广东
94	831209. OC	鑫安利	76.81	76.52	84.00	81.98	65.73	专业服务	河南
95	870945. OC	海德森	76.80	76.23	86.00	79.04	69.58	电气设备	广东
96	838655. OC	泰利信	76.78	81.49	64.00	80.70	65.42	石油、天然气、燃料	天津
97	430706. OC	海芯华夏	76.76	76.26	76.00	84.98	66.68	软件	北京
98	837706. OC	龙铁纵横	76.75	75.33	70.00	87.89	69.27	交通基础设施	北京
99	834956. OC	善元堂	76.74	74.73	74.00	88.45	67.80	食品	广东
100	870209. OC	小鸟股份	76.68	74.45	78.00	87.22	67.47	电子设备、仪器和元件	北京

资料来源：特华博士后科研工作站。

五　总结与展望

作为国内第一本专注新三板市场研究的蓝皮书，结合新三板市场拥有海量挂牌公司的市场特点，《中国新三板市场发展报告》从2017年开始，将研究的重心聚焦在挂牌公司质量评价方面。2018年是课题组第二次对新三板挂牌公司进行全面的质量评价，同时也是对2017年挂牌公司质量评价报告的继承和发展。

从延续性的角度来说，本报告使用的评价思路与方法，仍然立足于中小微企业"高风险、信息不对称问题凸显、高成长性、创新性"等基本特点，因而继续从"可持续经营能力、信息披露质量、成长性和创新性"四个维度对挂牌公司进行全面的质量评价，具体的评价指标体系兼顾财务指标与非财务指标。

从创新和发展的角度来说，本年度评价报告在2017年评价报告经验的基础上，对具体指标的选用作了较大的调整。指标调整的总体思路是：删减部分重叠性较强的指标，比如在度量盈利表现时，删除了总资产收益率，保留了净资产收益率；删减部分度量不够准确或度量信息片面的指标，比如，在度量信息披露质量时，删除了信息披露的"准确性""完整性""规范性"指标，这些指标使用的数据过于间接或片面，从上年的数据收集和评价结果来看，不能很好地度量信息披露的质量，本报告中用更具操作性的"详细性""真实性"指标作为替代，特别是引入本福特检验方法测度财务报表数据的真实性，是本报告的一个创新；增加既能表现公司市场竞争力、又能体现被测度指标信息的指标，或以这种信息含量更为丰富的指标替代上年度报告中度量内容单一、片面的指标，比如在度量盈利表现时，删除了投入资本回报率指标，代之以"营业收入毛利率"，后者比前者更能反映公司的盈利能力。经过调整，整个评价指标体系由上年报告中所使用的 32 个基础指标调整至本报告中的 28 个基础指标，总体上减少了对直接引用指标的使用，增加了对复合性、计算后指标的使用。换句话说，指标数量减少了，但指标计算的复杂程度则有显著增加。

从评价结果来看，本报告使用 2189 家样本公司，较上年大幅减少了接近 1000 家样本公司，使得样本总数占挂牌公司总量的 20% 左右，既能涵盖挂牌公司质量较好的公司，又不至于使得样本过于宽泛。2189 家样本公司质量评价整体平均得分为 67.50 分，得分分布在 46.80～83.45 分之间，总体呈正态分布，显示具有较好的区分度，可以较好地识别相对优质的挂牌公司。应该说，质量评价得分的高低，并不具有绝对意义，其准确的价值是反映了挂牌公司质量指数的相对排名。在此意义上，从投资者关注的角度来说，细分行业内具有共性特征的挂牌公司之间的排名更具有参考价值，不同行业之间挂牌公司质量评价得分孰高孰低并不值得特别关注。

展望未来，伴随着国内资本市场并购重组市场的重新放宽、上海证券交易所科创板块的提出，围绕科技板块、围绕成长性的并购重组活动必然会再度活跃起来。近三年来，新三板市场受到流动性问题的极大困扰，但这一难题主要局限在二级市场。从积极的方面来看，挂牌公司从进入新三板市场的那一刻开始，就告别了过去经营不规范、产权不清晰、财税不透明等潜在并

购重组障碍，为新三板并购市场提供了大量的规范（甚至是优秀）的并购标的，使得未来多层次资本市场间的并购重组活动会更加顺畅高效。尽管如此，对于投资人来说，面对数量庞大的挂牌公司群体，选择投资/并购标的仍然是个难题，新三板挂牌公司的质量评价因而显得更有价值。我们期望，以本研究报告为基础，专注于新三板挂牌公司质量评价这一件事，为多层次资本市场的活跃与繁荣发展做出应有的贡献。

参考文献

王力、刘坤、王子松：《中国新三板市场发展报告（2017）：挂牌公司质量评价视角》，社会科学文献出版社，2018。

王力、刘坤、王子松：《中国新三板市场发展报告（2016）》，社会科学文献出版社，2016。

张跃文、王力、姚云、刘翠兰：《中国上市公司质量评价报告（2014~2015）》，社会科学文献出版社，2014。

张跃文、王力、姚云、于换军：《中国上市公司质量评价报告（2015~2016）》，社会科学文献出版社，2015。

张跃文、王力、姚云、于换军、何敬：《中国上市公司质量评价报告（2016~2017）》，社会科学文献出版社，2017。

张跃文、王力、姚云、于换军、何敬：《中国上市公司质量评价报告（2017~2018）》，社会科学文献出版社，2018。

王力、郭哲宇：《投贷联动模式的国际经验》，《中国金融》2018年第18期。

王力、刘坤：《新三板市场挂牌公司投资质量评价体系》，《银行家》2018年第5期。

刘坤：《建立新三板转板制度的思考与建议》，《银行家》2018年第1期。

朱元甲、刘坤：《说说当前的新三板市场》，《银行家》2017年第2期。

严海：《我国上市公司质量评价体系研究》，华东师范大学硕士学位论文，2006。

全国中小企业股份转让系统：《新三板挂牌公司2017年年报分析报告》，2018。

B.2
科创板的落地、比较与影响

王　力　孙春雷*

摘　要：　作为我国资本市场的重大制度创新，科创板不仅进一步完善
　　　　　了我国多层次资本市场体系，有利于大力推进我国金融市场
　　　　　化改革，还为创新型中小企业提供一个快速的融资通道，有
　　　　　利于实现我国金融供给侧结构性改革，实现金融服务实体经
　　　　　济的战略定位。本文详细阐述科创板落地的制度、规则，重
　　　　　点从发行方式、定价方式、回拨机制、申购方式、战略配售
　　　　　以及投资者门槛等十大方面与 A 股其他板块、香港市场进行
　　　　　深入比较，最后从金融市场化改革、金融供给侧结构性改革
　　　　　等角度分析了科创板带来的重要影响。

关键词：　科创板　注册制　A 股其他板块　香港市场

　　2018 年 11 月 5 日，习近平主席在首届中国国际进口博览会上宣布设立
科创板并试点注册制。这是党中央根据当前世界经济金融形势，立足全国改
革开放大局作出的重大战略部署，是资本市场的重大制度创新，是完善我国
多层次资本市场体系的重大举措。中国作为世界第二大经济体，需要完善与
之经济体量相匹配的资本市场规则，而推动金融和科技创新产业之间的相互
作用，是成为金融强国的关键之一。

---

　*　王力，经济学博士，特华博士后科研工作站执行站长，中国社会科学院金融研究所博士生导师，北
京大学经济学院校外导师，主要研究领域：区域金融、产业经济、资本市场和创业投资。孙春雷，
财政学博士，特华博士后科研工作站博士后，研究方向为新三板、不良资产及财政税收。

一 科创板的落地

2019 年 1 月 30 日，中国证监会发布了《关于在上海证券交易所设立科创板并试点注册制的实施意见》，并同日就《科创板首次公开发行股票注册管理办法（试行）》和《科创板上市公司持续监管办法（试行）》公开征求意见。上交所新设科创板，坚持面向世界科技前沿、面向经济主战场、面向国家重大需求，主要服务于符合国家战略、突破关键核心技术、市场认可度高的科技创新企业。2019 年 3 月 2 日，证监会及其上交所层面，设立科创板并试点注册制主要制度规则正式发布，共 2 + 6 个相关政策，对科创企业注册要求和程序、减持制度、信息披露、上市条件、审核标准、询价方式、股份减持制度、持续督导等方面进行了规定，标志着我国科创板正式落地，成为我国资本市场的重要补充。

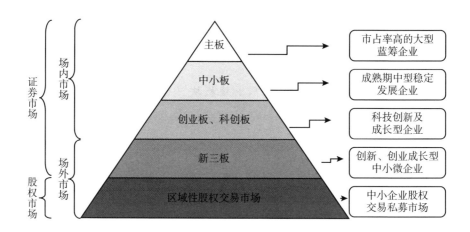

图 1 科创板成为资本市场的重要补充

资料来源：wind，长城证券研究所。

《科创板首次公开发行股票注册管理办法（试行）》以及《科创板上市公司持续监管办法（试行）》等 2 + 6 个相关政策及相应配套规则给科创板的落地与运营做出了具体详细的规定规划，积极反应资本市场的迫切需求，政策重点内容勾勒如下：个人投资者门槛 50 万，两年经验不变；现有可投 A 股基金均可参与，散户可通过基金参与；实施 T + 1；进一步优化股份减持制度，核心技术人员股份锁定期为 1 年；进一步明确红筹企业上市标准；竞价交易 20% 涨跌幅，上市后的前 5 天不设价格涨跌幅；盘后固定价格交易；表决权差异安排；最严退市；科创板股票，优先向公募等机构配售；等等。

值得注意的是，科创板对于红筹公司要求为未在国外上市红筹企业的要求为"预计市值不低于人民币 100 亿元，或者市值不低于人民币 50 亿元且最近一年营业收入不低于人民 5 亿元"。这一规定进一步扩大了科创板上市公司的范围，有利于更多优质企业到国内上市。红筹企业方面的相关规定将形成示范效应，有利于更多独角兽企业回归国内市场。相应政策一定程度上吸引了真正高质量的中资独角兽尽量在国内上市，境内投资者相对而言更加了解相应公司的发展历程和前景，使得股价更趋于理性的水平，同时也让中国境内投资者能够享受到中国企业迅猛发展的红利。国内更高的市盈率市净率对于融资需求较强的高科技企业更加有利。另外利用 CDR 存托凭证帮助已经在美股上市的企业在科创板上市，并且学习相应的注册制制度，推动整体股市向着更加市场化、更加透明、监管得力的方向发展。

同时，科创板遵从严格的退市制度，构建了重大违法违规强制退市、交易类强制退市、财务类强制退市、规范类强制退市四大体系。其一，重大违法违规强制退市。如科创公司构成欺诈发行、重大信息披露违法或者其他涉及国家安全、公共安全、生态安全、生产安全和公众健康安全等领域的重大违法行为的，股票将终止上市。此项规定有助于提高上市公司的经营质量，以严格的制度保证各领域的安全，通过提高资本市场透明度维护了投资者的利益。其二，交易类强制退市。如科创公司在股票成交量、股票价格、公司市值和股东人数四项指标中有未达到标准的情况，股票将终止上市。此项规定通过新增市值指标体现出市场的重要作用，有利于筛选和扶持优质的科创公司，促进有限资源的合理配置。其三，财务类强制退市。如科创公司丧失了持续经营的能力，且连续两年有财务指标未达到标准的情况，股票将终止上市。此项规定设置反应科创公司持续经营能力和真实内在价值的组合性终

止上市指标，体现出公司的研发能力、资产规模及财政状况，有利于发挥市场机制，合理反映市值。其四，规范类强制退市。如科创公司在信息披露或者规范运作方面存在重大缺陷，严重损害投资者合法权益、严重扰乱证券市场秩序的，股票将终止上市。此项规定提高了对科创公司信息披露质量的要求，规范其运作方式，进一步深化了市场透明度。从退市程序来看，科创板规则逐渐更加完善，一旦退市再没有上市机会，并且从退市警示到最终退市的时间由四年缩短至两年。宽近严出的机制，在最大程度发挥市场作用的情况下，有效的提高了科创上市企业的运营质量，促进了资本的合理流动。

此外，科创板投资者要求为 50 万资产和 2 年证券交易经验，发行对象向专业机构投资者倾斜。在《上海证券交易所科创板股票发行与承销实施办法》中对于网下发行中面对公募、社保、养老金的发行比例也从 40% 进一步提高至 50%。由于科创板的独特性，商业模式更新快、不确定性强、科研创新投入不稳定以及经营风险较大，投资者适当性制度有实施必要。有经验的专业投资者，更能促进科创板的稳定发展，服务好实体经济。上交所答记者问表示，现有 A 股市场符合条件的个人投资者约 300 万人，加上机构投资者，交易占比超过 70%，平衡了投资者风险承受能力和科创板市场的流动性。

二 科创板发行与 A 股其他板块、香港市场的比较

我国 A 股其他版块的设立与发展均曾有向纳斯达克模式迈进的重要努力。目前的科创板可以说保留了现存优势、改进了不少不足，管理制度进一步得到完善，更加接近于香港市场，可能成为真正的中国纳斯达克。为了进一步研究分析科创板制度规则，有必要将科创板与 A 股其他板块、香港市场进行比较分析，具体的比较如下：

（一）发行方式

科创板采用网下向符合条件的专业机构投资者询价发行和网上向社会公众投资者定价发行相结合的方式发行，与 A 股其他板块（主板、中小板、

创业板）保持一致。港股 IPO 发行分为香港公开发售和国际配售两部分，本质上与大陆市场的网上发行和网下发行类似。

表 1 各市场发行条件一览

	科创板	主板	中小板	创业板	新三板
市场类型	场内市场	场内市场	场内市场	场内市场	场外市场
成立时间	2019 年	1990/1991 年	2004 年	2009 年	2006 年
公司类型	成长型科创企业	大型蓝筹企业	中型稳定发展企业	高成长型、创新型中小企业	非上市企业
审核时间	4~7 个月	1.2 年	2 年	1.1 年	协会备案确认协会对推荐挂牌备案文件无异议的，自受理之日起 50 个工作日内向推荐主办券商出具备案确认函
定价机制	初步询价确定发行价格区间，累计投标询价确定发行价格	市场化询价 + 23 倍 PE 红线	市场化询价 + 23 倍 PE 红线	23 倍 PE 红线	集合竞价、做市转让
配售制度	50% 以上比例配售给公募、社保、养老金；放宽战略配售实施条件，1 亿股以上，战略配售 30%；1 亿元以下不超过 20%。发行公司高管员工可通过资产管理计划进行战略配售，比例不超过 10%。	发行 4 亿股以上可战略配售，最大回拨机制下，网下占比 10%	发行 4 亿股以上可战略配售，最大回拨机制下，网下占比 10%	最大回拨机制下，网下占比 10%	—

资料来源：中国证监会、上交所政策文件整理。

　　从发行方式上看，科创板、A 股其他板块和香港市场均为"网上 + 网下"的模式，其中"网下"多为机构投资者，对投资价值判断更为专业，因此有利于充分发挥市场的价格发现功能。

（二）定价方式

科创板、A 股其他板块和香港市场均采用向网下投资者询价的方式确定发行价格。科创板规定，发行人和主承销商可以通过初步询价确定发行价格，或者在初步询价确定发行价格区间后，通过累计投标询价确定发行价格。A 股其他板块长期以来受"23 倍市盈率"的窗口指导，科创板目前没有此类限制，且发行价格可以超过"四个值"，定价市场化程度较高。

表 2　A 股历史上不同 IPO 定价制度下新股发行市盈率

时间	IPO 定价制度	定价主体	IPO 公司平均市盈率
1999 年 7 月之前	行政定价阶段	证监会	15.00
1999~2001 年 6 月	放宽发行市盈率限制	承销商和发行人	32.78
2001 年 7 月~2004	市盈率严格监管阶段	承销商和发行人	19.41
2005~2013	询价阶段	询价对象	43.97
2014 至今	23 倍市盈率控价发行	询价对象	22.86
科创板推出后	询价发行	机构投资者	

资料来源：刘剑蕾，《中国 IPO 发行定价制度变迁及其影响研究》，华泰证券研究所。

询价对象方面，A 股其他板块允许符合条件的机构和个人参与询价，港股的询价对象主要是基石投资者、锚定投资者，而科创板对询价对象范围的规定更为严格，仅允许证券公司、基金管理公司、信托公司、财务公司、保险公司、合格境外投资者和私募基金管理人等专业机构投资者参与询价。总体来看，科创板定价制度的市场化程度明显超越 A 股其他板块，与港股市场接近。

另外，科创板要求主承销商在询价过程中剔除最高报价部分，但没有明确剔除比例；A 股其他板块要求剔除不超过 10%，而港股没有剔除最高报价的要求。

（三）网上网下初始分配比例

网下初始发行比例方面，科创板规定公开发行后总股本不超过 4 亿股的，网下初始发行比例不低于 70%，A 股其他板块为 60%；公开发行后总股本超过 4 亿股或者发行人尚未盈利的，网下初始发行比例不低于本次公开发行股票数量的 80%，A 股其他板块为 70%。香港公开发售（类似 A 股的网上）和国际配售（类似 A 股的网下）初步分配 10% 与 90%。

相比 A 股其他板块，科创板更加向网下投资者倾斜，但是相比港股市场，科创板网下发行初始比例设置低于港股的国际配售比例（90%）。

（四）回拨机制

科创板、A 股其他板块和港股市场均设有回拨机制。科创板网上申购倍数超过 50 倍且不超过 100 倍的，网下向网上回拨 5%；超过 100 倍的，回拨 10%；回拨后网下不超过 80%；且网下投资者申购数量低于网下初始发行量的，应当中止发行，不得将网下发行部分向网上回拨；网上投资者申购数量不足网上初始发行量的，可以回拨给网下投资者。

A 股其他板块网上申购倍数超过 50 倍且不超过 100 倍的，网下向网上回拨 20%；超过 100 倍且不超过 150 倍的，回拨 40%；超过 150 倍的，回拨后网下不超过 10%。香港市场公开发售认购倍数在 15 倍~50 倍的，香港公开发售增加至 30%；认购倍数在 50 倍~100 倍的，香港公开发售增加至 40%；认购倍数高于 100 倍的，香港公开发售增加至 50%。

从回拨的结果来看，科创板回拨后的网上发行比例为 20%~40%，港股回拨后的香港公开发行比例为 10%~50%，A 股其他板块回拨后的网上发行比例为 50%~90%，科创板与港股大致处于同一水平，A 股其他板块回拨后的网上发行比例明显高于科创板和港股。

（五）申购方式

本次征求意见稿中未提及科创板投资者的 IPO 申购方式是信用申购还是资金申购，目前 A 股其他板块的 IPO 申购方式为信用申购。港股 IPO 参与国际发售的投资者需要在簿记期间缴纳 30% 认购资金。

在市场化定价的情况下，信用申购可能带来一系列弊端：信用申购可能

使投资者不能理性地表达认购意愿，进而出现投资者想认购而不得、投资者申购后不缴款的弃配情况，严重时会造成大比例包销导致发行失败。

（六）战略配售

科创板规定，发行数量不足 1 亿股时，战略配售不超过 20%；发行数量超过 1 亿股，战略配售不超过 30%，若超过 30%，则需要充分说明理由。A 股其他市场发行数量在 4 亿股以上才可实施战略配售。香港市场一般战略配售给基石投资者。

（七）保荐机构、高管及核心员工参与配售

科创板规定，保荐机构、高管及核心员工可以参与战略配售，比例不超过 10%。港股不允许高管及核心员工参与战略配售，保荐机构参与则需要事先审批和披露。A 股其他板块目前不允许保荐机构、高管及核心员工参与配售。

（八）绿鞋机制

科创板、A 股其他板块和港股均设置了绿鞋机制。科创板绿鞋机制的规模上限为 15%，期限为上市后 30 日之内，与港股 IPO 制度保持一致。相比之下，A 股其他板块对于绿鞋机制的限制较多，发行数量在 4 亿股以上才可实施。

（九）投资者门槛

科创板对网上投资者的门槛进行了限定：参与科创板 IPO 网上申购需持有上交所和深交所的市值合计达到 10000 元，而参与科创板股票交易应持有 50 万元市值且参与证券交易 24 个月以上。对于港股来说，投资者参与 IPO 香港公开发售和二级市场交易均无具体限制。A 股其他板块 IPO 网上申购时，上交所要求 10000 元市值，深交所要求 5000 元市值。

（十）原股东解禁后减持的相关规定

科创板规定，控股股东、实际控制人等股东应当承诺上市后 36 个月不

减持所持有的首发前股份；核心技术人员自公司股票上市之日起 12 个月内和离职后 6 个月内不得转让本公司首发前股份，且所持首发前股份限售期满之日起 4 年内，每年转让的首发前股份不得超过上市时所持公司首发前股份总数的 25%，减持比例可以累积使用。

对于尚未盈利的公司，科创板规定：控股股东、实际控制人自公司股票上市之日起 3 个完整会计年度内，不得减持首发前股份；自公司股票上市之日起第 4 个会计年度和第 5 个会计年度内，每年减持的首发前股份不得超过公司股份总数的 2%，并应当符合《减持细则》关于减持股份的相关规定。在公司实现盈利前，董事、监事、高级管理人员及核心技术人员自公司股票上市之日起 3 个完整会计年度内，不得减持首发前股份；在前述期间内离职的，应当继续遵守此规定。

对于港股来说，原股东减持只需要遵循"6 + 6"规则，即上市公司的控股股东在公司 IPO 上市后，6 个月内不得转让；7 至 12 个月内不得丧失控股地位。A 股其他板块原股东解禁后仍受 2017 年 5 月颁布的"减持新规"的限制。

表 3　香港市场、科创板、A 股其他市场 IPO 制度比较

		香港市场	科创板	A 股其他板块
定价机制	定价方式	询价	询价（可超过四个值）	询价（23 倍市盈率窗口指导）
	询价对象	基石投资者、机构投资人、符合条件的个人	证券、基金、信托、合格境外投资者和私募基金管理人等专业机构投资者	符合要求的机构和个人投资者
	是否剔除高报价	不剔除	需要剔除，未明确比例	需剔除，剔除比例不低于 10%
	申购保证金	基石投资者簿记期间缴纳 30% 资金	信用申购，询价和申购都不需要缴纳保证金	信用申购，不需要缴纳保证金
	投资价值报告	不需要出具	主承销商应当向网下投资者提供投资价值研究报告	可以出具投资价值报告

续表

		香港市场	科创板	A 股其他板块
配售机制	发行规模	市值 100 亿以下的企业,可发行 25% 新股,100 亿以上的企业,可发行 15 ~ 25% 新股	发行规模 4 亿股以内的企业,发行新股数量不低于 25%,发行规模 4 亿股以上的企业,发行新股数量不低于 10%	发行规模 4 亿股以内的企业,发行新股数量不低于 25%,发行规模 4 亿股以上的企业,发行新股数量不低于 10%
	网上网下初始比例	香港公开发售和国际配售初步分配 10% 与 90%	发行后总股本不超过 4 亿股的,网下不低于 70%;超过 4 亿股的,网下不低于 80%	发行后总股本不超过 4 亿股的,网下不低于 60%;超过 4 亿股的,网下不低于 70%
	回拨机制	香港公开发售认购倍数在 15 ~ 50 倍,香港公开发售增加至 30%;认购倍数在 50 ~ 100 倍,香港公开发售增加至 40%;认购倍数高于 100 倍,香港公开发售增加至 50%	网上申购倍数 > 50 倍且《100 倍,网下向网上回拨 5%;> 100 倍,回拨 10%;回拨后网下不超过 80%;网下申购数量不足的,不能回拨到网上;网上申购数量不足的,可以回拨到网下	网上申购倍数超过 50 倍且不超过 100 倍的,网下向网上回拨 20%;超过 100 倍不超过 150 倍的,回拨 40%;超过 150 倍的,回拨后网下不超过 10%
	网上申购门槛	不需要市值	持有上交所和深交所的市值合计到 10000 元以上方可参与网上申购,每 5000 元市值可申购一个申购单位	上交所主板为每 10000 元市值可申购一个申购单位;深交所为每 5000 元市值可申购一个申购单位
	配售原则	基石 100% 配售,锚定和其他投资者理论上比例一致、实际执行可以有差异	应将》网下发行数量的 50% 向公募基金、社保基金和养老金配售,并安排一定比例的股票向企业年金基金和保险资金配售;以上机构配售比例不低于其他投资者	应将》网下发行数量的 40% 向公募基金、社保基金和养老金配售,并安排一定比例的股票向企业年金基金和保险资金配售;以上机构配售比例不低于其他投资者
	新股配售经纪佣金	认购方需缴纳 1% 的经纪佣金	承销商向通过战略配售、网下配售获配股票的投资者收取	无新股申购经济佣金

		香港市场	科创板	A 股其他板块
战略配售	战略配售比例	一般情况下,基石投资者在股票实际上市前承诺认购发行规模的 30%～40%	发行数量＜1 亿股,战略配售《20%;发行数量＞1 亿股,战略配售《30%,若＞30%,需说明	发行数量在 4 亿股以上可以实施战略配售
	是否参与定价	参与定价,影响定价区间	未明确要求不能参与询价	不参与询价
	锁定期	6～12 个月	参与战略配售投资者锁定期不少于 12 个月	参与战略配售投资者锁定期不少于 12 个月
	高管及核心员工参与战略配售	不能参与	高管及核心员工可参与战略配售,比例《10%,且获得本次配售的股票持有期》1 年	不可以参与
	保荐券商参与战略配售	可参与但需联交所事先审批后披露,需承销团全部同意	保荐机构相关公司依法可参与战略配售	券商不能参与认购
绿鞋机制	绿鞋实施条件	发行数量不超过发行规模的 15%	绿鞋机制不受发行规模限制,发行数量《15%	发行数量在 4 亿股以上可以实施绿鞋机制
	绿鞋实施期限	上市起 30 日内	上市起 30 日内	上市起 30 日内
上市交易	上市后涨跌幅限制	无涨跌幅限制	前 5 个交易日不设涨跌幅限制,5 日后涨跌幅限制在 20%	首日涨幅《44%、跌幅《36%,首日后涨跌幅《10%
	交易机制	T＋0	T＋1	T＋1
	投资者门槛	无门槛	个人应满足前 20 个交易日证券账户及资金账户内的资产日均》50 万元,且参与证券交易 2 年以上	无具体门槛
	原股东上市后锁定期	控股股东在上市后 6 个月内不得转让,7～12 个月内不得丧失控股地位;上述期间额外买卖证券需满足上市规则有关公众持股量要求;其他原股东 6 个月内不得转让	控股股东、实际控制人持有的首发前股票,锁定 3 年;核心技术人员持有的首发前股票,锁定 1 年,且离职后 6 个月内不得转让	控股股东、实际控制人及其关联方锁 3 年;普通股东锁 1 年;董监高锁 1 年,离职后锁半年;中小板:离任半年后 12 个月内卖 50%;创业板:ipo6 个月内离职,则申报之日起锁定 18 个月,ipo7～12 个月内离职,则申报之日起锁定 1 年

续表

		香港市场	科创板	A 股其他板块
上市交易	股份减持	IPO 上市后,6 个月内不得转让,7 ~ 12 个月内不得丧失控股地位;上述期间额外买卖证券需满足上市规则有关公众持股量的要求	上市时未盈利,在实现盈利前:控股股东、实际控制人 3 年①内不得减持;第 4 年和第 5 年内,每年减持《2%;董监高及核心技术人员 3 年内不得减持,且在此期间内离职的,应当继续遵守本款规定	上市公司董监高股份减持需符合《减持新规》等规定

资料来源：wind，中信建投证券。

三 科创板的影响

（一）对于中观的资本市场来说，科创板对资本市场具有长短期不同的影响

随着设立科创板并试点注册制主要规则正式发布，且中美贸易摩擦缓和，短期而言，体现在投资者情绪上；长期来看，伴随金融市场发展逐渐完善，有助于价值投资长期布局。从情绪上来看，在科创板政策提振下，投资者风险偏好修复，部分 A 股中有科技创新类的成长型公司，估值有进一步的修复预期。从市场表现上看，科创板落地近一周上证综指、深证成指、创业板指、中小指数分别上涨 6.77%、5.97%、7.66%、4.41%，显现出市场信心的增强，其中非银金融、计算机等热点板块领涨。短期内情绪的改善，将有助于市场整体向好，但市场波动过大也使得部分个股和板块存在流动性风险。

长期看来，整体市场的扩大，退出机制的优化必将带来整个科创板的快速发展；科创板的发展使得我国企业直接融资的空间较大提升，从而提高资本市场的活跃度。

---

① 改条里的"年"为完整的会计年度。

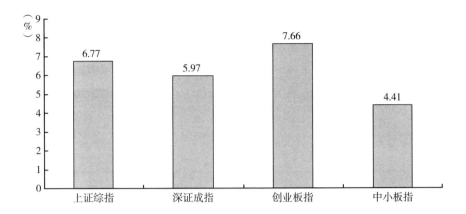

图2 市场主要指数表现

资料来源：wind，中国银河证券研究院。

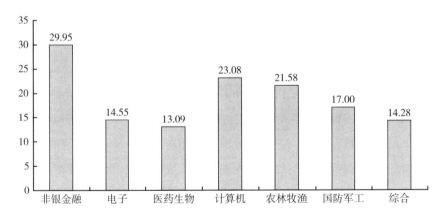

图3 行业增长幅度

资料来源：wind，中国银河证券研究院。

从过往经验来看，在市场环境较暖的背景下，市场没有表现出明显的疲态。在中小板和创业板新开的六个月内，其实主板表现都还不错。2007年中小板初创的8个月内估值水平不断提高，从39.87倍水平提升至65.5倍，而同期主板估值水平从41.4倍提升至50倍左右。2010年年初创业板初创期经历过一波估值同涨期。创业板上市的公司大多是具有较高的成长性的高科技公司，具有较大的成长空间，这一特性与科创板有一定相似之处。从PE

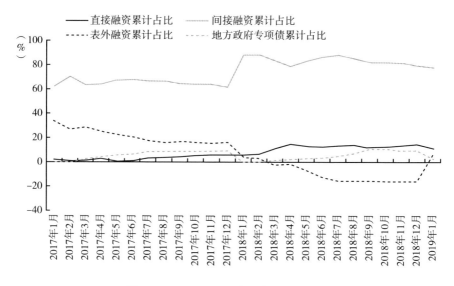

图4 2017~2019M1 中国直接融资比例

资料来源：wind，长城证券研究所。

水平来看，2010 年创业板估值约为 66 倍，而上证估值仅为 16.9 倍。节节攀升的企业估值带动主板经历了 6 个月左右的上升期。从过去几年主板、创业板、中小板的市盈率数据来看，主板市盈率水平相对理性，而创业板和中小板的市盈率水平相对偏高，这主要由于投资者对于成长性公司的高预期所致。科创板可能会受到一定的影响，但是对于是否会分流一部分存量资金而言，我们认为在金融体系及制度逐渐完善的情形下，更加适合投资者长期价值投资，带动增量资金流入市场，因此对市场原有流动性不会产生太大的影响。

（二）对于宏观的金融市场化改革和金融供给侧结构性改革层面而言，科创板将成为资本市场增量改革的"试验田"

科创板不仅仅是优质科创企业的便捷融资渠道，它最主要的意义之一，在于试点一批有市场共识但囿于存量约束无法突破的基础性制度，通过增量试点解决存量问题，实现我国金融市场化改革和金融供给侧结构性改革。从正式文件来看，科创板充分借鉴了境外成熟市场制度经验，并基于境内资本市场的发展现状进行引用和改良，其制度设计较主板更加强调发挥市场约束机制和价格形成机制的作用。

具体来讲，科创板遵循市场化运行机制，充分激发市场活力。国际经验表明，高效通达的发行制度、机动灵活的交易制度、快速多样的再融资制度、严格谨慎的退市制度是资本市场稳健运行的根基。而坚持制度市场化运行，才能充分激发资本活力，创造良性循环、互相促进的市场局面。科创板统筹推进发行、上市、信息披露、交易、退市等基础制度改革，在上市标准、投资者门槛、涨跌幅限制、做空机制、退市制度等方面做出差异化安排，向市场化机制靠拢，有望充分激发市场深层活力。

科创板发挥先锋作用，以增量引导存量改革，推动资本市场市场化改革进程。科创板制度创新完善有望发挥先锋作用，科创板的市场化是资本市场市场化的重要一步，或能加速原有板块汲取注册制经验，推动资本市场市场化改革进程。

在更趋市场化运作环境下，市场的价格发现功能将更趋有效，资本市场资源配置功能更充分发挥，进而实现市场的正向循环效应，促进优质公司赢得市场定价认可。

（三）从金融服务实体经济层面来讲，科创板有望成为孕育我国未来科技产业企业的火种箱

从世界资本市场的发展史来看，一国科技产业的强盛与其资本市场的繁荣具有显著的正相关关系。目前，全球科技产业美日欧盟为主，我国的科技产业处于崛起阶段，仅以 2018 年反应科学技术应用活跃程度的 PCT 国际专利申请量来看，美中日处于领跑地位。我国科创板的推出有望成为我国未来科技企业的火种箱，为其提供强大的资本助力。中国正处在从中低端制造向"高端制造"转型的关键时点，攻坚科技产业的核心技术环节是实现向"高端制造"转型的重要步骤。而这技术的发展迭代需要强大顺畅的资本市场，科创板的推出或将为科技产业增添强大的资本助力，成为产业不断发展向前的强大动能。

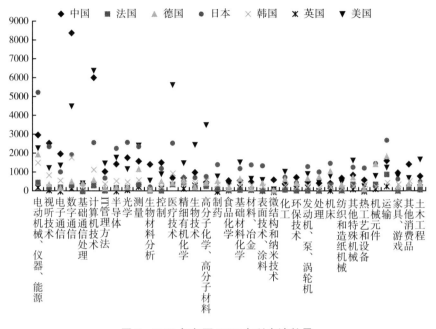

图 5　2018 年各国 PCT 专利申请数量

资料来源：wind，天风证券研究所。

科创板聚焦机械板块中的机器人、半导体设备等"高端装备"产业。战略新兴产业是科创板的主要聚焦对象，根据证监会在其发布的《关于在上海证券交易所设立科创板并试点注册制的实施意见》中强调，"在上交所新设科创板，坚持面向世界科技前沿、面向经济主战场、面向国家重大需求，主要服务于符合国家战略、突破关键核心技术、市场认可度高的科技创新企业。重点支持新一代信息技术、高端装备、新材料、新能源、节能环保以及生物医药等高新技术产业和战略新兴新产业，推动互联网、大数据、云计算、人工智能和制造业深度融合，引领中高端消费，推动质量变革、效率变革、动力变革"。

随着科创板落地，物联网、量子通信、通信行业 5G、专网、云计算以及大数据等领域存在潜在机遇。以 5G 为例，我国华为、中信通过把握 2G、3G、4G 的弯道超车机会，全球市场份额持续提升，目前处于全球 5G 通信产业第一梯队，科创板的发行将显著有益我国 5G 的发展。

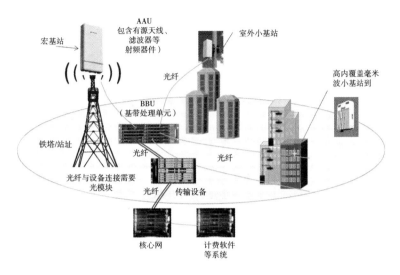

图 6　5G 网络连接示意图

资料来源：中国移动资料、中兴通讯官网。

科创板对上市企业的盈利状况和企业规模更具包容性。上交所在其 3 月 1 日发布的《上海证券交易所科创板股票发行上市审核规则》中对于拟上市科创板企业的财务指标做出了以下规定，相比其他板块更具包容性：1. 预计市值不低于人民币 10 亿元，最近两年净利润均为正且累计净利润不低于人民币 5000 万元，或者预计市值不低于人民币 10 亿元，最近一年净利润为正且营业收入不低于人民币 1 亿元；2. 预计市值不低于人民币 15 亿元，最近一年营业收入不低于人民币 2 亿元，且最近三年研发投入合计占最近三年营业收入的比例不低于 15%；3. 预计市值不低于人民币 20 亿元，最近一年营业收入不低于人民币 3 亿元，且最近三年经营活动产生的现金流量净额不低于人民币 1 亿元；4. 预计市值不低于人民币 30 亿元，且最近一年营业收入不低于人民币 3 亿元；5. 预计市值不低于人民币 40 亿元，主要业务或产品需经国家有关部门批准，市场空间大，目前已取得阶段性成果，并获得知名投资机构一定金额的投资。医药行业企业需取得至少一项一类新药二期临床试验批件，其他符合科创板定位的企业需要具备明显的技术优势并满足相应条件。

表4　科创板5套上市指标

5套上市指标	具体上市门槛
市值+净利润	预计市值10亿+两年净利润为正且累计不低于5000万；或预计市值10亿+最近一年营收为正且不低于1亿
市值+营收+研发支出	预计市值15亿+最近一年营收不低于2亿+最近3年研发投入占营收不低于15%
市值+营收+现金流量	预计市值20亿+最近一年营收不低于3亿+最近三年经营现金流量净额不低于1亿
市值+营收	预计市值30亿+最近一年营收不低于3亿
市值+技术成果	预计市值40亿+主营业务经有关部门批准、市场空间大

资料来源：根据中国证监会、上交所政策文件整理。

科技型中小型企业往往面临融资难、融资贵的问题，科创板或为初具规模的科技产业公司提供了另一种融资选择。科技行业里，在技术研发过程中或公司发展前期通常无法保证收入及利润。叠加公司规模较小，信用资质不够等因素，很难通过银行贷款或上市顺利获得融资。因此通常PE/VC是科技型中小企业的主要融资渠道，而PE/VC的退出渠道亦有限，在公司逐渐壮大的过程中或需要的增量投资无法被PE/VC消化。而科创板或为初具规模的"硬科技"公司提供了另一种融资途径。

科创板上市申请审核时间预计在4~7个月间，审核时间较短。按照要求，交易所收到注册申请文件后，5个工作日内作出是否受理的决定，自受理注册申请文件之日起3个月内形成审核意见。同时根据现行要求，发行人及其中介机构回复审核问询的时间不得超过3个月。证监会收到交易所报送的审核意见，在20个工作日内对发行人的注册申请作出同意注册或者不予注册的决定。因此发行审核流程预计持续最短4个月，最长7个月。

科创板采取询价发行，或推动估值体系的革新。《科创板首次公开发行股票注册管理办法》中规定，"首次公开发行股票，应当向经中国证券业协会注册的证券公司、基金管理公司、信托公司、财务公司、保险公司、合格境外机构投资者和私募基金管理人等专业机构投资者（以下统称网下投资者）询价确定股票发行价格。"此前窗口指导下的23倍市盈率IPO隐形红

线并未在科创板发行细则中提到。允许亏损企业上市，意味着市场主流的
PE 估值体系或将不能运用在亏损企业上，估值体系的革新或势在必行。

科创板交易机制自由度更大，或有利于还原真实供求关系。《上海证券
交易所科创板股票交易特别规定》针对科创企业的特点，对科创板交易制
度作了差异化安排。具体看，主要包括六个方面，分别是引入投资者适当性
制度、适当放宽涨跌幅限制、引入盘后固定价格交易、优化融券交易机制、
调整和优化微观机制安排、加强交易行为监督。科创板 IPO 前五个交易日不
设涨跌停限制，使得公司上市后能够充分换手形成较为稳定的价格．我们认
为，新股上市连续涨停后跌停的现象大概率不会再现，或有利于还原真实供
求关系。

参考文献

1. 习近平：《共建创新包容的开放型世界经济——在首届中国国际进口博览会开幕式上的主旨演讲》，《新华日报》2018 年 11 月 5 日。

2. 习近平：《在庆祝改革开放 40 周年大会上的讲话》，《新华日报》2018 年 12 月 18 日。

3. 中国证监会：《关于在上海证券交易所设立科创板并试点注册制的实施意见》（〔2019〕2 号），2019 年 1 月 28 日。

4. 中国证监会：《公开发行证券的公司信息披露内容与格式准则第 41 号——科创板公司招股说明书》（第 6 号公告），2019 年 3 月 1 日。

5. 中国证监会：《公开发行证券的公司信息披露内容与格式准则第 42 号——首次公开发行股票并在科创板上市申请文件》（第 7 号公告），2019 年 3 月 1 日。

6. 中国证监会：《科创板首次公开发行股票注册管理办法（试行）》（第 153 号令），2019 年 3 月 1 日。

7. 中国证监会：《科创板上市公司持续监管办法（试行）》（第 154 号令），2019 年 3 月 1 日。

8. 上海证券交易所：《关于发布〈上海证券交易所科创板股票发行上市审核规则〉的通知》（上证发〔2019〕18 号），2019 年 3 月 1 日。

9. 上海证券交易所：《关于发布〈上海证券交易所科创板股票上市委员会管理办法〉的通知》（上证发〔2019〕19 号），2019 年 3 月 1 日。

10. 上海证券交易所：《关于发布〈上海证券交易所科技创新咨询委员会工作规则〉的通知》（上证发〔2019〕20号），2019年3月1日。

11. 上海证券交易所：《关于发布〈上海证券交易所科创板股票发行与承销实施办法〉的通知》（上证发〔2019〕21号），2019年3月1日。

12. 上海证券交易所：《关于发布〈上海证券交易所科创板股票上市规则〉的通知》（上证发〔2019〕22号），2019年3月1日。

13. 上海证券交易所：《关于发布〈上海证券交易所科创板股票交易特别规定〉的通知》（上证发〔2019〕23号），2019年3月1日。

14. 上海证券交易所：《关于发布〈上海证券交易所科创板企业上市推荐指引〉的通知》（上证发〔2019〕30号），2019年3月3日。

15. 上海证券交易所：《关于发布〈科创板创新试点红筹企业财务报告信息披露指引〉的通知》（上证发〔2019〕30号），2019年3月15日。

行 业 篇

Industry Reports

B.3
新三板分行业挂牌公司质量评价报告

王 力 于 潇 等*

摘　要：　本报告以 Wind 三级行业为行业分类基础，将 2189 家样本公司所涉及的 60 个 Wind 三级行业，按照行业属性进一步归并为 14 个设定行业，包括电气设备、电子信息、互联网、机械、建筑地产、金属矿冶、能源化工、软件信息、生产服务、生活服务、食品、文化、消费品及医药行业。对于每一个大类行业，报告分别从三个方面进行评价和展示，具体包括行业概况与细分行业分析、行业内挂牌公司质量评价结果、部分优秀挂牌公司案例展示等。

关键词：　评价结果　行业排名　细分行业

---

* 王力，经济学博士，特华博士后科研工作站执行站长，中国社科院研究生院博士生导师，主要研究领域为区域金融、资本市场、创业投资。相关作者见各个分报告。

本报告以 Wind 三级行业为行业分类基础，将2189家样本公司所涉及的60个 Wind 三级行业，按照行业属性进一步归并为 14 个设定行业，包括电气设备、电子信息、互联网、机械、建筑地产、金属矿冶、能源化工、软件信息、生产服务、生活服务、食品、文化、消费品及医药行业。对于每一个大类行业，报告分别从三个方面进行评价和展示，具体包括行业概况与细分行业分析、行业内挂牌公司质量评价结果、部分优秀挂牌公司案例展示等。

一 电气设备行业挂牌公司质量评价报告[①]

（一）行业概况

近年来，随着计算机、互联网、数据处理及电子信息等技术的发展和多学科之间的融合，电气设备行业取得了一定程度的发展，尤其是新能源、智能电气设备成为了未来行业发展的一个重要趋势。然而，在电气设备行业整体处于中低速增长的大环境下，行业可能会出现银根进一步缩进、资金成本增加及利润降低等情况。归纳而言，目前电气设备行业的概况和趋势主要是：首先，整个行业运行平稳但盈利能力略有下降。特别是整个行业面临一定程度创新不足的困境，因此加强研发、加快转型升级仍是该行业发展的可行路径。其次，严格的环境标准或出现一定的行业结构变化。国家不断出台相关的环境政策，导致发电设备行业这些消耗煤炭量较大的企业面临着产业升级的压力，但却加速光伏与新能源车产业的潜在发展。光伏方面，2018年前三季度整体出口额为121.3 亿美元，同比增长近两成，且海外市场正逐渐弥补国内需求的疲软。新能源车方面，随着政策补贴的出台、产业技术进步和公众环境意识的提高，新能源车销量在车市遇冷的背景下持续增加，并有望成为今后电气行业的一个亮点。最后，"智能化"是电气设备行业发展

---

① 于潇，经济学博士，特华博士后科研工作站博士后，中央民族大学经济学院副教授，主要研究方向为制度变迁与绩效研究、农地资源管理；郑艳侠，中央民族大学生命与环境科学学院硕士研究生，主要研究方向为自然资源管理，产业策略分析。

的新潮流。人工智能的引进也使电气设备行业发生了巨大的变化，智能电网、智能电机、智能配电系统等新技术将会把电气设备行业推向一个新的高度。尤其是特高压电网建设，非常符合当前国家推进基础设施建设的目标，这给输变电企业的发展提供了较大的市场空间。目前，我国一直在推进智能电网的建设、配套制定各个省的具体工作方案，并推动建立智能电网发展的战略体系。

（二）挂牌公司质量评价结果

电气设备行业新三板挂牌的企业中，民营企业占主体地位。电气设备行业企业挂牌公司主要分布在江苏、浙江、上海和广东等沿海地区和经济发达省份。

为了有直观的印象及分析方便，本报告大致将得分划分为"高、较高、一般、较低、低"五个区间，其中得分75分以上为"高"；得分在70~75分为"较高"；得分65~70分为"一般"；得分60~65分为"较低"；得分在60分以下的为"低"（见表1）。按照这样的划分标准，本报告对新三板电气设备行业样本企业得分的整体情况进行评价，同时对持续经营能力、信息披露质量、成长性和创新性四个方面进行逐一评价与分析。

表1　得分评价划分

高	75分以上
较高	70~75分
一般	65~70分
较低	60~65分
低	60分以下

本报告电气设备行业挂牌公司样本共114家。电气设备行业总体综合质量评分的平均值为65.71分，最高78.63分，最低49.30分。处于评估的"一般"水平，且在整体行业中排名较为靠后（14个行业排名第13），具体得分情况如表2所示。

表 2 电气设备行业挂牌企业得分评价分布情况

质量评价	综合质量		持续经营能力		信息披露质量		成长性		创新性	
	数量	占比（%）	数量	占比（%）	数量	占比（%）	数量	占比（%）	数量	占比（%）
低	19	16.67	24	21.05	36	31.58	11	9.65	51	44.74
较低	28	24.56	36	31.58	21	18.42	13	11.40	33	28.95
一般	44	38.60	26	22.81	3	2.63	12	10.53	15	13.16
较高	16	14.04	18	15.79	25	21.93	28	24.56	9	7.89
高	7	6.14	10	8.77	29	25.44	50	43.86	6	5.26
总体	114	100	114	100	114	100	114	100	114	100

1. 整体评价结果

从样本挂牌企业在整体评价得分区间的分布来看，16.67% 企业得分"低"，24.56% 的企业得分"较低"，38.60% 的企业得分"一般"，14.04% 的企业得分"较高"，6.14% 的企业得分"高"。这一整体结果比较符合正态分布，四成左右的样本企业处于"一般"水平，而处于"较高"和"高"的企业总和仅占总样本的五分之一（见图 1）。可见，按照我们的标准，电气设备行业挂牌企业样本整体介于"一般"的水平。

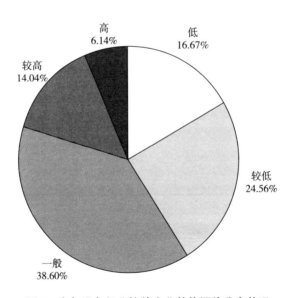

图 1 电气设备行业挂牌企业整体评价分布状况

报告将电气设备行业与其他行业的指标进行对比，结果如表 3 所示。在所有的 14 个行业中，电气设备行业挂牌企业样本的员工人数平均值为 285.96 人，比 14 个行业均值 303.38 人低了 5.74%；持续经营能力方面，电气设备行业得分均值为 64.72 分，比 14 个行业均值得分低了 2.63%，在 14 个行业中排名第 13；信息披露质量方面，电气设备行业得分均值为 66.54 分，比 14 个行业均值得分低了 3.39%，在 14 个行业中排名第 13；成长性方面，电气设备行业得分均值为 71.61 分，比 14 个行业均值得分低了 3.40%，在 14 个行业中排名第 12；创新性方面，电气设备行业得分均值为 61.48 分，比 14 个行业均值得分低了 0.61%，在 14 个行业中排名第 8。可见，就整体评价而言，电气设备行业在报告所选的 14 个行业中位列第 13，处于整体下游水平；在其他四个一级指标上，仅有创新性位列中等水平，其余三个指标均为下游水平。

表 3　电气设备行业挂牌企业与其他行业企业的整体对比

项目	员工人数	持续经营能力	信息披露质量	成长性	创新性	总体
得分	285.95	64.72	66.54	71.61	61.48	65.71
所有行业均值	303.38	66.47	68.88	74.13	61.86	67.43
行业排序	9	13	13	12	8	13

实际上，本报告选取了 14 个行业的 2189 家样本公司综合质量得分排前 10 位的电气设备行业样本公司中，仅有前 7 位进入了总体样本的前 200 名（见表 4）。报告认为，电气设备行业平均水平处于整个行业的下游水平，各挂牌企业也稍差强人意，这与电气设备行业处于激烈的市场竞争、转型升级相对困难及营利性和成长性均较差有很大关系。

2. 持续经营能力评价

持续经营能力方面，电气设备行业挂牌企业平均得分 64.72 分，最高分 80.84 分，最低分 41.96 分，标准差 7.74，总体评估水平为"较低"（见表 5）。从挂牌公司的持续经营能力评价区间的分布来看，大体分布较为平均，9.27% 的企业得分"高"，28.48% 的企业得分"较高"，27.81% 的企业得分"中"，18.54% 的企业得分"较低"，15.89% 的企业得分"低"。

表4 电气设备行业挂牌企业综合质量得分前10名

代码	简称	省份	得分	排名
832283. OC	天丰电源	浙 江	78. 63	43
839032. OC	动力未来	北 京	78. 29	51
831558. OC	阳光四季	江 苏	77. 11	79
833054. OC	未来电器	江 苏	76. 83	92
870583. OC	一天电气	安 徽	76. 80	95
870361. OC	飞 利 富	浙 江	76. 49	111
835629. OC	华伟股份	广 东	75. 20	194
871766. OC	兢强科技	安 徽	74. 99	210
871431. OC	宏基环电	江 苏	74. 43	263
831276. OC	松科快换	上 海	74. 35	273

资料来源：特华博士后科研工作站。

表5 电气设备行业挂牌企业持续经营能力指标得分

项目	平均值	最高分	最低分	标准差
1. 持续经营能力	64. 72	80. 84	41. 96	7. 74
1.1 财务质量	63. 47	82. 62	30. 90	10. 02
1.2 经营风险	71. 83	93. 17	47. 45	7. 71
1.3 公司治理	61. 79	92. 50	32. 50	13. 54

三个二级指标中，财务质量的平均得分为 63.47 分，最高得分 82.62 分，最低得分 30.90 分，标准差 10.02；经营风险的平均得分为 71.83，最高得分 93.17 分，最低得分 47.45 分，标准差 7.71；公司治理平均得分 61.79 分，最高得分 92.50 分，最低得分 32.50 分，标准差 13.54。可见，电气设备行业的持续经营能力得分不高，处于"较低"水平。此外，财务质量与公司治理两个二级指标的得分都较低。报告认为，在电气设备行业整体经营风险可控及长期趋势稳定的情况下，必然会出现"人无远虑必有近忧"的问题。一方面，财务质量得分显示新三板电气设备行业企业或多或少都面临着财务压力，故企业在抓好盈利能力的同时，更要关注偿债能力和运营能力；另一方面，新三板电气设备行业样本企业在公司治理上的得分为 61.79 分，接近"较低"水平的下限，这提示样本企业在公司治理方面亟须加强，特别是对关联交易和负面或有事项方面要妥善处理。

表6 电气设备行业挂牌企业持续经营能力得分前10名

代码	简称	省份	持续经营能力得分	总分排名
831627. OC	力王股份	广　东	80. 84	680
836100. OC	瑞捷电气	广　东	80. 27	688
839032. OC	动力未来	北　京	78. 71	51
833054. OC	未来电器	江　苏	78. 46	92
839160. OC	浙特电机	浙　江	78. 24	1996
836767. OC	天杰实业	浙　江	77. 47	2134
430567. OC	无锡海航	江　苏	77. 39	1418
831961. OC	创远仪器	上　海	77. 19	2029
870945. OC	海 德 森	广　东	76. 23	1463
839153. OC	希 尔 孚	江　苏	75. 58	1439

表6为电气设备行业挂牌企业持续经营能力得分前10名。这十家企业均处于经济发达的省份，在公司治理、财务状况和风险控制方面相对完善，但成长性、创新性等方面不及很多其他同类企业及其他行业企业，故综合质量得分方面排名较低，特别是有三家企业排名在2000名左右，位于报告总样本较为靠后的位置。

3. 信息披露质量评价

信息披露质量方面，电气设备行业样本挂牌企业平均得分66.54分，最高分100分，最低分44分，标准差12.66，总体评估为"一般"水平（见表7）。其中，31.58%的企业得分"低"，18.42%的企业得分"较低"，2.63%企业得分"一般"，21.93%的企业得分"较高"，25.44%的企业得分"高"。

表7 电气设备行业挂牌企业信息披露质量指标得分

项目	平均值	最高分	最低分	标准差
2. 信息披露质量	66. 54	100. 00	44. 00	12. 66
2.1 及时性	69. 12	100. 00	40. 00	18. 57
2.2 详细性	64. 91	100. 00	40. 00	19. 20
2.3 真实性	66. 49	100. 00	40. 00	21. 44

三个二级指标中，信息披露的及时性和真实性平均得分分别为69.12分和66.49分，评估水平为"一般"，而前者接近于"较高"水平，这说明挂

牌的电气设备行业的样本企业能够中规中矩地完成信息披露，且相对较为及时并且信息准确性较高，同时也反映出挂牌企业在逐渐完善信息披露体系。然而，在信息披露的详细性方面的得分为"较低"，平均分为64.91，这也为电气设备行业企业在未来信息披露方面提出了更为细致的要求。

表8　电气设备行业挂牌企业信息披露质量得分前十名

代码	简称	省份	信息披露质量得分	总分排名
833054. OC	未来电器	江　苏	100	92
838012. OC	同益科技	广　东	90	1548
839715. OC	美硕科技	浙　江	90	1276
832012. OC	博玺电气	上　海	88	1834
838545. OC	住美股份	广　东	88	588
870168. OC	博源股份	河　南	88	820
870945. OC	海　德　森	广　东	86	1463
430654. OC	聚科照明	广　东	86	2149
831121. OC	力久电机	山　东	86	1029
831961. OC	创远仪器	上　海	84	2029

表8为电气设备行业挂牌企业信息披露质量得分前10名。这些企业所在省份除河南省外均是经济发达的省份，除了信息披露质量得分排名第1的未来电器位于所有行业样本公司总评价百强之内，剩余企业没有进入所有行业总样本的前五百名，这也从侧面反映出电气设备行业信息披露质量未能本质性地决定企业的优劣。此外，挂牌企业在不断完善信息披露系统的同时，保持良好的风险控制、适应激烈的竞争市场、加强创新和转型也是同样重要的。

4. 成长性评价

成长性方面，电气设备行业各样本公司平均得分71.61分，最高得分87.64分，最低得分31.40分，标准差9.34，总体评估为"较高"水平（见表9）。从挂牌公司的成长性评价分布来看，有四成以上的样本企业得分"高"，其比例为43.86%；24.56%的企业得分"较高"，10.53%的企业得分"一般"，11.40%的企业得分"较低"，9.65%的企业得分"低"。

表9　电气设备行业挂牌企业成长性指标得分

项目	平均值	最高分	最低分	标准差
3. 成长性	71.61	87.64	31.40	9.34
3.1 成长表现	80.56	98.01	30.31	12.08
3.2 成长动因	58.18	72.41	30.47	9.66

两个二级指标中，成长表现和成长动因的平均得分具有显著的差异性，前者平均分为80.56，评估为"高"水平；后者平均分为58.18，评估为"低"水平。报告认为，出现这种现象的原因可以解释如下：成长表现方面，由于电气设备行业基本趋于平稳，整个市场出现较大波动的可能性较小，故成长表现也会相对稳定，即能够保证适度增长的营业收入和净利润，从而在一定程度上体现出长期的规模经济效应。成长动因方面，行业的内部动因和外部动因均有一定的不确定性和严峻性，造成了成长动因得分过低。一方面，电气设备行业内部竞争较为激烈，且市场相对饱和，在结构升级和技术创新乏力的背景下，行业内部影响导致了成长动因的不足；另一方面，国家政策越来越重视环境和资源的合理利用和保护，行业较多企业以煤炭作为主要利用的能源，在各地区环境承载压力不断加大和政策不断收紧的情形下，政策、环境等外部因素造成了成长动因得分低的情况。

表10为电气设备行业挂牌企业成长性指标得分前10名。10个企业中浙江占据了四席，而四川、安徽和河南这三个非经济发达省份也有企业入围。报告认为，成长性好的企业，其本身质地也相对良好，例如天丰电源、华伟股份和兢强科技等，但其余企业却没有进入所有行业总样本的前五百名，这也说明对于电气设备行业企业而言，保持良好的成长性固然重要，但保持长久的增长，特别是持续经营能力是更为重要的。

5. 创新性评价

创新性方面，电气设备行业样本挂牌企业平均得分为61.48分，最高得分82.19分，最低得分42.60分，标准差7.14，总体评估为"较低"水平（见表11）。其中，44.74%的企业得分"低"，28.95%的企业得分"较低"，13.16%企业得分"一般"，7.89%的企业得分"较高"，5.26%的企业得分"高"。

表 10 电气行业挂牌企业成长性指标得分前 10 名

代码	简称	省份	成长性得分	总分排名
831121. OC	力久电机	山　东	87.64	1029
871766. OC	兢强科技	安　徽	83.99	210
835629. OC	华伟股份	广　东	83.08	194
836239. OC	长虹能源	四　川	83.02	765
832283. OC	天丰电源	浙　江	82.81	43
870361. OC	飞利富	浙　江	82.80	111
830998. OC	大铭新材	浙　江	82.34	722
834062. OC	科润智控	浙　江	82.22	1177
870168. OC	博源股份	河　南	82.09	820
839988. OC	新研工业	上　海	82.05	1779

表 11　电气设备行业挂牌企业创新性指标得分

项目	平均值	最高分	最低分	标准差
4. 创新性	61.48	82.19	42.60	7.14
4.1 科技创新投入	69.28	96.29	45.20	9.92
4.2 科技创新产出	53.68	80.00	40.00	9.68

两个二级指标中，科技创新投入和科技创新产出的平均得分仍具有较为明显的差距，前者平均得分为 69.28，评估为"一般"水平，但已极为接近"高"水平；后者平均得分为 53.68 分，评估为"低"水平。报告认为，电气设备行业虽为传统成熟行业，但近年来由于竞争激烈、转型困难等原因，很多企业均加大科研创新的投入，研发经费、人员及人力资本回报率等重要指标的比重不断上升。然而，科技创新产出有一定的"滞后期"，即科技创新投入的回报需要一定的时间，这也能在一定程度上解释了为什么科技创新产出水平"低"。

表 12 为电气设备行业样本挂牌企业创新性指标得分前 10 名。报告认为，创新性好的企业，可能会在未来的市场竞争中处于优势地位，例如无锡海航在创新性和持续经营能力指标方面的得分均排名前十，可见这一类企业的发展后劲较足。然而，创新性位列前十的企业当中，有六个企业的总排名在所有行业样本公司的 1400 名以外，这也反映了新三板电气设备企业面临

的一个难题，即如何在加强创新的同时，成果迅速转化并形成稳定的收益，从而使自己做大做强。

表 12　电气设备行业挂牌企业创新性指标得分前 10 名

代码	简称	省份	创新性得分	总分排名
430567. OC	无锡海航	江　苏	82. 19	1418
831961. OC	创远仪器	上　海	81. 65	2029
836070. OC	龙翔电气	河　南	77. 00	854
836100. OC	瑞捷电气	广　东	75. 78	688
835629. OC	华伟股份	广　东	75. 37	194
838012. OC	同益科技	广　东	75. 33	1548
831144. OC	欣影科技	上　海	74. 56	697
839153. OC	希尔孚	江　苏	74. 21	1439
871619. OC	益昌电气	天　津	73. 64	1726
834065. OC	合凯电气	安　徽	72. 01	1990

（三）优质挂牌公司案例分析

1. 公司一：未来电器（代码：833054. OC）

苏州未来电器是一家专注于低压电器附件的研发、制造与销售的企业，产品线覆盖了塑壳断路器附件、框架断路器附件以及智能终端产品，其智能终端产品广泛应用于无人值守的智能楼宇、智能电网、分布式光伏、轨道交通及通信基站等领域。未来电器在总评价得分上排名电气设备行业第 4 位（76.83 分），所有行业总样本的第 92 位。未来电器在持续经营能力方面得分 78.46 分，列行业样本第 1 位；信息披露方面得分 100 分，列行业样本第 1 位；在成长性（得分 70.81 分，行业排名第 74 位）和创新性方面（得分 78.46，行业排名第 50 位）未能进入行业样本前 10 名。概括而言，作为低压电器附件这一细分领域的龙头企业之一，未来电器成长性评价为"较高"，创新性评价为"高"，特别是研发人员占比较高（研发人员 73 人，总员工 653 人），是公司能够不断做强做大的内部原因。智能终端产品的研发生产更是适应了目前的潮流，即智能化大趋势是公司稳定成长的外部原因。

2. 公司二：天丰电源（代码：832283. OC）

杭州天丰电源于2002年成立，以绿色能源作为其产品的卖点，其电源产品应用于电动玩具、电动工具、电动自行车、摩托车和电动汽车等领域。其三元动力锂电池于2009年开始在电动自行车上应用成功，并广泛出口到欧洲市场。天丰电源在总评价得分上排名电气设备行业第1位（78.63分），所有行业总样本的第43位。天丰电源在成长性方面得分82.81分，列行业样本第5位；而持续经营能力（得分71.55，行业排名第22位）、信息披露（得分74.00，行业排名第30位）和创新性（得分56.15，行业排名第91位）未能进入行业样本前10名。天丰电源作为新三板电气设备行业企业样本的龙头，各项指标均较为突出，特别是总体评价和成长性，其持续经营能力和信息披露质量为"高"，但创新性却评价为"低"。报告认为，天丰电源应借新能源和绿色经济的良好契机，更多地对新能源车电池进行深入研发和市场开拓，同时进一步加大研发投入，并加快成果转化。

3. 公司三：华伟股份（代码：835629. OC）

珠海华伟电气科技股份有限公司是专业从事智能防误、锁控及配网安全管理产品的研发、生产、销售和技术服务的国家级高新技术企业。目前，公司拥有智能防误、锁控、配电网安全控制三大系列20多项产品，拥有30多项国家发明和实用新型专利。华伟股份在总评价得分上排名电气设备行业第7位（75.20分），所有行业总样本的第194位。华伟股份在成长性方面得分83.08分，列行业样本第3位；创新性方面得分75.37分，列行业样本第5位；而持续经营能力（得分68.52分，行业排名第37位）与信息披露质量（得分60.00分，行业排名第70位）未能进入行业样本前10名。报告认为，华伟股份的成长性和创新性是支撑其发展的重要原因，即技术创新和重视研发使其自身在激烈的竞争市场上占有一席之地；持续经营能力评价为"一般"，且信息披露质量评价为"较低"，故企业应不断加强风险控制、完善公司治理、努力提升盈利能力，同时应更为主动地、及时且详细地披露公司业绩等信息，从而进一步提升其综合实力。

4. 公司四: 动力未来(代码: 839032.OC)

北京动力未来科技股份有限公司是一家创业型企业。作为小米生态链企业,其全资控股公司突破技术以电气及末端电源集成互联解决方案产品的研发、制造、销售和服务;青米科技则以智能家居类产品的研发、生产和销售为主,从而以电路来实现对家居电器的智能化传输管理、控制及大数据分析。在总评价得分上排名电气设备行业第 2 位(78.29 分),所有行业总样本的第51 位。动力未来在持续经营能力方面得分 78.71 分,列行业样本第 3 位;而信息披露质量(得分 64.00 分,行业排名第 58 位)、成长性(得分 81.30 分,行业排名第 12 位)与创新性(得分 68.63 分,行业排名第 20 位)未能进入行业样本前 10 名。报告认为,动力未来基本面较好,特别是总评价和持续经营能力方面,且该企业成长性也较为出色,评价为"高",只是创新性与其他几个主要指标相比略低。因此,该企业应在立足传统电气设备业务的同时,不断加强小米生态链智能化产品的研发投入和产品设计,从而补齐略显不足的"短板"。

5. 公司五: 无锡海航(代码: 430567.OC)

无锡市海航电液伺服系统股份有限公司是专业从事电液伺服系统设计制造的企业,是江苏省高新技术企业和高科技民营企业,其前身是无锡市海天电液伺服技术研究所。无锡海航在总评价得分上排名电气设备行业第 64 位(65.38 分),所有行业总样本的第 1418 位。报告之所以选取这家企业作为案例进行研究,是考虑到无锡海航两个一级指标进入了行业前 10 名,而另外两项一级指标也评价为"较高"。进入前 10 名的一级指标分别是持续经营能力得分 77.39 分,列行业样本第 3 位;创新性方面得分 82.19 分,列行业样本第 1 位。信息披露质量(得分 70.00 分,行业排名第 52 位)、成长性(得分 72.27 分,行业排名第 68 位)未能进入行业样本前 10 名。报告认为,无锡海航在企业体量方面稍小,但其发展相对均衡,特别是创新性和持续经营能力是公司的重要支柱,同时企业能够保持相对较好的成长性,这些因素均是无锡海航的发展要素。电气设备行业发展已基本成熟,且并非夕阳产业,体量较小的公司需特别重视创新性,同时力保成长性和经营的持续性。

二 电子信息行业挂牌公司质量评价报告①

（一）行业概况

1.行业总体情况

电子信息行业主要包括通信设备、半导体产品与半导体设备、电脑与外围设备及办公电子设备等领域。2017年，我国电子信息产业整体运行呈现稳中有进、稳中向好的态势，行业增速保持领先、结构调整深入推进、创新能力日益提升、新旧动能加快转换，质量效益不断提高，有力支撑了制造强国和网络强国建设。2017年，规模以上电子信息制造业增加值增长13.8%，高于全国工业平均水平7.2个百分点。电子制造业与软件业实现收入近20万亿元，其中，电子制造业实现收入超过14万亿元；软件业实现收入超过5.5万亿元。从结构调整与动能转换看，一方面传统规模优势继续保持，手机、计算机和彩电产量分别达到19.2亿部、3.1亿台和1.7亿台，稳居全球第一；另一方面，主要行业和产品的高端化、智能化发展成果显著，智能手机、智能电视市场渗透率超过80%，智能可穿戴设备、智能家居产品、虚拟现实设备等新兴产品种类不断丰富。在虚拟现实/增强现实、无人驾驶、人工智能、无人机、智慧健康养老等新兴领域，涌现出一大批创新型企业，技术和应用在全球处于领先位置。

投资增势突出，资源整合与协同合作不断深化。2017年，电子信息行业完成固定资产投资1.3万亿元，同比增长25.3%，高于全国制造业投资增速20.5个百分点，对制造业投资增长的贡献率接近30%。从重点领域看，集成电路"大基金"累计有效承诺投资额超过千亿元，在制造、设计、封测、装备材料等环节实现全产业链覆盖，缓解了产业投融资瓶颈，有效推

---

① 郭哲宇，金融学博士，特华博士后科研工作站博士后，现就职于长安国际信托股份有限公司，研究方向为股权投资市场、信托产业。胡啸兵，金融学博士，特华博士后科研工作站博士后，研究方向为大数据、互联网金融。

动了上下游企业的战略合作。2017 年，电子信息行业深入贯彻协调、开放、共享的发展理念，在政府部门、行业组织和龙头企业牵头引领下，国家工业信息安全产业发展联盟、国家大数据创新联盟、中国 VR 产业应用创新联盟、中国云服务联盟、中国智慧交通车联网产业创新联盟、中国人工智能产业发展联盟相继成立。这些联盟的组建，瞄准产业发展的热点领域，致力于打造政府和产业界的协同联动平台，将有效推动资源共享，促进产学研用结合，将进一步提升产业的创新能力和竞争实力。

效益质量提高，支撑引领与辐射带动作用增强。2017 年，规模以上电子信息制造业企业利润总额超过 7000 亿元，同比增长 15% 以上，行业平均利润率达到 5.4%，比上年提高 0.2 个百分点。软件业利润总额超过 6500 亿元，同比增长 10% 以上，企业平均利润率超过 7.0%。电子信息制造业收入与利润占全国工业的比重进一步提升，双双超过 10%。除自身效益水平提升外，电子信息技术为其他产业"赋能"已成为不争的事实，成为融合发展的"润滑剂""加速器"。2017 年我国工业化与信息化加速深度融合，数字驱动的工业新生态正在构建，企业"上云"行动成效显现，一批新型工业 App 实现商业化应用，制造业骨干企业"双创"平台普及率接近 70%。此外，信息技术与经济社会各领域跨界融合不断加深，数字经济、平台经济和共享经济广泛渗透，移动支付、网络购物和共享单车等被称为中国的"新四大发明"，正在改变着全球的经济和产业格局。信息消费从生活消费加速向产业消费渗透，成为创新最活跃、增长最迅猛、辐射最广泛的经济领域之一，预计到 2020 年信息消费规模将达 6 万亿元，拉动相关领域产出达 15 万亿元。

2. 通信设备行业

近年来我国移动通信业务保持快速增长，支付、视频广播等各种移动互联网应用普及，带动数据流量呈爆炸式增长，2017 年，移动互联网接入流量消费达 246 亿 GB，同比增长 162.7%。在移动互联网需求推动下，4G 网络覆盖不断完善，2017 年全国净增移动通信基站 59.3 万个，总数达 619 万个，是 2012 年的 3 倍。随着 5G 时代即将到来，预计通信基站及相应的通信

设备投资将进一步提速，带动通信设备电源需求。2016 年全球通信电源市场规模约为 24.51 亿美元，我国市场规模约为 35.59 亿元。我国通信电源市场伴随着电信企业的规模扩张，已成为世界上最大的通信电源市场。

通信设备需求产能周期与技术创新周期叠加，造就了通信设备投资增速的周期波动。我们研究发现，通信设备投资存在周期波动规律，表现为每 8～10 年出现一次大周期、4～5 年出现一次小周期，其原因主要是设备老化、需求升级、宏观经济周期等。在两次投资高峰的间隙期内，新技术不断涌现，新技术的实验室验证与国际标准化陆续完成，在下一次投资高峰到来时，就可以集中运用上间隙期内产生的成熟技术，因此每一次投资支出周期都伴随着技术的革新。通信系统从 1G～5G 的迭代升级，就是固有投资周期与技术升级的叠加产物。

技术创新周期放大了通信设备固有投资周期。由于通信技术的升级换代，每一轮新投资都涉及元器件、设备的彻底更新以及线缆的大规模铺设，使得通信设备投资周期的波动性大于总体宏观经济周期。

未来几年将是 5G 技术升级周期与通信设备投资建设周期的叠加，是 8～10 年一次的大周期，全球通信运营商将掀起新一轮资本支出浪潮，强度和持续时间均有望超过 4G。运营商资本支出常常存在固网投资先行的特点，2017 年上半年我国三大运营商固网开支企稳回升，预示着新一轮大规模投资来临。

截至 2018 年 1 月 4 日，新三板通信行业共有 255 家公司。其中通信设备 206 家、通信服务 49 家。新三板通信行业整体收入和净利润小幅下滑。根据年报信息披露完全的 255 家新三板通信行业公司，新三板通信行业 TTM 总体营业收入 503.53 亿元，同比减少 2.08%。总体净利润 27.46 亿元，同比减少 9.4%。从收入构成上看，通信设备收入占比达到 84.30%，通信服务收入占比达到 15.70%。从净利润构成上看，通信设备净利润占比达到 85.73%，通信服务净利润占比达到 14.27%。

3. 半导体产品与半导体设备行业分析

中国半导体产业处于上升轨道，2017 年中国半导体产值估计将达到

5140 亿元，年增长率达到 18.6%，维持 2010 年以来连续第 8 年双位数增长的态势，中国半导体行业发展持续处于上升的轨道。全球 2017~2018 年间将建 17 座 12 吋晶圆厂，中国大陆占 10 座。大基金注资推动国产化加速，至 2017 年 11 月底，大基金已实际出资人民币约 794 亿元，成为 IC 领域快速投资促进上、下游协同发展的重要资金来源。目前大基金二期已经在募资中，预计大基金二期筹资设立方案总规模为 1500 亿~2000 亿元。一期加二期及撬动地方产业基金，整体规模有望接近万亿元级别。从大基金对集成电路各环节支持来看，制造、设计、封测、装备、材料环节最终投资占比分别为 63%、20%、10%、3%、4%，随着中国半导体行业处于上升轨道以及大基金推动，国内半导体将迎来国产替代成长周期。

基于技术门槛考虑，国产化进程势必沿着封测—制造—材料路线传导。随着国内半导体崛起，存储、设备、材料国产化替代为重中之重。（1）预计 IC 设计 2018 年将维持约 20% 的增长。（2）中国存储器长江存储、合肥睿力、晋华集成 2018 年开始产能逐步开出，国产替代可期。（3）半导体材料被美日韩等国少数国际公司垄断，国内半导体部分材料已快速实现国产替代，如靶材标的江丰电子已经成功打破美国、日本跨国公司的垄断格局，填补了国内电子材料行业的空白；占比最大的大硅片已经实现了国产替代 0 到 1 的过程，国产化替代逐步提上日程。（4）全球半导体设备资本支出占总体资本支出的比例平均约为三分之二，随着半导体节点技术增加以及生产建设加速，半导体设备迎来发展的黄金阶段。2017 年晶圆厂设备投资相关支出达到 570 亿美元的历史新高，较上一年增加 41%，2018 年支出可望增加 11%，达 630 亿美元。（5）国内封测弯道超车，目前中国大陆集成电路封装已经形成了三大领军公司，分别是长电科技、华天科技、通富微电，都位居全球前十大封测公司之列。

大基金注资推动国产化加速。国家集成电路基金设立于 2014 年 9 月，设立以来投资了多家集成电路行业相关企业，主营业务未发生变化。国家集成电路基金是为促进国家集成电路产业发展而设立的国家产业投资基金，主营业务为运用多种形式投资集成电路行业内企业，充分发挥国家对集成电路

产业发展的引导和支持作用，重点投资集成电路芯片制造业，兼顾芯片设计、封装测试、设备和材料等产业。在大基金的带动下各地提出或已成立子基金，合计总规模超过 3000 亿元，相当于实现近 1∶5 的放大效应。目前大基金二期已经在募资中。预计大基金二期筹资设立方案总规模为 1500 亿～2000亿元。其中，中央财政直接出资 200 亿～300 亿元，国开金融公司出资 300 亿元左右，中国烟草总公司出资 200 亿元左右，中国移动公司等央企出资 200 亿元左右，中国保险投资基金出资 200 亿元，国家层面出资不低于 1200 亿元。一期加二期及撬动地方产业基金，整体规模有望接近万亿元级别。

总体上来看，新三板半导体行业共 134 家企业 2017 年总计实现营业收入 204.74 亿元，平均营收 1.53 亿元，同比增长 18.00%；归属母公司净利润总额 13.06 亿元，平均归属母公司净利润 974.86 万元，同比增长 36.02%，高于新三板总体增速 12.96 个百分点。板块整体盈利能力增强，毛利率提升 1.36 个百分点、销售净利率提升 1.07 个百分点。营收、净利润分布整体上移，捷佳伟创、芯能科技、华联电子、新洁能等 6 家公司归属母公司净利润超过 5000 万元。从分布上来看，新三板半导体公司中 78.36%实现营收增长，62.69%的公司实现业绩增长。营收、净利润分布整体上移，营业收入在 5 亿元以上的企业数量由 2016 年的 4 家增长至 2017 年的 9 家，归属母公司净利润超过 5000 万元的公司由 3 家增至 6 家。捷佳伟创、华联电子、芯能科技等 9 家公司营收超过 5 亿元；捷佳伟创、芯能科技、华联电子、新洁能、航宇新材、艾为电子 6 家公司业绩超过 5000 万元。

（二）挂牌公司质量评价结果

1. 整体评价结果

截至 2017 年底，新三板电子信息行业挂牌企业 325 家，占总挂牌企业数量的 2.80%，其中，33 家做市转让，1 家竞价转让，291 家协议转让，股份总量 169.29 亿股，资产总量 689.32 亿元，营业收入合计 650.86 亿元，净利润 31.45 亿元。本报告提取电子信息行业挂牌公司样本 219 家，占样本公司总数的 10%。电子信息行业综合质量评分平均值为 68.73 分，最高分

79.59 分，最低分 50.98 分，标准差 5.27（见表 13）。从挂牌公司在综合质量区间的分布来看，位于最高质量区间（"高"区间）的公司有 20 家，占比 9.13%；"较高"区间 82 家，占比 37.44%；"一般"区间 58 家，占比 26.48%；处于"较低"质量区间的公司有 40 家，占比 18.26%；处于"低"区间的公司有 19 家，占比 8.68%（见表 14）。

表 13　电子信息行业挂牌企业质量总体评价状况

项目	平均值	最高分	最低分	标准差
综合质量	68.73	79.59	50.98	5.27
1. 持续经营能力	67.92	83.24	44.14	7.83
1.1 财务质量评价	67.60	87.18	36.26	10.36
1.2 经营风险	72.20	94.40	42.05	94.40
1.3 公司治理	65.13	12.29	92.50	33.03
2. 信息披露质量	69.88	100	44	12.86
2.1 信批及时性	69.50	100.00	40.00	19.71
2.2 信批详细性	66.21	100.00	40.00	18.87
2.3 信批真实性	72.24	100.00	40.00	20.50
3. 成长性	74.96	89.09	27.35	10.46
3.1 成长表现	79.48	97.65	79.71	7.50
3.2 成长动因	68.19	79.71	38.47	10.42
4. 创新性	63.84	90.39	43.99	8.04
4.1 科技创新投入	72.38	97.58	37.20	10.42
4.2 科技创新产出	55.30	89.00	40.00	11.55

表 14　电子信息行业挂牌企业质量评分的分布状况

质量评价	综合质量		持续经营能力		信息披露质量		成长性		创新性	
	数量	占比(%)	数量	占比(%)	数量	占比(%)	数量	占比(%)	数量	占比(%)
低	19	8.68	41	18.72	44	20.09	23	10.50	74	33.79
较低	40	18.26	31	14.16	36	16.44	11	5.02	54	24.66
一般	58	26.48	50	22.83	30	13.70	16	7.31	46	21.00
较高	82	37.44	58	26.48	33	15.07	48	21.92	30	13.70
高	20	9.13	39	17.81	76	34.70	121	55.25	15	6.85
总体	219	100	219	100	219	100	219	100	219	100

资料来源：课题组根据公开资料整理。

2. 持续经营能力评价

从持续经营能力来说，电子信息行业平均得分 67.92 分，最高得分 83.24 分，最低得分 44.14 分，标准差 7.83（见表 15）。从挂牌公司的持续经营能力评价区间的分布来看，大体呈现纺锤分布，表现"一般"和"较好"的企业占比为 28.77% 和 49.32%，1.83% 企业表现"差"，2.28% 的企业表现"较差"，17.81%% 企业表现"好"。三个分项中，财务质量平均得分 67.60 分，最高得分 87.18 分，最低得分 36.26 分；经营风险平均得分 72.20，最高得分 94.40 分，最低得分 42.05 分；公司治理平均得分 65.13 分，最高得分 100 分，最低得分 33.03 分。经营风险指标得分高于财务质量评价和公司治理指标得分，说明挂牌企业具备较强的经营风险抵御能力，但公司治理结构和财务质量仍有较大提升空间。持续经营能力得分最高的三家企业分别是众智科技（430504）、飞安瑞（872451）、汇春科技（836399）。

财务质量。电子信息行业公司财务质量指标总体得分 67.60 分，表现"较好"，各公司盈利能力指标表现"好"，平均得分 78.11 分，偿债能力"较好"，平均得分 65.85 分，说明电子信息行业虽然具有不错的盈利能力，但企业偿债能力有限，资产负债率、利息保障倍数、现金比率方面表现不佳，也体现了我国非上市企业长期面临的融资环境和经营环境不佳问题，不过总体来说 2017 年电子信息行业总体偿债能力较上年有所改善。

经营风险。电子信息行业公司经营风险指标总体表现"较好"，平均得 72.20 分。其中，主营业务的盈利敏感性和主营业务收入占比两项指标表现较为突出，分别为 79.13 分和 75.07 分，说明挂牌企业主营业务均具有较好的持续性和稳定性。

公司治理。电子信息行业公司治理平均得分 65.13 分，表现"较好"，"负面或有事项"得分较高，为 78.95 分，但"独立董事制度"、"关联交易"和"两权分离情况"得分较低，仅为 53.20 分、58.54 分和 59.54 分，说明新三板电子信息行业企业公司治理整体工作仍有较大提升空间。

表 15 电子信息行业挂牌企业持续经营能力评价状况

项目	平均值	最高分	最低分	标准差
持续经营能力	67.92	83.24	44.14	7.83
A. 财务质量	67.60	87.18	36.26	10.36
盈利表现	78.11	99.80	8.87	20.92
偿债能力	65.85	85.84	38.97	9.76
运营管控能力	60.33	94.14	10.98	17.28
B. 经营风险	72.20	94.40	42.05	9.25
主营业务收入占比	75.07	100.00	40.00	21.05
市场销售集中度	66.94	100.00	40.00	18.90
对外采购集中度	68.68	100.00	40.00	16.21
盈利敏感性	79.13	98.39	16.21	17.43
破产风险概率	70.68	100.00	40.00	16.47
C. 公司治理	65.13	92.50	33.03	12.29
关联交易	58.54	100.00	40.00	20.35
负面或有事项	78.95	100.00	30.00	19.33
两权分离情况	59.54	100.00	20.00	33.68
独立董事制度	53.20	80.00	50.00	9.16

3. 信息披露质量评价

从信息披露质量来说，电子信息行业样本挂牌企业平均得分 69.88 分，总体表现"较好"。从挂牌公司的信息披露质量评价区间的分布来看，34.70% 的企业位于"高"评价区域，15.07% 的企业位于"较高"评价区域，13.70% 的企业位于"一般"评价区域，16.44% 的企业位于"较低"评价区域，20.09% 的企业位于"低"评价区域。

从各分项指标来看，信息披露及时性、详细性和真实性三项指标均表现良好，得分分别为 69.50 分、66.21 分和 72.24 分（见表 16）。信息披露质量得分最高的三家电子信息行业企业分别为瑞可达（831274）、瑞捷光电（838923）和来邦科技（836888）。

4. 成长性评价

从成长性能力来看，电子信息行业各样本公司表现"较好"，平均得分 74.96 分，最高得分 89.09 分，最低得分 27.35 分（见表 17）。其中，成长

表16　电子信息行业挂牌企业信息披露质量评价状况

项目	平均值	最高分	最低分	标准差
信息披露质量	69.88	100	44	12.86
A. 及时性	69.50	100.00	40.00	19.71
B. 详细性	66.21	100.00	40.00	18.87
C. 真实性	72.24	100.00	40.00	20.50

表现平均得分79.48分，成长动因平均得分68.19分。从挂牌公司成长性评价区间的分布来看，55.25%的企业位于"高"评价区域，21.92%的企业位于"较高"评价区域，7.31%的企业位于"一般"评价区域，5.02%的企业位于"较低"评价区域，10.50%的企业位于"低"评价区域。成长性指标得分最高的三家电子信息行业企业分别为科盾科技（835902）、崧盛股份（871785）和鑫冠科技（835155）。

从各分项指标来看，体现成长能力的电子信息挂牌企业的营业收入增长率和净利润增长率呈"好"的成长表现，绝大多数企业均实现较好的业绩成长；但是各企业成长动因的外部动因表现"一般"，平均得分仅为60.67分。

表17　电子信息行业挂牌企业成长性评价状况

项目	平均值	最高分	最低分	标准差
成长性	74.96	89.09	27.35	10.46
A. 成长表现	79.48	97.65	79.71	7.50
营业收入增长率	79.49	99.19	3.69	18.42
净利润增长率	79.47	98.04	22.53	16.69
B. 成长动因	68.19	79.71	38.47	10.42
内部动因	79.47	98.04	22.53	16.69
外部动因	60.67	71.45	37.37	4.39

5. 创新性评价

从创新性评价来看，电子信息行业表现"一般"，平均得分为63.84分，最高得分90.39分，最低得分43.99分。从挂牌公司创新性评价区间的分布状况来看，6.85%的企业位于"高"评价区域，13.70%企业位于"较高"评价区域, 21.00% 的企业位于"一般"评价区域, 24.66% 的企业位于"较低"评价区域, 33.79% 的企业位于"低"评价区域, 表明创新性评价总体上得分较低, 其中创新性评价较低的企业占比较高。创新性指标得分最高的三家分别为思银股份 (430152)、复展科技 (830903) 和晨晓科技 (835820)。

从分项指标来看, 科技创新投入平均得分为 72.38 分, 整体表现评价"较好", 其中, 研发经费占营收比重得分 79.36 分, 表现良好, 人力资本投资回报率得分 70.89 分, 表现较好。虽然科技创新投入较高, 但是产出表现不佳, 得分仅为 55.30 分, 全要素劳动生产率得分为 58.63 分, 知识产权资产占总资产的比重得分仅为 51.23 分, 如何提升科技产出率成为提升电子行业企业竞争力的关键 (见表 18)。

表 18 电子信息行业挂牌企业创新性评价状况

项目	平均值	最高分	最低分	标准差
创新性	63.84	90.39	43.99	8.04
A. 科技创新投入	72.38	97.58	37.20	10.42
研发经费占营收比重	79.36	100.00	40.00	14.97
研发人员比重	64.57	100.00	40.00	15.56
人力资本投资回报率	70.89	99.42	30.67	18.91
B. 科技创新产出	55.30	89.00	40.00	11.55
全要素劳动生产率	58.63	100.00	40.00	15.99
知识产权资产占总资产的比重	51.23	100.00	40.00	19.67

资料来源: 课题组根据公开资料整理。

(三) 优质挂牌公司案例分析

1. 云宏信息 (代码: 832135. OC)

云宏信息是深耕云计算领域的信息服务提供商。公司成立于 2010 年, 自成立以来持续钻研云服务的核心虚拟化技术, 在 Iaa S、Paa S 和 Saa S 领域均开发出具备自主知识产权的产品。目前公司主营业务包括软件销售、超融合一体机销售和解决方案实施等。云宏信息在 Iaa S 核心技术领域积

累深厚。公司深耕 Iaa S 领域，拥有 300 余项云计算大数据关键技术的相关知识产权及专利，参与了国家四个云计算标准编写工作，获得了 14 项科技攻关项目的成果转化，在云管理平台、虚拟化管理软件、虚拟化技术等 Iaa S 核心技术领域拥有自主知识产权；拥有国内第一批云计算产品开发、集成技术团队；产品通过国家重大信息安全专项"高安全性云操作系统"测试。

云宏信息积极融入产业生态，全面布局云计算产业链，带动 2017H1 收入增长 42.5%。公司与 IBM、TATA 等众多信息基础设施供应商开展广泛战略合作，凭借自身技术优势与合作伙伴的优质资源，全面布局云计算的 Iaa S、Paa S 和 Saa S 领域，推动产品多元化及细分领域落地，技术紧密贴合市场，技术、市场进入良性循环。目前公司在硬件服务器、芯片、数据库、行业解决方案等环节与主要厂商建立了稳固的合作关系，在金融、光电、公安和电力领域均有解决方案落地。

云宏信息在具备扩张潜力的私有云市场具备先发优势。2020 年我国私有云市场规模有望突破 700 亿元，云宏信息是率先涉足服务团体及中小企业客户的私有云领域，并推出了"宏云 + 私有云一体机"产品，在私有云领域具备品牌效应和先发优势。

2. 中建信息（代码：834082.OC）

中建信息是 ICT 分销领域的龙头企业。公司主要从事 ICT 产品增值分销、进口网络产品销售、医疗产品销售等业务，在 ICT 分销领域具备丰富经验。2013～2014 年，被评选为中国 IT 金榜十大卓越分销商。目前公司正通过建设渠道服务中心、产品测试中心和解决方案中心，逐步向渠道增值服务提供商转型。

中建信息专注于华为 ICT 产品分销，华为体系内分销份额稳居首位，连续 3 年收入增速超过 30%。公司是华为企业业务的全线代理，目前已经建立了一个覆盖 38 个分公司、办事处的增值分销服务网络，有价值的渠道合作伙伴超过 3000 家，员工人数超过 600 人，其中工程师超过 200 人，连续 7 年稳居华为总代理商业绩第一。公司具有稳定的核心团队，全面的分销网络，受到华为、微软的认可。2014～2016年，公司主营业务收入增长率均超过30%，净利润增长率均超过40%，业绩增长迅速。中建信息聚焦云计算，发力升级转型。ICT服务云化是产业的发展趋势，公司具有良好的企业客群基础，完善的销售资源、服务网络，有较好的云计算转型基础。公司重要业务伙伴华为计划成为全面云化的网络设施提供商，背靠华为，中建信息有望与合作伙伴共同成长。公司计划围绕云总代理模式"信云智联门户"，转型云服务提供商，为华为、微软等业务伙伴提供更全面的服务。

3. 雷腾软件（代码：430356.OC）

雷腾软件是专业从事车联网信息管理平台业务的公司。公司正式成立于2010年，主要提供和从事智能车联信息管理服务平台，以及出行信息增值服务与应用的研发、销售和服务运营。目前公司产品包括车联网TSP平台、手机汽车互联解决方案、智能车载导航、租赁用车及相关增值服务等。雷腾软件关注车联网产业链上下游，提前布局配套增值服务。在物联网行业中服务的产业价值达到20%，高于网络连接部分和模组部分，具备发展潜力。2015年，公司设立了全资子公司，以"互联网+新能源汽车"与"智能交通+绿色出行"相结合的整合平台开发业务为核心，通过合作定制开发模式，布局业务网络与服务配套网络，积累优势资源和优质用户，积极快速拓展新业务市场，积累差异化竞争优势与构建优势竞争壁垒。公司提前布局车联网行业增值服务，为未来取得竞争优势奠定了良好基础。

雷腾软件具备稳定的大客户渠道。公司已与上海诸多优秀酒店大客户签署合作协议，抢先进入高端商旅人群的用车服务市场。其子公司上海飞路信息科技有限公司已与上海安达仕酒店、上海四季酒店、上海瑞金洲际酒店等多家五星级酒店签署合作协议并付诸落地实施，为酒店提供定制开发的智能先进的移动端应用与后台业务管理系统。由于大中型客户对于信息系统的依赖程度较高，稳定的大客户渠道将成为公司打造车联网信息平台服务标杆的优质资源。

雷腾软件进入新能源汽车领域，以新能源汽车为载体，为用户提供智能出行解决方案。公司目前已在上海开通近百条运营线路，配套建设新能源充

电运营服务基站 5 座，自有与合作拥有各类新能源专车超过 300 辆，关注与使用用户量超过 8000 家。公司致力于以车联网的方式为用户创造舒适性、安全性、娱乐性兼备的行车体验，并充分发挥共享经济模式的优势，以新能源汽车为载体，为用户提供智能出行解决方案，让绿色出行具有普惠价值。

4. 捷佳伟创（代码：833708.OC）

捷佳伟创成立于 2007 年，是一家光伏设备及绿色能源产业专用设备制造商，2010 年与深圳市捷佳创精密设备有限公司成功实现业务整合，产品涵盖原生多晶硅料生产设备、硅片加工设备、晶体硅电池生产设备等，目前已通过 IPO 审核。公司 2017 年实现营业收入 12.43 亿元，同比增长 49.51%，归母净利润为 2.54 亿元，同比增长 115.08%。

该公司有以下亮点：

（1）生产技术领先，成本优势明显

公司一直专注于晶体硅太阳能电池生产设备的技术与工艺研发，积累了丰富的行业应用经验，掌握多项具备独创性的核心工艺技术。公司的技术和管理团队均具有多年电子专用设备、光伏设备领域的从业经验，特别是公司核心技术人员及管理骨干长期以来一直从事电子专用设备的研究和制造，之后又在太阳能电池生产领域工作多年，对工艺性能、国内外设备做了深入研究。公司主要产品技术和质量水平与国外设备相当，但售价仅为进口同类设备的 1/2 至 2/3。

（2）积累了优质的客户资源

公司凭借在技术研发、产品性能、服务质量方面的综合优势，积累了逾 200 家客户，其中优质客户包括英利中国、天合光能、晶澳太阳能、阿特斯、韩华新能源、昱辉阳光能源、晶科能源、海润光伏、向日葵、东方日升、比亚迪、南玻、横店东磁、亿晶光电、西安隆基、特变电工、拓日新能、中利腾辉及阳光能源等国内外上市的大型光伏制造企业，以及中电投、国电电力、山西晋能、黄河光伏等大型国企。

（3）特殊流水线作业模式

公司在生产管理上创造性地应用"工时计件制"，其设备制造整个过程实现了标准化、流程化作业，实现"人动机不动"的特殊流水线作业模式，大幅提高了设备制造效率并降低了制造成本，实现了"快而不乱"的规模化生产，有效提高了生产能力并保障了产品质量稳定。

（4）个性化设计与定制服务

公司针对不同客户的技术需求进行个性化设计和定制，最大程度地满足不同客户的差异化产品技术需求。

（5）公司首次公开发行股票并在创业板上市的申请于 2017 年 4 月 17 日获中国证券监督管理委员会受理，目前 IPO 审核已经通过。

5. 华联电子（代码：872122.OC）

华联电子成立于 1997 年，主要从事智能控制器、智能显示组件和红外器件及其他电子元器件的设计与制造。公司 2017 年实现营业收入 11.95 亿元，同比增长 21.93%，归母净利润为 6210.67 万元，同比增长 56.34%。

该公司有以下亮点：

（1）拥有专业研发团队，研发技术超前

公司配备了美国、荷兰、日本等国具备国际先进水平的现代化半导体光电器件、微电脑控制器生产线，拥有一套完整的设计开发系统和高素质的设计队伍，具备软硬件开发能力，在智能控制器领域形成了先进的理论体系，在智能控制器物联网应用平台、智能控制技术及整体解决方案、高效能变频控制技术、专用传感与检测技术、新型人机交互技术、语音识别与处理技术、先进制造技术、光学传感器产品设计技术、高效显示产品设计技术、红外元器件的仿真设计技术等十个技术门类、几十个核心技术方向形成了技术优势。公司目前拥有专利 73 件，正在申请的专利 11 件，拥有计算机软件著作权 40 件，子公司华联电子科技拥有专利 24 件。公司研发中心被授予"省级技术中心"称号。

（2）严格的质量检测制度，产品质量得到保障

公司具有光学仿真与测试、热学仿真与测试、冷热冲击、高温高湿、温度循环、盐雾、紫外、高温、低温等环境可靠性试验能力和 EMC 检测、光学检测、电学检测、热学检测、金相检测等检测能力，以确保产品质量达到

国内外先进水平。此外，公司编制出台多项质量控制制度，建立了完善的质量管理体系，成功通过了 ISO9001：2008、ISO/TS16949：2009 质量管理体系等认证，产品符合 UL、VDE、CQC 等标准认证。

（3）积累了优质客户资源

公司依靠强大的研发实力、优秀的产品和完善的服务赢得国内外著名终端产品厂商的信赖，成为国际知名厂商如伊莱克斯、江森自控、艾欧史密斯、Arcelik A. S. 等和国内龙头企业如格力电器、海尔、长虹美菱、九牧等的优质供应商和核心战略合作伙伴。

（4）完善的组织架构和生产管理体系

公司的技术规划平台、研发平台、中试平台、制造工艺平台等全面与国际接轨，公司的质量管理体系、环境管理体系、运营管理体系、职业健康管理体系也通过了若干国际著名认证机构的严格审核。

6. 柏承科技（代码：831861.OC）

柏承科技成立于 2007 年，主要从事各类印制电路板（PCB 板），包括柔性电路板、高密度互连（HDI）积层板、硬质线路板及其他新型电子、电力元器件的生产、组立、焊接和测试，并从事同类产品的商业批发及进出口业务。2017 年公司实现营业收入 6.72 亿元，同比增长 39.79%，归母净利润为 2251.37 万元，同比增长 153.35%。

该公司有以下亮点：

（1）持续研发

公司共取得 4 个发明专利及 10 个实用新型专利，10 个专利正在实审阶段。公司自设厂以来不断地对生产线主要设备进行全方位的优化调整，持续改进细微圆形制作技术、阶梯式制程技术等生产核心技术。

（2）客户资源优势

公司传统 PCB 产品的主要客户有仁宝网络信息（昆山）有限公司、光宝科技股份有限公司、台达电子国际（新加坡）有限公司；其中手机制造商主要有天珑、苏州佳世达光电有限公司、KOREA CIRCUIT CO.，LTD. Pantech Co.，Ltd. 及众多手机设计公司。

三　互联网行业挂牌公司质量评价报告[①]

（一）行业概况

互联网行业是以现代新兴的互联网技术为基础，专门从事网络资源搜集和互联网信息技术的研究、开发、利用、生产、贮存、传递和营销信息商品，可为经济发展提供有效服务的综合性生产活动的产业集合体，是现阶段国民经济结构的基本组成部分。

截至 2017 年 6 月，中国网民规模达到 7.51 亿人，占全球网民总数的五分之一。互联网普及率为 54.3%，超过全球平均水平 4.6 个百分点。我国网民规模达到 7.51 亿人，半年共计新增网民 1992 万人，半年增长率为 2.7%。互联网普及率为 54.3%，较 2016 年底提升 1.1 个百分点。以互联网为代表的数字技术正在加速与经济社会各领域深度融合，成为促进我国消费升级、加快经济社会转型、构建国家竞争新优势的重要推动力。其主要表现在以下几个方面：其一，我国手机网民规模达 7.24 亿人，较 2016 年底增加 2830 万人。网民中使用手机上网的比例由 2016 年底的 95.1% 提升至 96.3%，手机上网比例持续提升。各类手机应用的用户规模不断上升，场景更加丰富。其中，手机外卖应用增长最为迅速，用户规模达到 2.74 亿人，较 2016 年底增长 41.4%；移动支付用户规模达 5.02 亿人，线下场景使用特点突出，4.63 亿网民在线下消费时使用手机进行支付。其二、IP 地址数量居世界前列，出口带宽大幅增长，我国 IPv4 地址数量达到 3.38 亿个、IPv6 地址数量达到 21283 块/32 地址，二者总量均居世界第二位；中国网站数量为 506 万个，半年增长 4.8%；国际出口带宽达到 7974779Mbps，较 2016 年底增长 20.1%。其三，商务交易类应用保持高速增长，促进消费带动转型升级。

[①] 谭卓，经济学博士，特华博士后科研工作站博士后，招商银行研究院经济研究所所长，主要研究方向为宏观经济与政策。

2017年上半年，商务交易类应用持续高速增长，网络购物、网上外卖和在线旅行预订用户规模分别增长10.2%、41.6%和11.5%。网络购物市场消费升级特征进一步显现，用户偏好逐步向品质、智能、新品类消费转移。同时，线上线下融合向数据、技术、场景等领域深入扩展，各平台积累的庞大用户数据资源进一步得到重视。其四，互联网理财市场趋向规范化，线下支付拓展仍是热点。2017年上半年，互联网理财用户规模达到1.26亿人，半年增长率为27.5%，互联网理财领域线上线下正在整合各自在流量、技术和金融产品服务方面的优势，步入从对抗竞争走向合作共赢的发展阶段，网贷理财产品收益率持续下降，行业朝向规范化发展；线下支付领域依旧是市场热点，网民在超市、便利店等线下实体店使用手机网上支付结算的习惯进一步加深，网民在线下购物时使用过手机网上支付结算的比例达到61.6%，在深耕国内市场的同时，我国网络支付企业纷纷拓展市场潜力巨大的海外市场。

（二）行业挂牌公司质量评价状况

为展示方便，本报告大致将得分划分为"高、较高、中、较低、低"五个区间，其中得分75分以上为"高"；得分在70~75分为"较高"；得分在65~70分为"一般"；得分在60~65分为"较低"；得分在60分以下的为"低"（见表19）。

表19 得分评价划分

高	75分以上
较高	70~75分
一般	65~70分
较低	60~65分
低	60分以下

资料来源：特华博士后工作站。

按照这一划分标准，本书将对互联网行业得分整体情况以及持续经营能力、信息披露质量、成长性、创新性的得分进行逐一展示分析（见表20）。

表20　互联网行业挂牌企业得分评价分布状况

质量评价	综合质量		持续经营能力		信息披露质量		成长性		创新性	
	数量	占比(%)	数量	占比(%)	数量	占比(%)	数量	占比(%)	数量	占比(%)
低	4	3.15	20	15.75	22	17.32	10	7.87	21	16.54
较低	15	11.81	13	10.24	21	16.54	9	7.09	24	18.90
一般	32	25.20	26	20.47	9	7.09	9	7.09	26	20.47
较高	44	34.65	29	22.83	24	18.90	19	14.96	25	19.69
高	32	25.20	39	30.71	51	40.16	80	62.99	31	24.41
总体	127	100	127	100	127	100	127	100	127	100

资料来源：特华博士后科研工作站。

　　本报告提取互联网行业挂牌公司样本127家。互联网行业综合质量评分的平均值为70.62分，最高分为80.14分，最低分为55.77分，标准差为5.08。具体得分情况如表21所示。

表21　互联网行业挂牌企业质量总体评价状况

项目	平均值	最高分	最低分	标准差
综合质量	70.62	80.14	55.77	5.08
1. 持续经营能力	69.73	86.09	47.67	8.22
1.1 财务质量	67.69	87.25	30.68	12.40
1.2 经营风险	77.17	98.19	51.35	8.32
1.3 公司治理	68.25	92.5	22.5	12.99
2. 信息披露质量	70.41	96	44	11.68
2.1 准确性	71.50	100.00	40.00	19.76
2.2 完整性	69.13	100.00	40.00	19.48
2.3 及时性	69.61	100.00	40.00	20.13
3. 成长性	75.36	89.73	52.25	9.26
3.1 成长表现	80.76	98.19	47.59	11.25
3.2 成长动因	67.27	79.32	44.49	8.40
4. 创新性	68.79	86.16	49.66	8.33
4.1 科技创新投入	72.22	98.05	37.20	13.87
4.2 科技创新产出	65.35	100.00	40.00	12.99

资料来源：特华博士后工作站。

1. 整体评价结果

从挂牌公司在综合质量区间的分布来看，其大体呈倒金字塔形分布。得分较高区间（"高"区间与"较高"区间）的公司有76家，占比59.85%，最低区间（"低"区间）的公司4家，占比3.15%，较低区间15家，占比11.81%，一般区间32家，占比25.20%。

表22　互联网行业挂牌企业综合质量得分前十名

代码	简称	省份	得分
871182	靠谱云	福建	80.14
834452	奥菲传媒	上海	79.94
837037	嗨皮网络	上海	79.75
834003	挖金客	北京	79.70
836610	铠甲网络	福建	78.88
832114	中爆数字	广东	78.57
835213	福信富通	福建	78.45
831467	世窗信息	河北	78.33
832340	国联股份	北京	78.23
832097	浩辰软件	江苏	77.32

资料来源：特华博士后工作站。

2. 持续经营能力评价

从持续经营能力来说，互联网行业挂牌企业平均得分69.73分，最高分86.09分，最低分47.67分，标准差8.22。从挂牌企业持续经营能力评价区间的分布来看，30.71%的企业得分"高"，22.83%的企业得分"较高"，20.47%的企业得分"一般"，10.24%的企业得分"较低"，15.75%的企业得分"低"。

三个分项指标中，财务质量平均得分67.69分，最高得分87.25分，最低得分30.68分，标准差12.40；经营风险平均得分77.17，最高得分98.19分，最低得分51.35分，标准差8.32；公司治理平均得分68.25分，最高得分92.5分，最低得分22.5分。经营风险指标得分高于财务质量和公司治理指标得分，说明挂牌企业具备较强的经营风险抵御能力，但公司治理结构和财务质量仍有较大的提升空间。持续经营能力得分前十名企业见表23。

表 23　互联网行业挂牌企业持续经营能力得分前十名

代码	简称	省份	得分
430754	三态股份	北　京	86.09
831467	世窗信息	河　北	85.56
837037	嗨皮网络	上　海	84.10
837839	尚通科技	江　西	82.13
834709	注意力	广　东	81.68
834003	挖金客	北　京	81.68
830972	道一信息	广　东	81.16
871182	靠谱云	福　建	80.25
834452	奥菲传媒	上　海	78.35
832645	高德信	广　东	78.26

资料来源：特华博士后工作站。

财务质量。互联网行业公司财务质量指标总体得分平均为 67.69 分，从各项分指标来看，盈利能力指标和偿债能力指标得分较高，平均分分别达到 76.39 分和 69.48 分，但运营能力指标得分相对较低，平均分只有 58.45 分，说明互联网行业作为新兴产业，财务运营整体情况良好，但在体制建设等内控体系方面，还有待加强，运营尚未形成完备的规范体系。

经营风险。互联网行业公司经营风险指标平均得分 77.17 分，说明挂牌企业主营业务均具有较好的持续性和稳定性，经营稳定性风险较小。

公司治理。互联网行业公司治理平均得分 68.25 分，说明新三板互联网行业企业较少开展股权激励活动，董事会制度也有待加强。

3. 信息披露质量评价

从信息披露质量来说，互联网行业挂牌企业平均得分 70.41 分，总体表现"较高"。从挂牌企业信息披露质量评价区间的分布来看，40.16% 的企业得到"高"的评价，18.90% 的企业得到"较高"评价，7.09% 的企业评价"一般"，16.54% 的企业评价"较低"，17.32% 的企业评价"低"。

从各分项指标来看，信息披露准确性表现优异，说明挂牌互联网企业能够较好完成信息披露义务，并且信息准确性较高，很少出现补充或更正情况；但是行业信息披露完整性平均得分为69.13分，较上年有所提高，说明挂牌企业信息披露体系逐渐完善。信息披露质量得分前十名企业见表24。

表 24　互联网行业挂牌企业信息披露得分前十名

代码	简称	省份	得分
834206	傲基电商	广　东	92
832097	浩辰软件	江　苏	90
830972	道一信息	广　东	86
430350	万德智新	湖　北	82
832340	国联股份	北　京	80
835213	福信富通	福　建	80
870402	金东创意	山　东	80
837839	尚通科技	江　西	76
834003	挖金客	北　京	76
430071	首都在线	北　京	76

资料来源：特华博士后工作站。

4. 成长性评价

从成长性能力来看，互联网行业各样本公司得分"高"，平均得分75.36分，最高得分89.73分，最低得分52.25分，标准差9.26。其中，成长表现平均得分80.76分，成长动因平均得分67.27分。挂牌公司成长性评价区间呈倒金字塔形分布，62.99%的企业得分"高"，14.96%的企业得分"较高"，7.09%的企业得分"一般"，7.09%的企业得分"较低"，7.87%的企业得分"低"。

从各分项指标来看，体现成长能力的挂牌企业的营业收入增长率（84.42分）、净利润增长率（76.28分）和总资产增长率均呈较好的成长表现，绝大多数企业均实现了较好的业绩增长；但是各企业销售毛利率得分较低，只有 43 分，主因在于互联网行业特性所致进入门槛相对较低，销售转化率也较为平滑，所以行业整体毛利率和全要素生成率较低。互联网行业挂牌企业成长性得分前十名见表 25。

表 25　互联网行业挂牌企业成长性得分前十名

代码	简称	省份	得分
871320	奇异互动	广　东	89.73
870916	雷利股份	江　苏	88.91
832114	中爆数字	广　东	88.39
839460	乐享互动	北　京	87.21
832171	志晟信息	河　北	87.06
839603	乐米科技	江　苏	86.74
832340	国联股份	北　京	86.58
836610	铠甲网络	福　建	84.68
871182	靠谱云	福　建	84.41
834452	奥菲传媒	上　海	84.18

资料来源：特华博士后工作站。

5. 创新性评价

从创新性评价来看，互联网行业平均得分 68.79 分，最高得分 86.16 分，最低得分 49.66 分。从创新性的分指标来看，科技创新投入平均得分 72.22，最高得分 98.05，最低得分 37.20，标准差 13.87。科技创新产出平均得分 65.35 分，挂牌公司创新性评价区间的分布较为分散，24.41% 的企业得分"高"，19.69 的企业得分"较高"，20.47% 的企业得分"一般"，18.90% 的企业得分"较低"，16.54% 的企业得分"低"。

从分项指标来看，科技创新投入平均得分 72.22 分，整体表现评价"较高"，较上年有很大提高；科技创新产出得分 65.35 分，说明互联网行业挂牌企业对创新驱动的关注度已有明显提高。互联网行业挂牌企业创新性得分前十名见表 26。

表 26 互联网行业挂牌企业创新性得分前十名

代码	简称	省份	得分
835213	福信富通	福 建	86. 16
834734	创谐信息	浙 江	85. 60
871182	靠 谱 云	福 建	84. 99
834452	奥菲传媒	上 海	84. 10
839158	酷炫网络	北 京	82. 29
832114	中爆数字	广 东	82. 17
839460	乐享互动	北 京	81. 87
836610	铠甲网络	福 建	77. 56
834003	挖 金 客	北 京	76. 83
839603	乐米科技	江 苏	76. 16

资料来源：特华博士后工作站。

（三）优质挂牌公司案例分析

1. 靠谱云（代码：871182. OC）

厦门靠谱云股份有限公司立足于云计算行业，主要面向中大规模的企业级客户，提供云数据中心与混合云服务，同时提供贯穿 IT 生命周期的一站式云上运维管理服务，包括咨询服务、架构设计、系统迁移、云安全、系统运维、混合云管理等。此外，根据客户的实际需求，公司亦提供设备销售、软件服务等附加业务，主要产品和服务有混合云服务（Cloud）、云数据中心（IDC）、设备销售、软件服务。公司在综合质量方面总得分排名第 1（80. 14分），在持续经营能力方面排名第 11（80. 25 分），信息披露方面排名第 88（64. 00 分），在成长性方面排名第 17（84. 41 分），在创新性方面排名第 4（84. 99 分）。公司自进入云计算市场开始就聚焦于以云管理服务为主的混合云市场，实现了差异化的竞争策略，一方面在市场定位上避开了与众多公有云计算巨头在资源和价格层面的直接竞争，另一方面也有助于公司在混合云市场保持良好的市场竞争力。这也是公司在创新性指标方面排名靠前的主要原因。

2. 奥菲传媒（代码：834452. OC）

上海奥菲广告传媒股份有限公司依托 Adarrive 广告投放系统、ZHL-DSP

系统，以及智羚商业 Wi-Fi 等自主研发的平台和产品，为客户提供跨屏数字精准营销和移动 O2O 整体解决方案。主营产品为跨屏数字精准营销、移动 O2O 整体解决方案。公司在综合质量方面总得分排名第 2（79.94 分），在持续经营能力方面排名第 14（78.35 分），在信息披露方面排名第 60（72.00 分），在成长性方面排名第 18（84.18 分），在创新性方面排名第 5（84.10 分）。奥菲传媒在 2018 年创新性地利用程序化购买平台与各大媒体进行接入及打通，公司的内容营销生态布局已经取得初步发展规模，在双平台建立互联互通的基础上，通过优质、快速的内容发行为客户提供了更多元的服务。

3. 嗨皮网络（代码：837037.OC）

嗨皮（上海）网络科技股份有限公司作为专业的互联网娱乐信息平台运营机构，以自有媒体、移动站和公众号为依托向用户免费提供娱乐资讯信息，以获得海量互联网用户访问量，并以此为基础提供运营及互联网广告的整合效果营销解决方案服务。公司通过与国内著名互联网广告联盟进行技术合作，如百度联盟、搜狗联盟、淘宝联盟等，向用户展现精准营销的竞价点击付费广告。公司在综合质量方面总得分排名第 3（79.75 分），在持续经营能力方面排名第 3（84.10 分），在信息披露方面排名第 86（64.00 分），在成长性方面排名第 21（83.85 分），在创新性方面排名第 48（71.18 分）。公司积极贯彻战略目标和年度经营计划，坚持以市场需求为导向，专注互联网广告分发平台的渠道建设、不断挖掘互联网流量价值，建立起强大的流量资源，进一步增强了产品和服务的竞争力，加之与各大互联网广告联盟均有合作，使其持续经营能力表现优异。

4. 挖金客（代码：834003.OC）

北京挖金客信息科技股份有限公司的主营业务是为语音杂志、游戏、动漫、阅读等移动娱乐产品提供内容整合发行、渠道营销推广、产品支付计费、企业融合通信。主要产品与服务有语音杂志及数字阅读产品、广告投放、营销策划、效果优化、公关宣传等数字营销整合服务。公司于 2014 年 10 月 30 日被认定为高新技术企业，获得北京市科学技术委员会、北京市财政局、北京市国家税务局、北京市地方税务局联合颁发的《高新技术企业证书》。本公

司移动互联网自有媒体平台斑马网截至 2015 年 5 月 31 日最近一个月的流量排名第四。公司在综合质量方面总得分排名第 4（79.70 分），在持续经营能力方面排名第 8（81.68 分），在信息披露方面排名第 39（76.00 分），在成长性方面排名第 55（79.07 分），在创新性方面排名第 22（76.83 分）。公司在各方面表现比较均衡，未来有望进一步提升互联网服务能力，实现经营业绩稳步增长。

5. 铠甲网络（代码：836610.OC）

厦门铠甲网络股份有限公司专注于为广告主、广告代理商提供精准、高效的互联网广告投放业务。基于公司自有的铠甲互动互联网广告云投放平台，通过数据挖掘和分析，帮助客户寻找广告信息传播的网络目标受众群，以适当的媒介及广告位置组合，为客户进行互联网广告投放，并随时记录、监控传播效果和实施进一步的优化。公司在综合质量方面总得分排名第 5（78.88 分），在持续经营能力方面排名第 22（77.51 分），在信息披露方面排名第 53（74.00 分），在成长性方面排名第 16（84.68 分），在创新性方面排名第 20（77.56 分）。近年来公司主要商业模式并未发生变化，但随着移动互联网产业的迅猛发展，公司在业务布局上应着重以服务互联网用户为出发点，进一步发展互联网用户入口，同时应以构建内容数字生态为核心大力开拓移动端业务。

（四）总结

2017 年中国互联网企业经历了新一轮大发展之后的调整期之后，正在高速发展。从挂牌企业的得分情况来看，整体得分比较平稳，显示出新三板互联网行业的平稳发展态势。但从细分指标来看，财务指标可圈可点，显示出互联网行业有着较强和较为稳定的盈利能力；公司治理结构尚显不足，说明互联网企业多为新兴企业，对公司治理的关注度不够；成长性表现尚可，代表着互联网行业作为朝阳产业，仍然有着很大的发展空间；创新性与上一年相比已经有很大提升，体现出市场对企业创新性的重视。不同企业需根据自身特点，把握细分行业发展动向，不断深耕市场，积极拓展市场业务。

四　装备制造行业挂牌公司质量评价报告[①]

（一）行业概况

1. 装备制造业特点

（1）装备制造业投资体量大

根据国家统计局数据，2017年我国装备制造业固定资产投资为19万亿元，占全部城镇固定资产投资的31%，占比明显超出房地产业投资（占比17%）和基础设施投资（占比22%）。

（2）装备制造业投资的整体性较弱，趋势性较强

在三大类投资中，房地产业投资对于短周期经济具有较高敏感度，是表征经济景气、周期变化的最常见指标；基础设施投资则有一定的逆周期特征，是宏观经济政策影响最为直观的领域；而装备制造业投资涉及不同的方向领域，因此整体性较弱。

根据国家统计局口径下的数据，2017年前7个月，黑色金属冶炼加工业、非金属矿物制品业、家具制造业固定资产投资增速相比上年同期分别提高了21.8%、16.5%和14.0%，但也不乏一些增速下滑较多的行业，例如纺织服装和服饰业（-16.0%）、石油加工、炼焦及核燃料加工业（-10.3%）等。

但在各细分方向领域，装备制造业投资都是众多企业主体对于中周期决策的集合，更反映子行业内生的增长动力和升级方向，因此，趋势性更强，需要高度重视。

2. 行业总体情况

宏观统计的装备制造业投资增速保持低位，但略有好转。根据国家统计局的数据，2018年前7个月，我国装备制造业固定资产投资同比增长7.3%，继上

---

① 孙春雷，财政学博士，特华博士后科研工作站博士后，研究方向为新三板、不良资产及财政税收。

年增速（4.8%）底部企稳后，2018 年装备制造业投资显示出一定的积极变化（见图 2）。

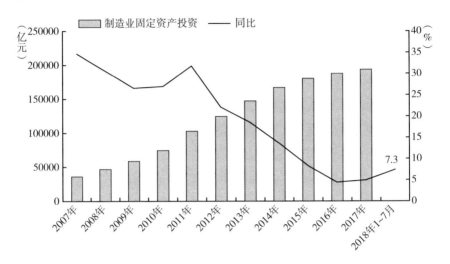

图 2 我国装备制造业固定资产投资及其增速

资料来源：Wind，广发证券发展研究中心。

微观上显示的装备制造业投资意愿好转。我们统计了 2011 年以前上市的 1325 家装备制造业上市公司的投资情况，2017 年购置固定资产、无形资产和其他长期资产支付的现金总计 7738 亿元，同比增长 17%，微观上显示的装备制造业投资意愿相对更强（见图 3）。

3. 细分行业分析

（1）汽车制造业：代表企业骏创科技（汽车零部件及配件制造）

近年来随着汽车市场规模不断扩大，市场竞争加剧，国内汽车零部件企业不断加大投入提高自主研发、技术创新与海外市场开拓能力，产品竞争力不断增强；加之传统的成本和价格优势，国内汽车零部件企业在国际市场的地位不断提升，上述因素推动了我国汽车零部件行业持续快速增长。全球整车厂商对国内汽车零部件采购途径的青睐，国家颁布的多项产业扶持政策对提升零部件企业竞争力的支持，为我国汽车零部件行业的发展带来难得的发展机遇，我国汽车零部件产业必将迎来新一轮的发展高峰期。

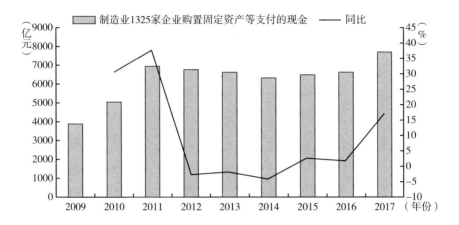

图3 装备制造业 1325 家上市公司年度购置固定资产等支付的现金及其增速

资料来源：Wind，广发证券发展研究中心。

综上所述，汽车零部件行业，基于全球汽车产销量每年可达约 9000 万辆的前提，行业需求稳健且旺盛。

（2）通用制造业

代表企业：海天流体（阀门和旋塞制造）、薪泽奇（金属切割及焊接设备制造）、佳创科技（包装专用设备制造）、恒宝精密（金属制卫生器具制造）、商科数控（金属切割及焊接设备制造）。

阀门和旋塞制造。随着我国城镇化进程的不断推进以及水利工程基础设施投资的不断增加，近年来我国新开工了一批大型重点水电站及水利工程项目，如三峡电站、溪洛渡电站、向家坝电站、南水北调水源工程、引黄入晋工程等，呈现明显的大型化和规模化特征。给排水阀门作为长距离输水系统的重要组成部分，在工程总量中的需求较大。随着管网口径的不断增大，各类大规格、特大规格给排水产品的需求十分旺盛。

金属切割及焊接设备制造。虽然国内外经济环境的变化，使机械工业面临的矛盾与问题将更为复杂，结构调整与转型升级的任务将更加繁重，但机械工业仍具备稳中有进的利好因素，国家层面释放了保持宏观政策连续性和稳定性的信息，有利于机械行业推进结构调整与转型升级；《中国制

造 2025》以及相关配套政策相继出台，为机械工业长期发展和短期调整指明了方向；行业协会正在配合国家有关部门为机械工业发展提供良好的政策环境。

因为国际经济形势的不景气以及国内经济进入新常态，一方面市场对常规机械装备的总体需求减少，呈现下行趋势，反映为企业的订单减少及订单推迟，许多企业因产品同质化不得不采取价格战，使企业的利润水平降低。而另一方面，因为国际及国内购买力依然存在，随着环境的变化及生产生活水平的提高，市场的需求呈现多层级、多类别的需求，产品由同质化的需求变成了个性化、定制化的需求。

包装专用设备制造。智能化包装机械的下游行业主要包括食品饮料、一次性卫生用品、生活用纸、医药、家用电器、化工、造纸印刷、食品饮料、化妆品、仓储物流等各类制造行业，且应用领域仍在不断拓展。近年来，受益于中国经济持续快速发展所带来的消费升级，居民消费水平大幅提升以及消费意愿的增强，我国社会消费品零售总额由 2006 年的 7.6 万亿元增长到 2016 年的 33.23 万亿元，年均复合增长率达到 15% 以上，并将随着居民人均可支配收入的提高继续保持快速增长。国内智能化包装机械行业的下游应用领域中，食品饮料、一次性卫生用品、生活用纸、化妆品、医药、化工行业是较为重要的细分市场。过去十年间，我国的食品饮料、一次性卫生用品、生活用纸、医药和化工等细分市场销售收入的年均复合增长率均到达 17% 以上，预计未来 5 ~ 10 年仍将保持较快增长。智能化包装设备作为下游行业固定资产投资的重要组成部分，在下游行业中的应用深度和广度均在不断提高，市场发展空间广阔。

金属制卫生器具制造。2017 年全球经济出现复苏态势，卫浴行业中的卫浴配件行业增速明显，行业结构进一步优化，美国摩恩（MOEN）、美国得而达（DELTA）、美国科勒（Kohler）、美标（American Standard）等世界高端品牌保持传统市场优势，全球化多边贸易主导国际市场。2018 年，卫浴产品市场需求所分布的新屋建设市场和房屋维修与翻新市场将延续复苏势头，卫浴制造领域将持续改善，卫浴产品价格将保持温和上涨。欧美顶级品牌商将继续进一步完善在中国的供应链布局，国内企业立足于长期与高端卫浴品牌合作这一优势，深化加工制造能力升级，提高产品附加值，进一步拓展发展空间、优化盈利能力。

金属切割及焊接设备制造。近年来随着全球制造业向中国转移，我国制造业取得快速发展。电阻焊技术作为焊接学科的一个重要组成部分，再加上新材料、新技术和计算机技术、电力电子技术和先进的控制技术的不断进步，其出现了前所未有的发展。当今电阻焊技术已经被广泛应用于汽车制造、五金加工、家用电器、航空航天等各个行业，在设备的全伺服控制、自适应焊接控制功能、焊接质量在线智能评估监控功能、焊接设备的物联网、铝合金及超高强板等其他新材料的电阻焊接工艺专家系统等方面，都提出了许多新的课题和新的应用领域，智能化、自动化、节能环保等电阻焊设备具有很大的市场前景和发展空间。

智能制造行业分析。近年来，中国制造业产业升级已经成为大趋势，智能制造贯穿了产业升级的全过程。在经济发展新常态下，智能制造将成为加快供给侧结构性改革、带动制造业转型升级的新引擎。2017年是我国智能制造奏响主旋律的关键一年，梳理各省市2017年政府工作报告不难发现，智能制造几乎被大部分省市重点论述。2016年12月，工业和信息化部、财政部联合制定并印发了《智能制造发展规划（2016~2020年)》，工信部又于2017年针对重点领域、重大工程等密集发布了相应的专项规划和行动指南，从而指导我国智能制造未来10年的发展。2017年10月，工信部智能制造试点示范项目名单已经确定，推动智能制造政策的进一步落地。新三板公司詹氏食品、华联电子和金洪股份纷纷入选示范项目名单。

根据《新华（常州）中国智能制造发展指数报告（2017年1~3季度)》，截至2017年第三季度末，我国主要行业仍处于智能制造概念渗透期，智能制造技术在我国各个行业的应用覆盖率基本呈现三个梯队：第一梯队为金属冶炼、机械设备制造、汽车制造三个行业，渗透率相对较高，分别为13.58%、12.89%、12.4；第二梯队为电气设备、新能源、新材料三个

行业，渗透率分别为 8.84%、6.5%、7%，处于居中水平。第三梯队为新一代信息技术、生物化工行业，渗透率较低，分别为 4.89%、5.09%，表明这些行业智能化仍处于初步布局阶段。因此，未来智能制造行业还有巨大的发展空间。

智能制造最主要的两个部分分别是工业机器人和工业互联网，两者可谓智能制造最重要的两翼。

新三板企业作为我国智能制造行业中的中坚力量，企业发展速度快、行业领域不断扩张的特点十分突出，能较好反映产业最具活力企业的发展现状和趋势。110 家智能制造行业新三板公司 2017 年全年实现营业收入 97.03 亿元，平均营业收入为 8902 万元，较 2016 年增长了 18.37%；2017 年智能制造行业企业营收中位数为 5834 万元，同比增长 26%。无论是从均值还是中位数的角度看，新三板智能制造行业 2017 年的增长速度都为 20% ~ 25%。110 家智能制造行业新三板公司 2017 年全年实现净利润 6.53 亿元，平均净利润为 535.04 万元，较 2016 年增长了 26.71%；2017 年智能制造行业企业营收中位数为 336.82 万元，同比增长 85.78%。可以看出，智能制造行业盈利能力较 2016 年有了较大幅度的增长。110 家已公布年报的企业中，营收过亿元的企业有 34 家，占比为 31.19%，而净利润超过 3000 万元的企业仅有 6 家。这一现象也说明了目前我国智能制造企业的盈利能力仍然有待提高，真正具备实力的龙头企业依然较少。

（二）行业挂牌公司质量总体评价状况

1. 整体评价结果

截至 2017 年底，新三板装备制造行业新三板挂牌企业 1192 家，占总挂牌企业数量的 11.14%，其中，133 家做市转让，1059 家协议转让，股份总量 506.41 亿股，资产总量 2259.04 亿元，营业收入合计 1455.75 亿元，净利润 94.36 亿元。本报告提取装备制造行业挂牌公司样本 299 家，占样本公司总数的 25.08%。机械行业综合质量评分的平均值为 66.27 分，最高分 80.43 分，最低分 46.80 分，装备制造标准差 5.57（见表27）。

表 27　装备制造行业挂牌企业质量总体评价状况

项目	平均值	最高分	最低分	标准差
综合质量	66.27	80.43	46.80	5.57
1. 持续经营能力	64.89	83.50	35.95	8.12
1.1 财务质量	64.16	87.42	32.00	10.41
1.2 经营风险	68.43	91.61	32.85	11.45
1.3 公司治理	63.68	87.50	27.5	12.22
2. 信息披露质量	69.02	100.00	40	11.85
2.1 及时性	68.16	100.00	40	18.00
2.2 详细性	66.35	100.00	40	19.72
2.3 真实性	70.97	100.00	40	19.56
3. 成长性	73.47	89.17	30.60	8.44
3.1 成长表现	81.89	98.48	21.43	10.50
3.2 成长动因	60.85	77.30	33.87	9.93
4. 创新性	60.26	86.26	38.60	7.10
4.1 科技创新投入	68.43	92.76	37.20	9.22
4.2 科技创新产出	52.09	89.00	40	9.61

2. 持续经营能力评价

从持续经营能力来说，装备制造行业平均得分 64.89 分，最高分 83.50 分，最低分 35.95 分，标准差 8.12。三个分项中，财务质量平均得分 64.16 分，最高得分 87.42 分，最低得分 32 分；经营风险平均得分 68.43 分，最高得分 91.61 分，最低得分 32.85 分；公司治理平均得分 63.68 分，最高得分 87.5 分，最低得分 27.5 分。经营风险指标得分高于财务质量和公司治理指标得分，说明挂牌企业具备较强的经营风险抵御能力，但公司治理结构和财务质量仍有较大提升空间。持续经营能力评分较高的三家企业分别是有友食品（831377）、联川生物（871474）、米奥会展（831822）。

财务质量。装备制造行业公司财务质量指标总体平均得分 64.16 分。各公司盈利能力指标表现"较好"，平均得分 72.66 分。偿债能力"差"，平均得分仅为 62.19 分，说明装备制造行业虽然具有不错的盈利能力，但企业偿债能力有限，资产负债率、利息保障倍数、现金比率方面表现不佳，也体现了我国非上市企业长期面临的融资环境和经营环境较差问题。运营能力表

现"较差"，平均得分58.83分，说明企业整体运转有待提升。

经营风险。装备制造行业公司经营风险指标总体表现"较好"，平均得68.43分。其中，主营业务收入占比和对外采购集中度两项指标表现优异，分别为74.11分和73.24分，说明挂牌企业主营业务均具有较好的持续性和稳定性。但市场销售集中度、盈利敏感性和破产风险概率得分"差"，说明装备制造行业主营业务抵御产业链突发风险的能力弱。

公司治理。装备制造行业公司治理指标平均得分63.68，负面或有事项得分较高，为70.02分，但关联交易和独立董事制度得分较低，仅为58.86分和52.37分，说明新三板装备制造行业企业独立性差，存在一定量的关联交易，独董制度也有待加强（见表28）。

表28　装备制造行业挂牌企业持续经营能力评价状况

项目	平均值	最高分	最低分	标准差
持续经营能力	64.89	83.50	35.95	8.12
A. 财务质量	64.16	87.42	32.00	10.41
盈利能力	72.66	99.51	3.57	21.30
偿债能力	62.19	86.59	30.66	11.48
运营能力	58.83	95.01	13.35	16.67
B. 经营风险	68.43	91.61	32.85	11.45
主营业务收入占比	74.11	100.00	40	22.19
市场销售集中度	64.88	100.00	40.00	19.12
对外采购集中度	73.24	100	40	14.85
盈利敏感性	69.13	98.43	6.67	22.79
破产风险概率	62.01	100.00	40	17.19
C. 公司治理	63.68	87.5	27.5	12.22
关联交易	58.86	100.00	40	21.33
负面或有事项	70.02	100.00	0	21.78
两权分离情况	66.42	100	20	32.04
独立董事制度	52.37	90	50	8.02

3. 信息披露质量评价

从信息披露质量来说，装备制造行业样本挂牌企业平均得分69.02分。

从各分项指标来看，信息披露真实性表现优异，说明挂牌装备制造行业企业能够较好履行信息披露义务，并且信息真实性和准确性较高。但是行业信息披露详细性表现差，企业信息披露量较少，一方面说明挂牌企业尚未形成完善的信息披露体系，另一方面也说明挂牌企业尚未完全转变经营思路，未能充分履行公开市场企业身份的义务，信息披露更多只是为了满足股权系统相关规章制度的基础义务要求（见表29）。信息披露质量得分较高的三家装备制造行业企业分别为昀丰科技（836709）、万享科技（833280）和鑫宇股份（834471）。

表29　装备制造行业挂牌企业信息披露质量评价状况

项目	平均值	最高分	最低分	标准差
信息披露质量	69.02	100	40	11.85
A. 及时性	68.16	100	40	18.00
B. 详细性	66.35	100	40	19.72
C. 真实性	70.97	100	40	19.56

4. 成长性评价

从成长性能力来看，装备制造行业各样本公司表现不错，平均得分73.47分，最高得分89.17分，最低得分30.60分。其中，成长表现平均得分81.89分，成长动因平均得分60.85分（见表30）。成长性指标排名较高的三家企业分别为奥诺科技（835861）、薪泽奇（831424）和高测股份（834278）。

表30　装备制造行业挂牌企业成长性评价状况

项目	平均值	最高分	最低分	标准差
成长性	73.47	89.17	30.60	8.44
A. 成长表现	81.89	98.48	21.43	10.50
营业收入增长率	83.12	99.22	9.78	13.14
净利润增长率	80.39	98.30	29.26	15.56
B. 成长动因	60.85	77.30	33.87	9.93
内部动因	66.40	99.69	1.48	23.67
外部动因	57.15	68.53	34.45	5.64

从各分项指标来看，体现成长表现的营业收入、净利润和总资产均整体呈较好的成长表现，绝大多数企业均实现较好的业绩增长；但是各企业成长动因表现"较差"，平均得分仅为60.85，主因在于长期困扰装备制造行业的毛利率较低问题，在未出现新的技术革新前，此问题难获解决。

5.创新性评价

从创新性评价来看，装备制造行业表现"差"，平均得分仅为60.26分，最高得分86.26分，最低38.60分。创新性指标排名较高的三家企业分别为斯达科技（430737）、华翼蓝天（835512）和永力达（837620）。

从分项指标来看，科技创新投入平均得分68.43分，主因在于研发人员比重整体表现差，平均评价仅为58.13分（见表31）。科研创新产出较低，说明装备制造行业企业整体缺乏技术创新，也说明各企业多具有一定的专利技术支撑，但是后续科研投入的不足，也将掣肘企业未来发展的潜力，行业创新性质量仍有较大的提升空间。

表31 装备制造行业挂牌企业创新性评价状况

项目	平均值	最高分	最低分	标准差
创新性	60.26	86.26	38.60	7.10
A. 科技创新投入	68.43	92.76	37.20	9.22
研发经费占营收比重	75.65	100.00	40.00	14.11
研发人员比重	58.13	100.00	40.00	13.26
人力资本投资回报率	69.10	98.03	30.67	17.53
B. 科技创新产出	52.09	89.00	40.00	9.61
全要素劳动生产率	54.98	80.00	40.00	13.30
知识产权资产总资产比重	48.56	100.00	40.00	16.73

（三）挂牌公司案例分析

1. 骏创科技

（1）公司简介

骏创科技创建于 2005 年 6 月，主要从事塑胶成型及塑胶模具开发制造加工。目前产品项目主要为苏州地区国际知名企业提供配套服务。

公司凝聚了一批具有丰富塑料成型经验、在国内注塑成型行业非常出色的模具注塑技术人员，他们是一支整体实力较强的注塑件精密加工队伍。他们都服务过耐普罗、伟创利、米克朗等世界著名注塑成型企业，生产过MOTOROLA、DELL、SUNSTAR、Gittete、PALM、SAMSUNG、SONY、HP等世界知名品牌产品。

（2）主营业务

公司主营业务为生产、销售各种汽车、消费电子领域内精密塑胶配件以及相关塑胶模具的开发。公司拥有多年精密注塑件研发、设计、制造历史，主要为知名汽车零部件厂商提供标准化汽车零配件，目前公司主要产品为汽车天窗系列、汽车悬挂轴承系列等产品。公司通过自主研发、自主生产、主动营销的方式向客户提供产品从而获取利润及现金流。

（3）公司优势

技术优势。公司通过多年技术团队试验及经验积累，已经形成了汽车内外饰件、汽车悬挂轴承等领域多项技术优势。通过这些技术优势成功进入国际著名汽车零部件公司的供应商系统。公司主要技术人员均具备多年从事本行业产品研发、生产的工作经验，为公司保持技术领先优势提供了有力保障。目前公司所使用的领先技术主要为双色注塑技术和高光、高镜面塑料成型技术。

管理优势。公司通过了 IATF16949、ISO9001 质量管理体系认证，具有先进的管理体系。公司大量技术人才和项目管理人才具有外企工作经历，经验丰富，为公司的后续发展提供了条件。

客户优势。公司经过多年的市场积累，在品质、价格、交期、服务等方

面均赢得了众多国内外知名企业的信任，公司直接客户包括安通林（Antolin）、斯凯孚（SKF）、饰而杰（SRG），其中斯凯孚（SKF）为世界最大的轴承生产商。

融资优势。公司于2015年9月11日在全国股份转让系统成功挂牌，可利用新三板平台实现企业的定向增发融资、中小企业私募债融资、股权质押贷款融资和信用增进融资，从资本市场中获取充足的发展资金，还拥有股份支付等多样化的并购支付手段，使得公司的对外并购不再受自有资金规模的限制。

（4）公司风险

客户集中度较高风险。公司客户主要为斯凯孚、安通林（原麦格纳）等知名汽车零部件厂商。2015年度、2016年度、2017年度，公司前五大客户销售金额占当期总收入的比重分别为99.21%、99.48%、99.28%，其中公司对安通林（原麦格纳）销售金额占当期营业收入的比重均超过了45%。

行业集中风险。目前，本公司核心产品为汽车天窗控制面板系列、汽车悬挂轴承系列。2015年度、2016年度、2017年度，公司95%以上的销售收入来自汽车零部件行业内客户，公司对现有汽车行业市场存在较高的依赖度。一旦出现行业不景气，现有客户大幅减少或取消对公司的订货，将直接影响公司的生产经营。

行业周期波动的风险。汽车生产和销售受宏观经济影响较大，汽车产业与宏观经济波动的相关性明显，全球及国内经济的周期性波动都将对我国汽车生产和消费带来影响。

产业政策变化风险。随着我国逐步放松对国内汽车工业的投资限制和国外汽车产品进口的限制，我国将逐步减少对汽车工业的保护。另外，如果不断增加的汽车消费导致环境污染加剧和城市交通状况恶化，鼓励汽车消费的政策可能会发生改变，如部分城市目前对车辆进行了限牌将直接影响汽车消费，进而影响到汽车工业产业和汽车零部件产业，最终也会影响公司的生产经营。

（5）财务概况

财务摘要见表32。

表32　骏创科技财务摘要

单位：百万元

	2018 年三季报	2017 年年报	2016 年年报	2015 年年报
利润表摘要				
营业总收入	86.41	111.94	85.33	56.53
营业利润	13.97	23.53	12.28	6.55
利润总额	14.11	23.79	13.44	7.52
归属母公司股东的净利润	12.82	20.79	11.89	6.07
研发费用	5.97	4.82	3.86	3.46
资产负债表摘要				
流动资产	88.12	81.00	51.48	29.18
固定资产		11.91	11.70	6.38
资产总计	117.11	97.44	63.90	38.45
流动负债	43.46	21.96	32.23	24.68
非流动负债	0.50	0.29	0.07	0.46
负债合计	43.96	22.25	32.30	25.14
现金流量表摘要				
经营活动现金净流量	−2.07	13.59	4.81	7.95
投资活动现金净流量	−15.52	−7.50	0.40	−9.81
筹资活动现金净流量	0.13	13.16	8.50	1.98
现金净增加额	−17.35	19.10	13.84	0.20
期末现金余额	18.88	36.23	17.13	3.29
折旧与摊销		2.54	2.15	1.17
关键比率				
ROE（摊薄）（%）	17.55	28.03	38.79	49.89
销售毛利率（%）	36.93	36.95	29.83	32.74
销售净利率（%）	12.95	18.11	13.69	10.64
EBIT Margin	16.01	21.34	16.09	14.07
EBITDA Margin（%）		23.61	18.61	16.14
资产负债率（%）	37.54	22.83	50.55	65.38
资产周转率（倍）	0.81	1.39	1.67	1.85
销售商品和劳务收到现金/营业收入（%）	92.13	101.10	104.38	122.56
每股指标				
EPS（摊薄）	0.28	0.89	0.93	1.21
P/E（TTM）	15.94	14.90		

财务分析。公司应收账款随着销售规模扩大而逐步增加，2015～2017年，应收账款账面价值占流动资产的比重分别为27.18%、30.83%、36.64%。

2015～2017年，公司存货账面价值占流动资产的比重分别为35.93%、28.86%、15.64%，公司存货为原材料、库存产品及少量包装物，可能因质量及交付不满足要求而存在减值风险。

2015～2017年，公司流动比率分别为1.18、1.60、3.69；速动比率分别为0.76、1.14、3.11。2017年流动负债水平过高，公司可能面临短期偿债能力不足风险。

（6）行业前景

近年来随着汽车市场规模不断扩大，市场竞争加剧，国内汽车零部件企业不断加大投入提高自主研发、技术创新与海外市场开拓能力，产品竞争力不断增强；加之传统的成本和价格优势，国内汽车零部件企业在国际市场的地位不断提升，上述因素推动了我国汽车零部件行业持续快速增长。全球整车厂商对国内汽车零部件采购途径的青睐，国家颁布的多项产业扶持政策对提升零部件企业竞争力的支持，为我国汽车零部件行业的发展带来难得的发展机遇，我国汽车零部件产业必将迎来新一轮的发展高峰期。

综上所述，汽车零部件行业，基于全球汽车产销量每年可达约9000万辆的前提，行业需求稳健且旺盛。骏创科技现主要客户的产品均供应全球市场，所以公司在此领域具有巨大的发展潜力。

2. 天海流体

（1）公司简介

天海流体集阀门研发、生产和销售业务为一体，生产标准覆盖英标（BS）、德标（DIN）、美标（US）、澳标（AS）、非标（SABS）及国标（GB）等标准。产品销售以外销为主，目前已出口欧洲、美洲、中东、澳洲等70多个国家和地区。公司拥有一支高素质的专业设计团队，通过了ISO9001质量管理体系认证、ISO14001环境管理体系认证、ISO10012测量管理体系认证及特种设备制造许可证等企业认证及欧盟CE认证、英国WRAS认证（饮用水行业标准）及欧盟EN1074认证等产品认证。

（2）主营业务

天海流体所属行业为通用设备制造业中的阀门和旋塞制造，根据《国民经济行业分类》行业代码为 C3443。主要从事阀门、泵、管件等水系统设备的研发、生产与销售；流体控制设备的检测及服务；海绵城市及生态水环境治理等工程的研发、销售、施工等。

（3）公司优势

产品技术优势。公司拥有美标/ANAI、欧标/EN、德标/DIN、英标/BS、澳标/AS、俄标/GHOST、非洲/SABS 以及国标等多国标准产品的技术，具备了进入全球化市场的能力。

资质优势。公司产品先后通过欧盟 CE/EN1074、英国饮用水 WRAS、法国饮用水 ACS、俄罗斯 GOST 等多个国外资质认证，正在申请美国 UL/FM 认证，为公司产品拓展国际市场奠定了基础。

市场优势。公司产品远销欧洲、非洲、东南亚等多个国家和地区，拥有近百个客户，与国际知名的阀门、水泵品牌企业建立了稳定的合作关系。客户群体广泛，有效地分散了单一区域客户的风险。

资金周转快。公司内、外贸市场份额比例适中，国际贸易货款回笼周期短、信用高，能充分保证公司的现金流，为公司可持续发展和扩大产能提供了资金保障。

团队优势。公司管理层和工程技术人员都有着较长的泵阀行业工作经历，熟悉泵阀行业的发展现状和产品的发展趋势，及时更新与提供相应产品，能准确把握客户和市场需求，适应市场发展需要。

（4）公司风险

汇率变动风险。报告期内，公司出口产品销售收入占营业收入总额的比例在 46.22% 以上，因此汇率变动对公司业务影响较大。

外协加工风险。公司成立初期，为减少固定资产投资、控制人力成本以及降低经营风险，将阀门的铸件加工及表面处理业务交由外协单位生产加工，外协单位根据本公司提供的加工图纸或技术要求进行加工。若外协单位加工质量下降，或经营不善破产，将对公司产品品牌及业务发展造成严重影

响，存在外协加工风险。

上游原材料价格风险。铸造行业是给排水阀门生产企业最主要的上游行业之一，其中铸铁成本占到阀门生产成本的 50% 以上，铸铁价格与阀门生产成本高度正相关，是给排水阀门行业产品价格调整的参照依据之一，2016 年铸铁的价格处于一个上升的态势，对阀门生产企业的生产成本影响较大。

行业竞争风险。近年来，我国给排水阀门产业市场发展较快，由于产品应用广泛，行业发展空间广阔，行业内共有企业 2000 多家，其中有众多生产低价格粗糙产品的小企业参与行业竞争。

（5）财务概况

财务摘要见表 33。

表 33　天海流体财务摘要

单位：百万元

	2018 年三季报	2017 年年报	2016 年年报	2015 年年报
利润表摘要				
营业总收入	90.30	108.13	66.76	50.28
营业利润	10.42	16.24	10.07	9.59
利润总额	10.67	20.08	12.34	12.26
归属母公司股东的净利润	9.69	17.56	11.06	10.57
研发费用	5.10	5.40	3.26	1.77
资产负债表摘要				
流动资产	87.43	88.93	82.14	52.95
固定资产		22.35	8.45	1.69
资产总计	130.95	126.35	107.24	59.26
流动负债	46.73	41.55	33.22	17.21
负债合计	49.52	44.34	36.03	17.21
现金流量表摘要				
经营活动现金净流量	5.68	26.40	2.66	7.82
投资活动现金净流量	−11.85	−14.73	8.62	−5.47
筹资活动现金净流量	−8.53	−6.89	−0.86	22.64
现金净增加额	−14.74	4.82	10.43	25.02

	2018年三季报	2017年年报	2016年年报	2015年年报
期末现金余额	27.26	42.00	37.19	41.36
折旧与摊销	—	2.19	0.70	0.55
关键比率				
ROE(摊薄)(%)	11.90	21.41	15.54	25.13
销售毛利率(%)	26.44	27.60	27.18	30.03
销售净利率(%)	10.73	16.24	16.57	21.02
EBIT Margin	12.21	18.63	18.45	23.87
EBITDA Margin(%)		20.66	19.51	24.96
资产负债率(%)	37.81	35.10	33.60	29.05
资产周转率(倍)	0.70	0.93	0.80	1.23
销售商品和劳务收到现金/营业收入(%)	86.72	83.32	75.81	86.25
每股指标				
EPS(基本)	0.19	0.35	0.37	0.99
P/E(TTM)	10.78	15.23	8.68	7.27

（6）行业前景

进入20世纪90年代后，随着全球性水资源紧张、控制全球性环境污染、保护绿色生态等问题的提出，市场对给排水阀门产品提出了更高的标准和要求，进而促进了给排水阀门技术的快速发展。国内部分企业通过引进、消化吸收国外给排水先进技术和经验，并结合国内实际情况进行自主开发改进，新工艺、新技术、新产品不断推出，高效、节能、操作灵活可靠、寿命长的产品不断涌入市场，使得我国给排水阀门行业的发展逐渐接近和达到国际先进水平。

随着我国城镇化进程的不断推进以及水利工程基础设施投资的不断增加，近年来我国新开工了一批大型重点水电站及水利工程项目，如三峡电站、溪洛渡电站、向家坝电站、南水北调水源工程、引黄入晋工程等，呈现明显的大型化和规模化特征。给排水阀门作为长距离输水系统的重要组成部分，在工程总量中的需求较大。随着管网口径的不断增大，对各类大规格、

特大规格给排水产品的需求十分旺盛。

未来，综合服务和方案解决，以及计算机技术和新材料在阀门行业中的广泛使用将成为阀门市场的竞争方向。

3. 薪泽奇

（1）公司简介

薪泽奇公司是专业研发、生产和销售焊管机组、铜包铝与铜包钢双金属复合设备、球磨钢球等多领域设备的现代化企业。借薪泽奇机械的雄厚实力，引进日本、德国、意大利、中国台湾等国家和地区的先进技术，自主开发、专业设计制造的 VZH 系列高精密高频直缝焊管机组，具有高强设计、选材严谨、精密加工、运行稳定等特点，设备综合性能达到了国际水准，所生产的 Φ8mm～Φ273mm 焊接钢管产品质量好，精度高，国内和国外二十多个国家和地区的客商使用后，给予了一致的好评。

（2）主营业务

公司主要从事纺织机械及金属加工机械的研发、生产及销售。公司目前主要生产下列产品：钩编机、花式捻线机、雪尼尔纱机、化纤高弹力丝机等纺织机械；高频焊管机、铜包铝/钢/镁复合机等金属加工机械。

公司主要客户为生产花式纱线、化纤高弹丝的工厂和生产焊管、铜包铝线的工厂。

（3）公司优势

技术优势。公司拥有一支稳定而有经验的技术研发设计团队，自公司成立以来，已研发出纺织机械及金属加工机械两条产品线几十种规格型号的产品，并获得数十项专利。公司连续多年被评为"江苏省高新技术企业"。

市场优势。公司进入花式纱线纺织机械行业的时间比较早，培育了一批稳定及忠诚度高的客户群体。在钩编机、雪尼尔机等花式纱线纺织机械市场占有很高的份额。公司生产的焊管机组和铜包铝双金属复合设备，注重产品零部件及整机的精度，以满足对焊管生产精度及设备稳定性高的客户需求，同时公司能根据客户的个性化要求，进行有针对性的设计及制作，在生产特殊的非标管材及线材方面，具有独特的优势。

营运管理。公司建立了 ERP 管理系统，以订单为中心，将销售、技术、采购、物流、质量、生产等环节紧密地联系在一起，优化了企业的运行模式，实现了信息资源共享和公司资源的合理配置。公司加强供应链及外包管理，部分原材料和零件都来源于外购及外协加工，减轻了公司设备厂房等固定资产的投入，减轻了公司资产的包袱压力，使公司能将资源重点投向营运价值链高端的技术研发及营销环节。

人力资源。公司树立以人为本的管理理念，建立健全了公司招聘、培训开发、绩效、薪酬福利、劳动关系管理等方面的制度，保障了公司及员工的合法权益。多年来，公司员工队伍稳定，员工流失率低，为公司的稳定及长期发展提供了人员保障。

（4）公司风险

国际贸易环境变化的风险。公司产品国外销售额在营业收入中占有较大的比重，特别是金属加工机械主要以外贸出口为主，受国际形势的变化及各国的贸易政策影响较大，而且公司市场主要在东南亚、东欧、中东、非洲等地区，这些地区政局不太稳定，贸易环境欠佳，将对公司营业收入的稳定增长产生一定的不利影响。

税收优惠风险。公司作为高新技术企业，享受 15% 的企业所得税优惠，如果国家税收优惠政策变化，或者公司不再是高新技术企业，将对公司的经营成果产生一定的影响。

产品成本增加的风险。随着物价及生活成本的提高，行业内人工工资逐年提高，同时公司的部分零部件是对外采购及外协加工，许多供应商将人工工资提高的部分转嫁到下游厂商，随着国家对钢铁、有色金属等行业的去产能化结构调整，钢铁等原材料的价格逐渐从低价位开始上升，这些因素将会带来公司产品成本的增加，利润的降低。

汇率波动风险。公司的外销收入占比较大，且主要以美元结算。人民币与美元的汇率波动，以及客户所在国家的汇率变动均会影响到公司订单的成交及产品利润，对公司的经营业绩将产生较大的影响。

（5）财务概况

财务摘要见表34。

表34　薪泽奇财务摘要

单位：百万元

	2018 年年中报	2017 年年报	2016 年年报	2015 年年报
利润表摘要				
营业总收入	111.64	178.57	85.19	84.00
营业利润	21.87	33.00	10.84	3.02
利润总额	22.09	34.83	12.07	5.66
归属母公司股东的净利润	18.58	28.75	9.09	4.33
研发费用	4.10	5.79	5.02	3.32
资产负债表摘要				
流动资产	161.27	118.43	57.26	32.16
固定资产	10.96	11.10	11.90	7.93
资产总计	204.25	156.03	90.87	47.96
流动负债	129.19	80.73	40.09	29.52
非流动负债			0.08	
负债合计	129.19	80.73	40.17	29.52
现金流量表摘要				
经营活动现金净流量	21.85	34.35	8.47	-0.42
投资活动现金净流量	-24.12	-4.11	-13.18	-4.02
筹资活动现金净流量	-19.82	-6.78	12.51	-2.81
现金净增加额	-21.91	23.19	7.94	-6.81
期末现金余额	19.80	41.72	18.53	10.58
折旧与摊销	1.04	1.93	1.48	0.97
关键比率				
ROE(摊薄)(%)	26.61	40.84	19.35	23.48
销售毛利率(%)	30.09	29.98	30.42	22.51
销售净利率(%)	16.94	16.75	12.04	5.15
EBIT Margin	19.72	19.52	14.37	7.30
EBITDA Margin(%)	20.64	20.60	16.11	8.46
资产负债率(%)	63.25	51.74	44.21	61.56
资产周转率(倍)	0.62	1.45	1.23	1.62
销售商品和劳务收到现金/营业收入(%)	131.17	71.50	102.26	101.64
每股指标				
EPS(摊薄)	0.61	1.89	0.60	0.35
P/E(TTM)	1.74	5.47	—	—

（6）行业前景

虽然国内外经济环境的变化，使得装备制造面对的矛盾与问题将更为复杂，结构调整与转型升级的任务将更加繁重，但装备制造具备稳中有进的利好因素，国家层面曾释放了保持宏观政策连续性和稳定性的信息，有利于装备制造行业推进结构调整与转型升级；《中国制造2025》以及相关配套政策相继出台，为装备制造长期发展和短期调整指明了方向；行业协会正在配合国家有关部门为装备制造发展提供良好的政策环境。

"十三五"期间，装备制造着重围绕国家的产业政策和改善民生的需求制订计划，为市场提供适销对路、高效节能及可靠的产品，围绕节能降耗、环境保护及国家重点支持的领域进行产品开发，以适应这些重点领域的需求。

因为国际经济形势的不景气及国内经济进入新常态，一方面市场对常规机械装备的总体需求减少，呈现下行趋势，反映为企业的订单减少及订单推迟，许多企业因产品同质化不得不采取价格战，使得企业的利润水平降低。而另一方面，因为国际及国内购买力依然存在，随着环境的变化及生产生活水平的提高，市场的需求呈现多层级、多类别的需求，产品由同质化的需求变成了个性化、定制化的需求。

4. 佳创科技

（1）公司简介

佳创科技公司是一家集研发、生产、销售和技术服务于一体的智能化包装机械制造商，主营业务为从事一次性卫生用品和生活用纸智能化包装机械的研发、制造和销售。公司主要产品为女性卫生用品（卫生巾/护垫）、湿巾、纸尿裤、纸巾纸等多种一次性卫生用品和生活用纸的智能化包装机械，并为客户提供包装生产线设计规划、安装调试、设备生命周期维护等配套技术服务。目前公司已拥有发明专利3项、实用新型专利21项、外观设计专利2项；正在申请的发明专利6项；软件著作权2项；所有核心技术均拥有自主知识产权。

（2）主营业务

公司业务立足于智能化包装设备行业，专注于一次性卫生用品和生活用

纸等智能化包装设备领域。公司主要定位于中高端市场，选择一次性卫生用品和生活用纸等行业内的一线企业为业务突破口，进行重点攻关和服务。通过提供卫生巾系列、湿巾系列、纸尿裤系列、干纸系列等多种一次性卫生用品、生活用纸智能化包装设备和食品系列、马桶垫系列、化妆品（面膜）等智能化包装设备，以及包装生产线设计规划、安装调试、设备生命周期维护等配套技术服务来获得收入、利润和现金流。公司作为新三板中高端智能包装企业第一股，经过几年的快速发展，目前已发展成为细分市场的领头企业之一。

（3）公司优势

研发能力优势。公司始终把自主创新放在首位，注重技术研发投入，组建了专业化的研发团队，通过不断研发创新，现已成为一次性卫生用品和生活用纸智能化包装机械研发的优秀企业，在伺服运动控制技术、人机交互界面、机械系统等方面拥有核心技术。目前公司已拥有发明专利8项、实用新型专利27项、外观设计专利4项；正在申请受理中的发明专利12项；所有核心技术均拥有自主知识产权。

产品品种丰富优势。公司专注于一次性卫生用品和生活用纸的包装领域，凭借公司强大的研发能力，不断开发新产品。产品线分为卫生巾护垫系列、湿巾系列、纸尿裤系列、干纸系列4大系列共十几款产品，基本覆盖了一次性卫生用品和生活用纸行业的主流产品品种。另外公司还推出了面膜系列、食品系列、马桶垫系列3大系列新品。

产品性价比优势。与国外产品相比，公司产品在成本、价格和性能等方面均具有明显的优势。成本方面，国内拥有较低的人力资源成本、管理成本和部分原材料成本；价格方面，产品价格与国外先进企业的同类产品相比具有30%～40%的价格优势；性能方面，公司品质和稳定性已基本接近或达到国外先进企业的同类产品水平。因此，公司产品具有较高的性价比优势，在国内市场上起到了进口替代的作用，在国际市场上亦具有一定的竞争力。

服务能力优势。一次性卫生用品和生活用纸的智能化包装是面向包装全过程的系统服务工程。公司在智能化包装机械产品之外，还培养出一支技术精湛的服务团队，为客户提供从生产线设计规划到安装调试、主机对接和设备生命周期维护（包括人员管理培训、技术支持、机械调整和软件升级）等的配套技术服务，实现了更加全面的服务。与一般的单机设备供应商相比，公司在服务能力上的优势有利于公司获得更多的市场份额。

客户资源优势。凭借良好的技术研发能力，优越的产品性能以及卓越的技术服务，公司已经在一次性卫生用品和生活用纸行业积累了丰富的客户资源。公司产品已经得到恒安国际、维达国际、恒利集团、上海护理佳、河南舒莱、Softex 等国内外知名一次性卫生用品和生活用纸企业的充分认可。

（4）公司风险

所得税优惠政策变化的风险。公司于 2015 年取得高新技术企业复审证书，有效期为 3 年，公司企业所得税减按 15% 的税率征收。如果未来公司不能被认定为高新技术企业或相应的税收优惠政策发生变化，公司将不再享受税收优惠，这将对公司未来的经营业绩产生不利的影响。

公司总体规模较小，抗风险能力较弱。公司业务快速发展，营业收入和利润均增长较快，但公司总体规模较小，导致公司抵御市场风险的能力较弱。如果市场需求发生较大变化或未来市场竞争加剧，可能对公司的经营业绩造成不利影响。

新产品及新市场开拓计划无法顺利实现的风险。新产品及新市场的开拓对于客户资源获取、行业核心技术及经验、资质、市场口碑等方面的要求可能导致公司面临经营计划无法顺利实现而影响公司正常经营的风险。

技术人才流失、短缺的风险。智能化包装机械行业是一个涉及多学科、跨领域的综合性技术密集型行业，需要大量复合型专业人才和富有技术背景、行业经验的组装调试人员。技术人才的技术水平与研发能力是公司核心竞争力的综合体现。能否维持技术人员队伍的稳定，并不断吸引优秀技术人员加盟，关系到公司能否继续保持在行业内的技术领先优势、保持经营的稳定性及公司的可持续发展。

（5）财务概况

财务摘要见表35。

表35　佳创科技财务摘要

单位：百万元

	2018 年中报	2017 年年报	2016 年年报	2015 年年报
利润表摘要				
营业总收入	22.49	68.53	47.96	33.39
营业利润	3.73	21.03	11.56	5.37
利润总额	3.72	21.00	12.87	7.32
归属母公司股东的净利润	3.07	19.83	10.69	6.22
研发费用	3.27	5.17	3.92	2.61
资产负债表摘要				
流动资产	77.27	91.46	39.84	27.50
固定资产	0.93	1.09	0.78	1.04
资产总计	84.16	93.02	41.04	28.74
流动负债	12.83	17.10	6.31	4.71
非流动负债	0.00	0.35	0.35	0.35
负债合计	12.83	17.45	6.66	5.06
现金流量表摘要				
经营活动现金净流量	−7.55	11.06	3.41	1.09
投资活动现金净流量	−8.03	−17.45	−0.50	−0.55
筹资活动现金净流量	−7.40	24.36	—	—
现金净增加额	−23.13	17.62	3.06	0.59
期末现金余额	4.83	27.96	10.34	7.28
折旧与摊销	0.33	0.53	0.47	0.37
关键比率				
ROE(摊薄)(%)	4.30	26.24	31.09	26.25
销售毛利率(%)	51.25	53.59	51.38	44.14
销售净利率(%)	13.65	28.93	22.28	18.62
EBIT Margin	16.81	30.74	26.82	21.56
EBITDA Margin(%)	18.28	31.52	27.80	22.65
资产负债率(%)	15.24	18.76	16.24	17.60
资产周转率(倍)	0.25	1.02	1.37	1.29
销售商品和劳务受到现金/营业收入(%)	130.46	83.85	113.88	91.84
每股指标				
EPS(摊薄)	0.07	0.82	0.52	0.52

（6）行业前景

智能化包装机械的下游行业主要包括食品饮料、一次性卫生用品、生活用纸、医药、家用电器、化工、造纸印刷、食品饮料、化妆品、仓储物流等各类制造行业，且应用领域仍在不断拓展。近年来，受益于中国经济持续快速发展所带来的消费升级，居民消费水平大幅提升以及消费意愿的增强，我国社会消费品零售总额由2006年的7.6万亿元增长到2016年的33.23万亿元，年均复合增长率达到15%以上，并将随着居民人均可支配收入的提高继续保持快速增长。国内智能化包装机械行业的下游应用领域中，食品饮料、一次性卫生用品、生活用纸、化妆品、医药、化工行业是较为重要的细分市场。过去十年间，我国的食品饮料、一次性卫生用品、生活用纸、医药和化工等细分市场销售收入的年均复合增长率均到达17%以上，预计未来5～10年仍将保持较快增长。智能化包装设备作为下游行业固定资产投资的重要组成部分，在下游行业中的应用深度和广度均在不断提高，市场发展空间广阔。

5. 商科数控

（1）简介

商科数控公司是专业从事电阻焊控制器和变压器研发、制造、销售和维修服务的高新技术企业，依托自主技术创新能力，研发并生产种类齐全的电阻焊控制器、变压器，逐渐形成了以提供电阻焊电源及相关工艺为核心竞争力的业务体系。公司已经成为国内汽车制造、航天航空、金属加工等领域中电阻焊电源专业解决方案服务商。

（2）主营业务

公司在自有核心技术的基础上进行产品自主研发，形成了集研发、制造、销售、维修服务一体化的商业模式。公司商业模式的优势能够为客户提供电阻焊工艺解决方案，即可以根据客户的需求，熟练运用公司的核心技术，结合公司各类产品的不同特性，为客户提供从产品到工艺技术服务的整套解决方案。

（3）公司优势

技术优势。公司专门从事电阻焊控制器、变压器和电阻焊工艺的研发和

制造服务，与国内同行业公司相比技术水平较高、产品质量优异，部分新产品已达到国际先进水平。公司融合国内外最新的电力电子技术和微电子技术成果，2016年相继研发出具有自主知识产权的SMF3SVF3系列、SVF1-7200大功率焊接、SVF-200T精密焊接、全智能储能焊接等中频新型控制器。

研发优势。公司非常重视研发投入和技术积累，具备了较强的自主研发能力。目前，主要技术人员均拥有10年以上的行业经验，研发团队十分稳定。另外，公司通过参与德国、美国、日本、英国等国公司的国际交流与合作，特别是与世界著名的乌克兰巴顿焊接研究所签订了合作意向书，从而不断学习国外的先进技术，增强企业的研发能力。

价格优势。公司依靠自主研发的核心技术，国内较低的生产成本等，为客户提供性价比较高的优质产品，减少客户使用过程中的维修成本，使公司产品具有明显价格优势。

质量优势。公司历来重视产品质量，并拥有健全的质量管理体系，公司生产所需的核心元器件，均采购于德国、美国等国外资公司指定的国内一级代理商，从源头上保证了元器件的质量。公司在生产过程中严格按照质量标准组织生产，并通过了持续的严格检验，保证了产品质量。

品牌优势。经过多年的发展，公司在行业内树立了良好的品牌形象，拥有一批需求量大、实力雄厚、信誉良好、业务关系持续稳定的优质客户。已经和国内的各大汽车整车厂以及各大焊机厂形成了稳定的供求关系。此外，公司通过与国内知名的多家汽车白车身焊接线集成商合作，共享了优质客户资源。

（4）公司风险

公司客户集中度较高的风险。2017年，公司前五大客户销售收入占营业收入总额的比例为43.79%。本公司客户主要为向汽车整车厂和零部件工厂提供焊接设备的厂商，公司主要通过焊机厂商间接向汽车整车厂和零部件工厂销售产品，受焊机厂项目中标情况和采购规模的影响较大。

市场竞争风险。目前，在参与国内重大项目投标时，主要与国际知名度较高的外资企业进行竞争；外资企业凭借其资本、管理和内部配套等优势，在我国汽车行业电阻焊产品市场仍然拥有较大的市场份额，加剧了该行业竞争的激烈程度。

经营管理的风险。近年来随着公司的经营规模和销售领域不断扩大，加强对合作伙伴的管理迫在眉睫；销售的快速发展对公司的营销管理、生产运营、市场及采购等部门的工作提出了更高的要求。

应收账款回款风险。2017 年 12 月 31 日公司应收账款账面净额为2241.13 万元，较上期增长 56.28%；2017 年，应收账款绝对金额、占资产总额的相对金额均有所增长，如应收账款无法按期收回，可能会给公司造成一定的损失。

（5）财务概况

财务摘要见表 36。

表 36　商科数控财务摘要

单位：百万元

	2018 年中报	2017 年年报	2016 年年报	2015 年年报
利润表摘要				
营业总收入	87.75	125.98	82.46	78.53
营业利润	29.96	34.51	9.20	5.80
利润总额	29.98	35.44	10.83	5.69
归属母公司股东的净利润	26.35	30.49	9.75	5.07
研发费用	3.97	6.78	5.02	4.93
资产负债表摘要				
流动资产	182.04	118.66	86.09	62.73
固定资产	9.65	9.38	9.45	9.73
长期股权投资	—	—	0.00	0.00
资产总计	195.40	132.19	96.98	73.96
流动负债	39.99	27.89	37.16	23.83
非流动负债				
负债合计	39.99	27.89	37.16	23.83

续表

	2018 年中报	2017 年年报	2016 年年报	2015 年年报
现金流量表摘要				
经营活动现金净流量	28.04	23.93	1.02	-4.05
投资活动现金净流量	-0.86	-7.51	1.61	-2.84
筹资活动现金净流量	24.80	-0.21	15.00	14.50
现金净增加额	52.02	16.17	17.63	7.61
期末现金余额	101.31	49.29	33.12	15.49
折旧与摊销	0.71	1.40	1.27	1.45
关键比率				
ROE（摊薄）(%)	16.96	29.24	16.56	10.33
销售毛利率(%)	50.35	43.41	31.38	24.52
销售净利率(%)	30.03	24.11	11.74	6.44
EBIT Margin	33.83	27.97	13.08	7.21
EBITDA Margin(%)	34.65	29.08	14.62	9.05
资产负债率(%)	20.47	21.10	38.32	32.22
资产周转率(倍)	0.54	1.10	0.96	1.25
销售商品和劳务收到现金/营业收入(%)	73.62	70.12	73.23	106.99
每股指标				
EPS（摊薄）	0.46	0.58	0.33	0.17

（6）行业前景

近年来随着全球制造业向中国转移，带动了我国制造业的快速发展。电阻焊技术作为焊接学科的一个重要组成部分，再加上新材料、新技术、计算机技术、电力电子技术和先进的控制技术的不断进步，出现了前所未有的发展。当今电阻焊技术已经被广泛应用于汽车制造、五金加工、家用电器、航空航天等各个行业，在设备的全伺服控制、自适应焊接控制功能、焊接质量在线智能评估监控功能、焊接设备的物联网、铝合金及超高强板等其他新材料的电阻焊接工艺专家系统等方面，都提出了许多新的课题和新的应用领域，智能化、自动化、节能环保等电阻焊设备具有很大的市场前景和发展空间。

"十三五"时期是实现"中国制造2025"蓝图的关键时期，坚持智能转型、强化基础、绿色发展，加快从电阻焊机制造大国向电阻焊机制造强国的转变，适应我国劳动力成本持续提升和制造业全面升级换代的新局面，以自动化及智能化为特点的互联网＋电阻焊已成为我国焊接制造业发展的必然趋势。

五　建筑房地产行业挂牌公司质量评价报告[①]

（一）行业总体情况

随着城镇居民人均可支配收入增加，消费性支出也在不断上涨，消费水平的提高使得人们在食品消费上的比重在逐渐降低，而花费在娱乐和家居生活上的比重在逐步提高。人们对居住环境的品质也提出了更高要求，高档次、个性化住宅装饰消费需求逐步扩大，配套服务的标准也在不断提升。

同时，近年来，我国仍处于城市化、工业化、市场化的快速发展时期，各种有利因素都将推动国民经济与社会发展处于一个快速发展的阶段。建筑装饰行业仍面临着持续、快速发展的宏观环境。人口转移是城镇化的标志，这将为住房市场带来巨大需求。城镇化的进一步推动将对作为主体项目的城市群形成更大的需求。京津冀、长三角、珠三角、成渝、长江中游等城市群的快速崛起，引致更大的交通、商业等基础设施建设，这将为建筑装饰行业市场提供广阔的发展空间。

1. 房地产开工、竣工

2018 年 7～8 月，全国新开工当月同比增速分别为 29.44% 与 26.58%，而竣工面积当月同比增速分别为 － 10.20% 与 － 21.09%。新开工增速与竣工增速产生较大的背离，其主要原因还是当前房地产企业资金趋紧，地产企业倾向于赶开工、赶预售、赶回款，但预售之后继续建设需要资金，反而不急着完工，因此导致开工与竣工增速的背离。当前随着地产土地成交面积走

---

① 孙春雷，财政学博士，特华博士后科研工作站博士后，研究方向为新三板、不良资产及财政税收。

低，新开工进一步增加的空间减少。

竣工面积的减少和下降，以及新开工增加空间的减少使得建筑装饰行业当前处于下行周期（见图4）。

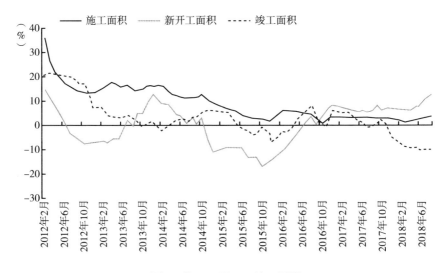

图4 施工、开工、竣工面积

资料来源：万得，中银证券。

2. 房地产销售

央行官网发布的《中国金融稳定报告（2018）》提到，2017年，全国商品房销售面积和销售金额均创新高，土地购置、房屋开工和房地产投资较快增长。随着"因城施策"的房地产调控政策的不断发布，部分城市房价过快上涨的局面总体得到抑制，房地产信贷增速放缓。

本轮房地产政策收紧之后，"金九银十"行情连续第二年平淡收场，2018年9月商品房销售面积同比下滑3.6%；10月30个大中城市商品房成交面积同比下滑7%，在上年同比下滑41%的基础上进一步缩量。

根据克而瑞数据，2018年10月份商品房销售增速下行，在全国29个重点城市中，10月份商品住宅供应量为2028万平方米，环比下降43%，成交量为2302万平方米，环比下降6%，总的来看，10月整体成交表现不及2018年月均。具体来看，一线城市成交低位回升态势在10月份戛然而止，同比、环比齐跌，环比锐减45%，同比微跌3%，且10月份成交量也不及2018年月均水平。其中北京、广州的跌幅比较显著，跌幅均在45%以上；虽然二线、三线城市成交量环比持平，但各城市市场热度持续分化。

疲弱的销售数据似乎预示着本轮房地产已步入下行期（见图5）。

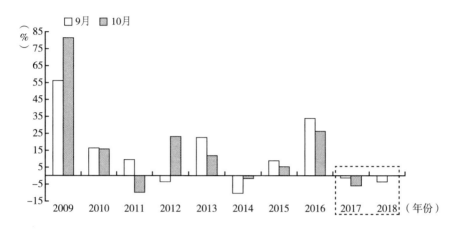

图5　近10年9月、10月商品房销售面积同比增速

资料来源：Wind，天风证券研究所。

3. 细分行业

（1）建筑业——电气安装，代表企业：赛达交科

《信息产业科技发展"十一五"规划2020年中长期规划纲要》将"智能交通系统"确定为重点发展项目，《交通运输"十二五"发展规划》中提出："十二五"时期要推进交通信息化建设，大力发展智能交通，提升交通运输的现代化水平；在国家八部委起草的《关于促进智慧城市健康发展的指导意见》中，智能交通被列为十大领域智慧工程建设之一。

交通运输部近年来高度重视智慧交通发展，提出了要建设交通基础设施和信息化基础设施两个体系，将信息化提升到与交通基础设施同等重要的地位。智慧交通扛起了引领交通现代化的大旗，是未来交通发展主要趋势之一。

智慧交通是在整个交通运输领域充分利用物联网、空间感知、云计算、

移动互联网等新一代信息技术，综合运用交通科学、系统方法、人工智能、知识挖掘等理论与工具，以全面感知、深度融合、主动服务、科学决策为目标，通过建设实时的动态信息服务体系，深度挖掘交通运输相关数据，形成问题分析模型，实现行业资源配置优化能力、公共决策能力、行业管理能力、公众服务能力的提升，推动交通运输更安全、更高效、更便捷、更经济、更环保、更舒适的运行和发展，带动交通运输相关产业转型、升级。

（2）建筑业——建筑装饰业，代表企业：艾迪尔

作为地产后周期的建筑装饰行业与竣工面积密切相关，房屋竣工与新开工以及销售具有很强的相关性，房屋新开工一般领先于竣工1.5年~2年。

从宏观角度看，伴随城市化、工业化、市场化的发展，以及居民消费水平的提高，建筑装饰行业未来将有较大的增长空间。但中短期看，竣工面积的减少和下降，以及新开工增加空间的减少使得建筑装饰行业当前处于下行周期。

（3）房地产——物业管理，代表企业：兴业物联

本行业的服务并无明显季节性，物业管理行业属于房地产开发行业的下游行业，物业服务的需求量与新建居民住宅、办公用房规模密切相关，由于房地产投资规模受宏观经济周期性波动的影响较大，因此，与房地产行业的周期性一样，物业管理行业的周期性与宏观经济的周期性呈正相关，尤其受到房地产景气程度的影响。当前房地产市场"金九银十"不再，销售数据疲软，与房地产密切相关的物业管理行业亦面临增长压力。

物业管理行业作为劳动密集型行业，人力成本在主营业务成本中的占比较大。近年来，随着职工工资标准和社保福利的政策性刚性调升，用工成本持续上涨，物业服务企业经营风险日益加剧，因此，成本上涨是影响物业服务企业发展的重要因素之一。

互联网技术的应用不仅能使得物业管理效率大幅度提升，同时还能促使物业管理企业在商业模式上进行创新，促进物业服务的转型升级，使得服务范围得到拓展，还能获得产业附加值，延伸物业生态圈。借助互联网技术，物业服务企业逐渐为业主增添增值服务，如在线水电煤缴费、手机充值、生

活信息查询及在线预约下单等，提升居民生活便捷性的同时也发展了新的盈利点。

新三板市场全面扩容，做市商制度和市场分层管理制度持续落实推进，为物业服务企业健康快速发展带来新契机。物业管理企业通过登陆资本市场可以实现品牌影响力的提升，为加速规模化提供了必要的资金支持，实现规模经济抵御市场冲击等。

（4）其他文化、体育和娱乐业文物及非物质文化遗产保护，代表企业：华友股份

十八大以来，党中央、国务院高度重视文化遗产保护工作。习近平总书记在多种场合反复强调文化遗产保护利用和传承优秀传统文化的重要意义，作出了一系列重要指示。《国民经济和社会发展第十三个五年规划纲要》提出要"构建中华优秀传统文化传承体系，加强文化遗产保护，振兴传统工艺"。《国务院关于进一步加强文物工作的指导意见》《关于加快构建现代公共文化服务体系的意见》《国家基本公共文化服务指导标准（2015～2020年)》等文件先后出台，对加强文化遗产保护与传承利用、构建公共文化服务体系进行了战略规划，进一步明确了目标、任务、路线图和时间节点。

2016年12月23日全国文物局长会议在北京举行，习近平总书记对文物工作作出重要指示，他强调保护文物"功在当代，利在千秋"，文物保护处于高速上升期。

（二）行业挂牌公司质量总体评价状况

1. 整体评价结果

截至2017年底，建筑房地产行业新三板挂牌企业607家，占总挂牌企业数量的5.67%，其中，61家做市转让，546家协议转让，股份总量345.62亿股，资产总量2027.38亿元，营业收入合计1466.12亿元，净利润81.55亿元。本报告提取建筑房地产行业挂牌公司样本151家，占样本公司总数的24.88%。建筑房地产行业综合质量评分的平均值为65.19分，最高得分76.41分，最低得分50.85分，标准差5.50（见表37）。

表37　建筑房产行业挂牌企业质量总体评价状况

项目	平均值	最高分	最低分	标准差
综合质量	65.19	76.41	50.85	5.50
1. 持续经营能力	63.71	79.93	40.62	7.12
1.1 财务质量	61.72	82.78	31.07	9.83
1.2 经营风险	70.83	92.85	44.01	9.47
1.3 公司治理	62.40	92.50	22.50	13.37
2. 信息披露质量	68.64	94.00	40.00	11.89
2.1 及时性	68.34	100.00	40.00	19.31
2.2 详细性	67.55	100.00	40.00	19.36
2.3 真实性	69.40	100.00	40.00	19.91
3. 成长性	71.07	86.52	42.24	9.27
3.1 成长表现	81.03	98.69	45.40	11.71
3.2 成长动因	56.12	73.36	26.90	10.94
4. 创新性	60.70	79.37	39.53	7.24
4.1 科技创新投入	64.86	90.53	28.05	10.84
4.2 科技创新产出	56.54	89.00	40.00	9.07

2. 持续经营能力评价

从持续经营能力来看，建筑房产行业平均得分63.71分，最高得分79.93分，最低得分40.62分，标准差7.12。三个分项中，财务质量平均得分61.72分，最高得分82.78分，最低得分31.07分；经营风险平均得分70.83分，最高得分92.85分，最低得分44.01分；公司治理平均得分62.40分，最高得分92.50分，最低得分22.50分。经营风险指标得分高于财务质量和公司治理指标得分，说明挂牌企业具备较强经营风险抵御能力，但公司治理结构和财务质量仍有较大提升空间（见表38）。持续经营能力评分较高的三家企业分别是兴业物联（872196）、艾迪尔（831514）、恒宝精密（839342）。

财务质量。建筑房产行业公司财务质量指标总体平均得分61.72分。各公司盈利能力指标表现"较好"，平均得分73.65分。偿债能力"差"，平均得分仅为59.97分，说明建筑房产行业虽然具有不错的盈利能力，但企业偿债能力有限，资产负债率、利息保障倍数、现金比率方面表现不佳，也体现了我国非上市企业长期面临的融资环境和经营环境较差问题。运营能力表现"较差",平均得分53.24分,说明企业整体运转有待提升。

经营风险。建筑房产行业公司经营风险指标总体表现"较好",平均得分70.83分。其中,主营业务收入占比和对外采购集中度两项指标表现优异,分别为74.04分和73.83分,说明挂牌企业主营业务均具有较好的持续性和稳定性。但市场销售集中度和破产风险概率得分"差",说明建筑房产行业主营业务抵御产业链突发风险能力弱。

公司治理。建筑房产行业公司治理平均得分62.40分,负面或有事项得分较高,为67.58分,但关联交易和独立董事制度得分较低,仅为58.94分和50.79分,说明新三板建筑房产行业企业独立性差,存在一定量的关联交易,独董制度也有待加强。

表38　建筑房产行业挂牌企业持续经营能力评价状况

项目	平均值	最高分	最低分	标准差
持续经营能力	63.71	79.93	40.62	7.12
A. 财务质量	61.72	82.78	31.07	9.83
盈利能力	73.65	99.03	3.91	20.32
偿债能力	59.97	94.73	40.72	10.20
运营能力	53.24	91.74	18.48	15.79
B. 经营风险	70.83	92.85	44.01	9.47
主营业务收入占比	74.04	100.00	40.00	21.81
市场销售集中度	64.90	100.00	40.00	18.55
对外采购集中度	74.83	100.00	40.00	15.17
盈利敏感性	78.37	98.20	6.34	19.40
破产风险概率	60.93	100.00	40.00	15.84
C. 公司治埋	62.40	92.50	22.50	13.37
关联交易	58.94	100.00	40.00	20.82
负面或有事项	67.58	100.00	0	26.67
两权分离情况	65.56	100.00	20.00	31.99
独立董事制度	50.79	80.00	50.00	4.39

3. 信息披露质量评价

从信息披露质量来看,建筑房产行业样本挂牌企业平均得分68.64分。从各分项指标来看,信息披露真实性表现优异,说明挂牌建筑房产行业企业能够较好履行信息披露义务,并且信息真实准确性较高。但是行业信息披露

详细性表现略差，企业信息披露量较少，一方面说明挂牌企业尚未形成完善的信息披露体系，另一方面也说明挂牌企业尚未完全转变经营思路，未能充分履行公开市场企业身份的义务，信息披露更多只是为了履行股权系统相关规章制度的基础义务（见表39）。信息披露质量得分最高的三家机械行业企业分别为中御建设（871186）、郑州水务（832006）和天元汇邦（839512）。

表39　建筑房产行业挂牌企业信息披露质量评价状况

项目	平均值	最高分	最低分	标准差
信息披露质量	68.64	94.00	40	11.89
A. 及时性	68.34	100.00	40	19.31
B. 详细性	67.55	100.00	40	19.36
C. 真实性	69.40	100.00	40	19.91

4. 成长性评价

从成长性能力来看，建筑房产行业各样本公司表现不错，平均得分71.07分，最高得分86.52分，最低得分42.24分。其中，成长表现平均得分81.03分，成长动因平均得分56.12分。成长性指标排名较高的三家企业分别为赛达交科（839504）、房讯股份（837789）和瑞孚净化（836087）。

从各分项指标来看，体现成长表现的营业收入增长率、净利润增长率均整体呈较好的成长表现，绝大多数企业均实现较好的业绩成长；但是各企业成长动因表现"较差"，平均得分仅为56.12分（见表40）。

表40　建筑房产行业挂牌企业成长性评价状况

项目	平均值	最高分	最低分	标准差
成长性	71.07	86.52	42.24	9.27
A. 成长表现	81.03	98.69	45.40	11.71
营业收入增长率	80.02	99.36	4.90	18.37
净利润增长率	82.27	98.07	22.74	15.17
B. 成长动因	56.12	73.36	26.90	10.94
内部动因	66.86	99.20	0.49	26.51
外部动因	48.96	59.72	25.64	5.37

5. 创新性评价

从创新性评价来看，建筑房产行业表现一般，平均得分仅为 60.70 分，最高得分 79.37 分，最低得分 39.53 分。创新性指标排名较高的三家企业分别为卓成节能（871592）、三维钢构（832621）和天行装饰（836906）。

从分项指标来看，科技创新投入平均得分 64.86 分，整体表现评价一般，主要原因是研发经费占营收比重整体表现差，平均评价得分仅为 60.26 分，研发人员比重较低，也说明建筑房产行业企业整体缺乏技术创新。科技创新产出得分 56.54 分，表现较差，尤其是知识产权资产总资产比重仅为 46.49 分，说明各企业多具有一定的专利技术支撑，但是后续科研投入的不足，也将掣肘企业未来发展的潜力，行业创新性质量仍有较大提升空间（见表41）。

表 41 建筑房产行业挂牌企业创新性评价状况

项目	平均值	最高分	最低分	标准差
创新性	60.70	79.37	39.53	7.24
A. 科技创新投入	64.86	90.53	28.05	10.84
研发经费占营收比重	60.26	100.00	40.00	17.83
研发人员比重	60.53	100.00	40.00	17.67
人力资本投资回报率	75.29	98.82	0.17	18.00
B. 科技创新产出	56.54	89.00	40.00	9.07
全要素劳动生产率	64.77	100.00	40.00	14.69
知识产权资产占总资产的比重	46.49	100.00	40.00	15.19

（三）优质挂牌公司案例分析

1. 兴业物联

（1）公司简介

河南兴业物联网管理科技股份有限公司成立于 1999 年，是具有物业管理一级资质的上市物业服务企业，2017 年 11 月 4 日，兴业物联顺利登陆新三板。

目前，物业管理服务面积 260 万平方米。预计 2020 年，服务面积超过 500 万平方米。兴业物联以物联网智能化管理建设为中心，构建了"慧眼科

技中心"这一物联网科技平台，实践智能科技与传统物业的高效结合，将标准化管理导入智能信息处理平台。

公司属于房地产行业中的物业管理，具备国家一级物业管理企业资质，是中国物业管理协会副秘书长单位。公司主要为郑州地区写字楼、政府机关办公楼、酒店式公寓、学校等提供物业管理服务，主要涉及的物业管理类型包括办公物业和商业物业。截至 2017 年 12 月 31 日，公司已在管理和服务的项目共计有 14 个，委托管理面积合计约 140 万平方米。

（2）主营业务

公司主要为办公物业、商业物业、学校物业等业态提供专业的物业管理服务，包括环境保洁服务、秩序安保服务、设备设施维修保养服务、综合客户服务及其他增值服务。

公司根据物业管理合同的收费条款，向业主、物业使用人或委托方收取物业管理服务费，以此形成公司的主要业务收入，同时向业主或者租户提供生活服务、政务服务等其他有偿增值服务。公司基于商业物业管理的特点，结合物联网技术，建立了自己的物联网科技中心，通过该中心，可以获取每个项目的环境、人流、业务、设备运行状况等各种信息，通过各种高效方式提高服务质量，降低运营成本，增强企业的盈利能力。

（3）公司优势

声誉优势。兴业物业是郑州地区较大的一家具有国家一级资质的物业管理公司，是河南省物业管理协会第一届会员单位，荣膺"2016 中国物业服务特色品牌——非住宅高端物管""2016 年度河南省物业服务行业优秀企业"等称号。

经营优势。公司主营业务系提供物业管理服务。公司已在管理和服务的项目共计有 14 个，委托管理面积合计约 140 万平方米。兴业物联拥有丰富的商业资源和商业管理经验，将企业的产品及服务，通过互联网的形式全面打通，实现网上自动采购，为客户提供更高效便捷的服务。

十八年的从业经验创造了以客户服务、工程设备管理、清洁绿化管理、秩序维护管理等全方位的物业管理为核心的服务模式，面向有需求的客户提供物业管理服务方案、物业管理费成本测算，并提供四大基础服务（保洁、秩序、客服、工程）、品质提升特色服务（商贸、餐饮、会务、接待）、互联网＋智慧物业管理系统。

增值服务优势。兴业物联多种经营增值服务的开展前期主要依托各项目物业客服中心，物业 App、正 E 租商城、O2O 商城将服务展示给用户，用户可以根据自己的需求直接通过 App、商城下单享受多种多样的增值服务。目前兴业物联陆续为用户开展装饰装修、洗衣服务、洗车服务、除甲醛服务、搬家服务、公司注册、代理记账、绿植租赁、办公设备租赁、礼品定制、室内清洁等增值服务。提高写字楼、公寓用户的办公生活品质。

经济业务优势。兴业物联致力于为广大客户提供高效的房屋经纪服务，其中成立了招商租赁中心，整合客户及租户资源，以及外部市场渠道，打造了集写字楼、商铺、公寓租赁服务为一体的一站式房屋租赁互联网平台——正 e 租网，以品牌地产＋高品质物业＋专业租售的服务模式，专注为用户提供从入住到办公生活服务的整套解决方案，并利用物业 App、正 E 租网等互联网核心平台实行线上营销推广、线下交易的运营模式。

（4）公司风险

大股东不当控制风险。公司控股股东正商发展持有公司 75.45% 的股份，股权集中度高。

经营业绩波动风险。公司收入主要来源于为办公物业、商业物业、学校物业等业态提供专业的物业管理服务，而公司的主要支出是物业服务人员的薪酬以及部分业务外包费用。

物业管理服务行业的周期性与宏观经济的周期性呈正相关，尤其受到房地产景气程度的影响。若受到宏观经济影响人力成本短时间内大幅提升，可能对公司利润及经营业绩造成重大影响。物业管理行业作为劳动密集型行业，人力成本在主营业务成本中的占比较大，职工工资标准和社保福利的政策性刚性调升使得企业成本上涨。

与租赁物业相关的风险。公司目前办公场所为郑州市管城区航海东路 101 号正商国际广场 B 栋 407，该房屋的所有权人为河南正商置业有限公司。

由于交房时间较短，尚未取得房产证，目前处于办理阶段，且租赁房产存在租赁合同未备案等不规范情形。

（5）财务概况

财务摘要见表42。

表42　兴业物联财务摘要

单位：百万元

	2018年三季报	2017年年报	2016年年报	2015年年报
利润表摘要				
营业总收入	55.98	79.75	48.93	23.52
营业利润	19.40	28.65	17.10	9.04
利润总额	19.45	28.65	17.08	9.04
归属母公司股东的净利润	14.64	21.43	12.83	7.18
资产负债表摘要				
流动资产	157.31	129.04	51.32	22.57
固定资产	2.18	2.26	0.32	0.07
资产总计	159.53	131.34	51.67	22.65
流动负债	53.05	39.49	22.41	11.22
负债合计	53.05	39.49	22.41	11.22
现金流量表摘要				
经营活动现金净流量	22.94	49.48	20.28	2.32
投资活动现金净流量	−0.13	−2.28	−0.37	−0.04
筹资活动现金净流量	—	41.16	5.00	—
现金净增加额	22.80	88.37	24.90	2.29
期末现金余额	141.27	119.81	31.44	6.54
折旧与摊销	0.28	0.14	0.03	0.02
关键比率				
ROE(摊薄)(%)	13.74	23.33	43.84	62.80
销售毛利率(%)	47.53	49.54	47.95	45.77
销售净利率(%)	26.15	26.87	26.22	30.52
EBIT Margin	34.49	34.87	34.70	38.31
EBITDA Margin(%)	34.98	35.04	34.76	38.38
资产负债率(%)	33.25	30.07	43.37	49.54
资产周转率(倍)	0.38	0.87	1.32	1.04
销售商品和劳务收到现金/营业收入(%)	115.19	142.03	99.60	61.15
每股指标				
EPS(摊薄)	0.27	0.39	1.28	1.43

（6）行业前景

物业管理行业属于房地产开发行业的下游行业，物业服务的需求量与新建居民住宅、办公用房规模密切相关，由于房地产投资规模受宏观经济周期性波动的影响较大，因此，物业管理服务行业的周期性与宏观经济的周期性呈正相关，尤其受到房地产景气程度的影响。

物业管理行业作为劳动密集型行业，人力成本在主营业务成本中的占比较大。近年来，随着职工工资标准和社保福利的政策性刚性调升，用工成本持续上涨。

互联网技术的应用不仅能使物业管理效率大幅度提升，同时还能促使物业管理企业在商业模式上进行创新，促进物业服务的转型升级，使得服务范围得到拓展，还能获得产业附加值，延伸物业生态圈。借助互联网技术，物业服务企业逐渐为业主增添增值服务，如在线水电气缴费、手机充值、生活信息查询及在线预约下单等，提升居民生活便捷性的同时也发展了新的盈利点。

新三板市场全面扩容，做市商制度和市场分层管理制度持续落实推进，为物业服务企业健康快速发展带来新契机。物业管理企业通过登陆资本市场可以实现品牌影响力的提升，为加速规模化提供了必要的资金支持，实现规模经济抵御市场冲击等。

2. 华友股份

（1）公司简介

华友股份公司设立之初，主要从事电力行业防雷及高速公路防雷业务，随着公司发展逐渐从传统民用建筑防雷市场向技术含量较高的文物防雷设计和施工领域延伸。公司自 2013 年起积极拓展文物防雷、安防市场，并于当年签订了千万元级的国家重点文物单位邯郸田野文物保护项目。2013 年到2015 年，公司的文物防雷、安防项目发展迅速，涉及全国二十多个省份。目前，公司主要从事文物防雷、安防项目的设计及施工。

（2）主营业务

公司一直专注于全国重点文物保护单位的防雷以及安全技术防范系统工程的设计及施工，主要服务种类可以划分为：文物防雷保护工程和文物安防

保护工程。公司不生产相关产品，主要采购相关的防雷以及安防产品来进行工程施工。

（3）公司优势

资源优势。华友股份在文物保护的防雷、安防方面已经完成了上百个现场施工，对文物保护"最少的干预"原则有着很深刻的理解，针对文物防雷、安防的保护有着独有的技术体系；公司加入中华文化促进会、中国文物学会、中国博物馆协会，发挥学会、协会专家的技术经验优势，并与公司的市场开发、施工管理、文物保护理念的理解开发能力相结合，不断进行安防、防雷技术服务升级，打造适合文物保护的独特技术优势。

经营优势。公司多年从事历史文物古建筑的防雷和安防业务，具有稳定的客户，行业地位稳固。公司经营状况持续良好发展，营业收入和利润持续增长，公司盈利能力逐年增强，现金流充足。经营管理层以及核心技术人员队伍稳定，公司持续经营能力良好。

研发优势。公司多年来持续不懈地投入研发，增加了公司产品和服务的竞争力，研发经费投入保持增长，核心技术能力不断增强；公司为高新技术企业，已取得多项专利，拥有生产经营所需的人员、资产和技术。

（4）公司风险

实际控制人控制风险。公司实际控制人二人合计持有公司100%股份，且二人根据其持股比例所享有的表决权能决定公司的经营管理、财务决策及管理层人事任免，某些情况下可能对公司造成不利影响。

税收优惠政策和政府补助政策变化的风险。公司于2016年11月21日取得由河北省科学技术厅、河北省财政厅、河北省国家税务局、河北省地方税务局联合颁发的《高新技术企业证书》，编号为GR201613000455，有效期为三年。如果政策变化或不再满足认定条件，将对公司的经营产生一定的影响。

市场竞争加剧的风险。公司目前所处的文物保护行业属于国家新兴战略产业，近年来，随着国家政策的引导和各级政府对历史文物建筑保护的高度重视，许多工程类企业纷纷进入该行业，市场竞争未来将呈现加剧趋势。

应收账款回收风险。2017年年末公司应收账款净值较高，为27365898.79

元，如果应收账款不能按时收回或发生坏账，资金周转将对企业经营造成一定影响。

（5）财务概况

财务摘要见表43。

表 43　华友股份财务摘要

单位：百万元

	2018 年三季报	2017 年年报	2016 年年报	2015 年年报
利润表摘要				
营业总收入	43.30	51.78	27.71	39.87
营业利润	14.92	14.26	6.44	13.25
利润总额	16.42	14.29	6.47	13.25
归属母公司股东的净利润	14.04	13.27	5.92	12.45
研发费用	0.58	2.20	1.62	2.00
资产负债表摘要				
流动资产	98.51	72.43	52.02	35.70
固定资产	16.39	16.90	2.07	1.53
资产总计	117.03	91.68	54.08	37.23
流动负债	46.32	35.02	20.69	9.75
非流动负债				
负债合计	46.32	35.02	20.69	9.75
现金流量表摘要				
经营活动现金净流量	−6.43	9.64	14.35	−0.44
投资活动现金净流量	—	−14.84	−2.13	−1.47
筹资活动现金净流量	—	10.00	—	5.00
现金净增加额	−6.43	4.80	12.22	3.09
期末现金余额	18.49	24.92	20.12	7.90
折旧与摊销	0.89	1.29	0.46	0.15
关键比率				
ROE(摊薄)(%)	19.86	23.42	17.72	45.31
销售毛利率(%)	50.15	55.30	62.49	64.61
销售净利率(%)	32.44	25.63	21.36	31.22
EBIT Margin	37.89	27.52	23.23	33.22
EBITDA Margin(%)	39.95	30.00	24.88	33.59
资产负债率(%)	39.58	38.19	38.26	26.20
资产周转率(倍)	0.41	0.71	0.61	1.07
销售商品和劳务收到现金/营业收入(%)	64.00	96.33	149.95	66.77
每股指标				
EPS(摊薄)	0.70	0.66	0.59	1.25

（六）行业前景

十八大以来，党中央、国务院高度重视文化遗产保护工作。习近平总书记在各种场合反复强调文化遗产保护利用和传承优秀传统文化的重要意义，作出了一系列重要指示。《国民经济和社会发展第十三个五年规划纲要》提出要"构建中华优秀传统文化传承体系，加强文化遗产保护，振兴传统工艺"。国家相关文件先后出台，对加强文化遗产保护与传承利用、构建公共文化服务体系进行了战略规划，进一步明确了目标、任务、路线图和时间节点。

2016年12月23日全国文物局长会议在北京举行，习近平总书记对文物工作作出重要指示，他强调保护文物"功在当代，利在千秋"，文物保护处于高速上升期。

3. 恒宝精密

（1）公司简介

恒宝精密公司的主营业务是高端水暖卫浴零配件的工艺设计、生产和销售，是卫浴五金产品的制造服务供应商，主要客户为高端卫浴品牌商，如Moen Incorporated。公司是 Moen 的全球合约供应商，产品主要出口美国，出口比例约为60%。目前公司产品主要是水龙头配件，产品应用于卫浴领域，如厨房、卫生间等。公司产品分为铜制阀体、铝合金装配件、其他装配件三大类，包括水龙头阀体组件、阀体、装配杆、分水器、水嘴、芯轴、紧固连接件等七个代表性产品系列。

（2）主营业务

公司始终专注于高端水暖卫浴配件的生产及销售，主要产品有水龙头阀体组件、阀体、装配杆、分水器、水嘴、芯轴、紧固连接件七大类别，目前产品定位是为国际高端卫浴品牌商做 OEM 配套，订单较为稳定且有合理利润。公司拥有 17 项实用新型专利，注重产品质量和服务，是国内少数能成为高端卫浴品牌商合约供应商的生产厂商之一。公司通过向上游厂商采购包括各类有色金属在内的原材料和半成品，依据客户要求，借助自有生产设备和人员进行研发生产，制造商品对外进行销售并获得收入，扣除生产成本及各项费用后产生利润。

（3）公司优势

行业地位优势。公司主要生产全球高端品牌水暖卫浴零配件及阀体。公司为国内少数符合国际高端卫浴品牌商要求的生产企业，且为率先能生产供应无铅铜零配件的供应商，公司在行业竞争中有一定优势。

理念优势。"精益求精，持续改进"的运营理念在公司全面推行，融入到了公司的运营体系中，贯彻到了从上游供应商管理到产品生产、交货到下游客户服务的每一个环节，执行到了从公司宏观战略方针的制定到单个过程管理的每一个层面。

高端卫浴品牌商的客户资源优势。公司采取差异化竞争战略。一方面，公司坚持"产品服务差异化、生产流程差异化"的经营原则，将精力集中在技术含量较高、质量要求较高的产品中，放弃低附加值产品。另一方面，公司以"客户差异化"为立足点，坚持瞄准国际高端卫浴品牌商的客户开发战略，摒弃价格战等低端市场的竞争方式。由于门槛较高，因此利润率也相对较高。高端品牌商若需更换合约供应商，需要耗费的考察、磨合成本较大，所以一旦获得此客户资源，则关系较为稳定，订单有较高保障，有利于公司持续发展。

研发及工艺技术优势。与国际接轨并从中获取新的行业动态和技术参考是恒宝精密的一大优势。欧美国家在卫浴产业领域中，技术和市场均比中国更成熟，公司一直直接参与客户的新产品研发过程，因此，公司能快速适应行业变化，根据行业新型产品的特点，提升自身的加工能力。注重技术研发及新工艺技术成果转化是恒宝精密始终保持行业领先的又一大优势。公司常设研发部门，由资深产业工程师、从业经验丰富的技术骨干组成。这个团队致力于新技术、新产品、新材料的信息搜集与处理，新工艺开发及研发成果向生产力转化，使公司在技术水平和经济效率上保持优势，使得公司产品能满足客户需求，得到客户认可。

（4）公司风险

大客户依赖的风险。公司 2015 年、2016 年和 2017 年向单一大客户的

销售占营业收入总额的比重分别为 94.96%、97.85%、89.25%，公司面临着单一客户集中度过高的风险。

上游供应商供应链风险。公司的上游供应商主要是铜合金、铝合金原材料及零配件的生产厂家。近年来，由于五金市场需求萎缩，有色金属原材料及五金制造行业面临洗牌。部分厂家因为订单不足，处于停产或半停产状态，甚至因为资金链断裂而破产。这种形势给公司的供应链带来了一定的不确定性，公司可能面临供应商来料不准时导致不能满足客户订单货期的风险。同时，随着公司业务量的增长，公司自身产能有限，使公司外协需求加大，外协供应商增多，外协供应厂家的过程管控能力要求增高，随之增大了产品质量可靠性的风险。

宏观经济复苏的不确定性风险。当前，全球经济增长面临诸多不确定性因素，卫浴产品下游的房地产行业景气程度受国际形势、国家政策、人口结构、利率水平等社会、经济因素影响，宏观经济情况直接影响固定资产投资规模，进而影响卫浴产品市场需求。公司一直从事的是水暖卫浴五金的制造加工，业务领域较为集中，因此，行业需求减少可能导致公司面临业绩下滑的风险。

原材料价格波动风险。公司以高端卫浴产品五金配件的研发和生产销售为主业，所需原材料包括铜材、铝材等，原材料成本占销售成本的比重较高。原材料价格受宏观经济环境以及国内外市场需求的影响较为明显，如果原材料价格出现较大波动，将会影响公司产品的生产成本，进而影响公司业绩。

汇率风险。2015 年、2016 年、2017 年，公司在国外市场的销售收入分别为 6165.78 万元、6237.47 万元、5590.03 万元，公司产品出口主要以美元为结算货币。如未来人民币汇率出现较大波动，将会对公司经营业绩产生影响。

经营场所权属瑕疵及搬迁风险。公司经营用房系广州市番禺区东环街甘棠村经济合作社（以下简称"合作社"）在集体土地上自建的厂房。由于历史原因，在建造过程中，相关方未履行相关建设规划等手续。由于公司经营场所尚未办理权属证书，可能存在被认定为违法建筑物而被拆除的风险。

出口退税政策风险。公司出口销售的产品实行"免抵退"的税收政策。免交增值税，对公司的业绩具有重要影响。如果国家出口退税政策发生调整，出口退税率下调或者取消，将有可能会增加公司的销售成本，对公司的业绩形成不利影响。

（5）财务概况

财务摘要见表44。

表44　恒宝精密财务摘要

单位：百万元

	2018 年年中报	2017 年年报	2016 年年报	2015 年年报
利润表摘要				
营业总收入	63.50	123.51	96.73	109.97
营业利润	8.44	16.94	7.43	7.53
利润总额	9.14	20.36	7.65	7.66
归属母公司股东的净利润	8.17	17.97	6.85	6.38
研发费用	3.87	7.36	5.19	5.87
资产负债表摘要				
流动资产	51.66	46.48	46.02	45.42
固定资产	7.13	7.53	4.65	4.55
资产总计	84.74	68.85	50.69	49.99
流动负债	24.00	19.82	18.72	28.45
非流动负债	6.21	2.67	3.58	—
负债合计	30.21	22.49	22.30	28.45
现金流量表摘要				
经营活动现金净流量	6.75	8.01	6.93	7.37
投资活动现金净流量	-12.46	-19.14	4.12	-6.30
筹资活动现金净流量	7.06	2.17	2.46	0.43
现金净增加额	1.31	-9.15	13.50	1.51
期末现金余额	9.21	7.90	17.05	3.55
折旧与摊销	0.69	1.05	0.80	0.80
关键比率				
ROE（摊薄）（%）	14.99	38.77	24.12	29.63
销售毛利率（%）	24.72	24.36	21.28	19.24
销售净利率（%）	12.87	14.55	7.08	5.80
EBIT Margin	14.75	16.73	7.94	7.07
EBITDA Margin（%）	15.83	17.58	8.76	7.79
资产负债率（%）	35.65	32.67	44.00	56.91
资产周转率（倍）	0.83	2.07	1.92	3.03
销售商品和劳务收到现金/营业收入（%）	104.67	102.51	113.66	95.18
每股指标				
EPS（摊薄）	0.45	1.00	0.38	0.35

（6）行业前景

2017 年全球经济出现复苏态势，本公司所属的卫浴行业中的卫浴配件行业增速明显，行业结构进一步优化，美国摩恩（MOEN）、美国得而达（DELTA）、美国科勒（Kohler）、美标（American Standard）等世界高端品牌保持传统市场优势，全球化多边贸易主导国际市场。2018 年，卫浴产品的市场需求所分布的新屋建设市场和房屋维修与翻新市场将延续复苏势头，卫浴制造领域的需求将持续改善，卫浴产品价格将保持温和上涨。欧美顶级品牌商将继续进一步完善在中国的供应链布局，公司立足于长期与高端卫浴品牌合作这一优势，深化公司加工制造能力升级，提高公司产品附加值，将有利于公司进一步拓展发展空间、优化公司盈利能力。

4. 赛达交科

（1）赛达交科公司简介

赛达交科公司的主营业务为从事智能交通管理领域机电系统及配套工程系统的施工及安装、相关产品的研发销售以及技术服务。经过多年的发展和积累，公司凭借质量稳定的产品和优质可靠的服务在市场中占据了一席之地。

（2）主营业务

公司收入主要来自高速公路监控系统类、收费系统类、通信系统类、隧道机电系统类等几大工程业务板块。公司提供的产品主要是智能交通管理领域机电系统及配套工程系统的施工及安装、相关产品的研发销售以及技术服务。公司主要产品集中于高速公路智能交通领域工程施工以及与其相关的工程维护项目。高速公路智能交通领域工程施工以及工程维护项目是公司报告期内开展的两种业务，并分别与客户签订合同。公司产品服务的对象是政府各交通建设、管理、运营、养护单位，主要为交通管理部门及其下属企业等。

（3）公司优势

资质领先，创造新的盈利增长点。公司拥有建设部颁发的公路交通工程专业承包公路机电工程分项一级资质，2017 年内已逐渐开始其他资质提升的筹备工作。公司已取得 ISO9001 质量管理体系认证，并于 2016 年 12 月 9 日取得《高新技术企业证书》。2017 年同步延伸拓展航空相关业务范围，公司在交通领域的知名度及实力将得到进一步提升。

科技成果优势。公司的科技成果转化共 15 项，成果转化主要围绕公司高速公路集成项目应用和销售进行，包括智能交通管理和施工各方面的软件，公司自主研发成果的转化使公司的高速公路智能管控集成业务始终保持技术的先进性和公司施工效率的高效和安全，大大提高了公司产品和服务在市场的竞争力，是公司不断发展和壮大的源泉。

品牌优势和人才优势。公司成立于 1996 年，成立时间较早，在市场上有较高的知名度及人脉关系，有利于市场拓展。公司目前具有一支高专业水准的卓越技术团队，通过不断地发展，已经在智能交通管控、设计和施工等环节拥有专业的软件开发和技术服务经验。研发人员涵盖了机电一体化、软件工程、电子系通信工程以及建筑工程技术等专业技术，具有丰富的系统集成规划经验，是一支高素质的系统开发与设计团队。

管理优势。公司在项目管理方面有着丰富的经验，在成本控制方面有独到的优势，核心管理人员均在本行业领域中具有丰富的项目管理经验，能够独当一面地处理公司内外各项工作。

（4）公司风险

宏观政策变化风险。公司所从事的智能交通系统集成施工行业与国家固定资产投资规模关联性较大，并且与国家的产业政策和宏观经济政策联系紧密。若未来国家宏观经济政策出现重大调整，交通领域的基础设施建设投资规模减小，行业整体市场将受到不利影响，进而对公司的业绩产生不利影响。

内部控制风险。随着公司主营业务的不断拓展，公司总体经营规模将进一步扩大，这将对公司在战略规划、组织机构、内部控制、运营管理、财务管理等方面提出更高要求。股份公司设立前，公司内控体系不够健全，运作不够规范。

应收账款坏账风险。公司业务处于快速成长阶段，营业收入、应收账款增加较快。报告期末，公司应收账款为 48760553.02 元。随着公司业务的发展，应收账款可能会进一步增加，如果应收账款不能按期收回或发生坏账，将对公司经营业绩和生产经营产生不利影响。

人力资源的风险。智能交通系统集成业务专业性较强,技术人才对企业的持续发展至关重要。随着公司业务规模的不断扩大,公司对专业人才的需求持续增加,但随着智能交通系统集成施工行业竞争的加剧,行业内的人才争夺将日趋激烈,公司仍面临专业人才缺失的风险。

(5)财务概况

财务摘要见表45。

表45　赛达交科财务摘要

单位：百万元

	2018 年中报	2017 年年报	2016 年年报	2015 年年报
利润表摘要				
营业总收入	10.46	110.77	30.58	19.38
营业利润	−5.04	21.05	3.75	1.92
利润总额	−5.03	21.05	3.73	1.78
归属母公司股东的净利润	−5.08	18.42	3.11	1.23
研发费用	3.89	5.97	2.14	0.05
资产负债表摘要				
流动资产	74.83	80.61	53.09	20.04
固定资产	0.58	0.61	0.57	0.60
资产总计	76.18	82.00	54.02	21.02
流动负债	23.65	24.49	16.07	17.18
负债合计	23.65	24.49	16.07	17.18
现金流量表摘要				
经营活动现金净流量	−22.31	−0.04	−10.58	0.58
投资活动现金净流量	−0.11	−0.25	−0.19	−0.03
筹资活动现金净流量	—	—	31.00	—
现金净增加额	−22.42	−0.30	20.22	0.55
期末现金余额	1.35	23.77	24.07	3.85
折旧与摊销	0.13	0.21	0.18	0.20
关键比率				
ROE(摊薄)(%)	−9.67	32.03	8.20	32.16
销售毛利率(%)	30.01	31.45	45.55	32.67
销售净利率(%)	−48.53	16.63	10.18	6.37
EBIT Margin	−48.52	18.85	11.83	9.15

	2018 年中报	2017 年年报	2016 年年报	2015 年年报
EBITDA Margin（%）	-47.27	19.05	12.42	10.20
资产负债率（%）	31.05	29.86	29.75	81.74
资产周转率（倍）	0.13	1.63	0.82	1.10
销售商品和劳务收到现金/营业收入（%）	113.89	84.03	51.12	72.19
每股指标				
EPS（摊薄）	-0.10	0.53	0.14	0.25
P/E（TTM）	12.87	27.92	191.91	—

（6）行业前景

《信息产业科技发展"十一五"规划 2020 年中长期规划纲要》将"智能交通系统"确定为重点发展项目，《交通运输"十二五"发展规划》中提出："十二五"时期要推进交通信息化建设，大力发展智能交通，提升交通运输的现代化水平；在国家八部委起草的《关于促进智慧城市健康发展的指导意见》中，智能交通被列为十大领域智慧工程建设之一。

可见，智能交通已是国家"十三五"重点发展的内容之一，至 2020 年，高速通车里程 15 万公里，较 2015 年增加 2.6 万公里。资金投入将明显增加。据不完全统计，2016 年中国智能交通综合市场规模超过了 700 亿元，预计"十三五"期间，我国智能交通系统行业的投入将接近 3800 亿元。智能交通市场的机遇、规模不断增加。上述行业发展趋势将对公司的经营业绩和盈利具有积极意义。

5. 艾迪尔

（1）公司简介

艾迪尔公司成立于 1995 年，是一家创新类室内设计施工企业，擅长商务办公空间和商业地产空间的设计和工程营建，拥有建筑装饰工程设计专项甲级资质、建筑装修装饰工程专业承包壹级资质、建筑机电安装工程专业承包三级资质。公司在北京、上海、深圳和成都拥有专业技术人员 160 余名，形成了高效务实、勤勉敬业的国际化团队。

公司长年为众多的大型高科技企业和互联网企业，以及新兴的创业成长

型团队提供整体设计建造服务，近年来公司拓展了一系列众创空间、孵化园区以及创意产业园区的设计施工全方位整体服务，建立了强大的客户资源体系。

公司作为中国建筑装饰协会会员，曾获得绿色环保设计百强企业、中国建筑装饰绿色环保设计五十强企业、最具影响力设计机构、北京市信用企业等多项荣誉。公司在业界分量十足的奖项包括中国国际室内设计双年展银奖、中国国际设计艺术博览会银奖、筑巢奖银奖、金堂奖年度优秀办公空间设计作品、照明周刊杯办公空间一等奖、艾特奖最佳样板房设计奖等。

（2）主营业务

公司专注于从事公共建筑的室内设计和施工，项目遍布国内二十余个省市，客户涵盖了丰田汽车、雪佛龙、通用电气、拜耳、惠普、爱普生、奥林巴斯、安捷伦科技等数十个世界五百强企业，腾讯、网易、嘉实基金、华夏基金、横河电机、中国外汇交易中心、中国电子进出口总公司等知名企业，以及保利、万通、幸福基业、万科、永泰、香港置地、金地等多家大型房地产企业，并获得了广泛赞誉。

（3）公司优势

品牌优势。艾迪尔将始终坚持高端定位，以客户至上、精益求精的专业态度打造每一个项目，秉承可持续的设计建造理念，积极开拓进取，追求卓越，从更高视角审视设计对人类生存环境的影响，并以发展的眼光服务于企业和社会。近年来艾迪尔进一步开拓设计的全方位整体服务，从早期的规划建筑设计服务一直到后期的软装配饰服务，在整体设计和专项施工方面取得了辉煌的业绩。

特定区域高端客户资源优势和供应商资源优势。公司成立22年来，完成了近千个项目。获得世界500强集团和国内知名企业的广泛青睐，并与众多客户建立了长期合作伙伴关系。

人力资源优势。公司汇集了一大批优秀人才，在北京、上海和深圳拥有专业技术人员百余名，形成了一只高效务实、勤勉敬业的团队。公司现拥有国家一级注册建筑师，国家一级、二级注册建造师，造价工程师，高级工程师等行业高级技术人才；中国建筑装饰协会评定的资深室内设计师十余名；建筑施工企业关键技术岗位，如造价员、施工员、质检员、安全员、材料员、劳务员、资料员等人员齐备。

设计优势。艾迪尔专注于商务办公空间、商业地产空间的室内设计，经验丰富的设计师可提供理念独到且造价合理的设计方案、完整全面的施工图和工程设计配合服务，以客户需求为出发点，将艺术与技术完美统一，达到使用功能和视觉感受的完美结合。

绿色设计是现代室内设计可持续发展的方向，作为国内广受赞誉的室内设计、施工和工程管理企业，艾迪尔深谙 LEED（Leadership in Energy and Environmental Design）认证标准，公司的室内设计项目曾多次为客户取得 LEED 黄金级认证。

工程优势。公司成立至今，始终把质量管理放在施工管理的首位。公司以其安全可靠的信誉，获得了 ISO（国际标准化组织）认证及多项行业内认可。专业的工程管理及长期直属的高技术施工队伍，配以设计师及机电顾问的专业支持，可以保证工程项目在确保环保的前提下高品质高效率地完成。项目竣工后，专业售后服务团队提供有效的日常保养及维护，从而使得客户得以永久安心使用。

（4）公司风险

控股股东及实际控制人不当控制的风险。控股股东和实际控制人为罗劲、罗勃、罗加、王荷芳四个自然人形成的一致行动人，且在公司董事会占多数席位并由罗劲担任董事长，对公司日常经营、人事、财务管理等均产生重大影响。若控股股东、实际控制人对公司的发展战略、经营决策、人事任免和利润分配等重大事宜实施重大影响，将有可能存在控股股东控制不当风险。

利润较低的风险。公司 2017 年度净利润为 566.95 万元，销售净利率为 3.13%，销售毛利率为 12.07%，毛利率比同行业上市公司略低。

应收账款比例较高的风险。截至 2017 年 12 月 31 日，公司应收账款净额为 1882.81 万元，占同期末公司资产总额的 19.71%。由于公司所处行业

的特点，行业内企业普遍存在应收账款占比较高的情况。随着公司业务规模和营业收入的增长，应收账款将不断增长。

劳务用工风险。由于建筑装饰行业的经营有季节性、项目施工周期短、异地施工的特点，公司除在册正式员工外，还通过专业劳务分包公司进行装饰工程的施工作业。如果在施工过程中出现安全事故或劳资纠纷等问题，则有可能给公司带来经济赔偿纠纷或诉讼的风险。此外，由于公司与劳务人员无直接雇佣关系，如劳务人员不能及时到位，可能会给公司带来工程不能按进度完成的风险。

（5）财务概况

财务摘要见表46。

表46　艾迪尔财务摘要

单位：百万元

	2018 年中报	2017 年年报	2016 年年报	2015 年年报
利润表摘要				
营业总收入	90.65	181.20	132.68	163.37
营业利润	3.37	6.86	0.77	3.45
利润总额	3.47	6.88	2.85	5.65
归属母公司股东的净利润	2.91	5.67	2.21	4.23
研发费用	—	8.95	—	—
资产负债表摘要				
流动资产	132.99	93.40	71.62	84.07
固定资产	1.04	1.01	0.41	0.48
资产总计	135.34	95.55	72.51	84.93
流动负债	107.03	70.15	52.77	66.15
非流动负债	—	—	—	1.26
负债合计	107.03	70.15	52.77	67.41
现金流量表摘要				
经营活动现金净流量	5.62	13.54	4.20	2.78
投资活动现金净流量	-0.56	-14.80	1.66	-19.52
筹资活动现金净流量	-3.00	2.10	-5.06	5.73
现金净增加额	2.05	0.85	0.81	-11.01
期末现金余额	5.60	3.54	2.70	1.89
折旧与摊销	0.18	0.25	0.22	0.24

	2018 年中报	2017 年年报	2016 年年报	2015 年年报
关键比率				
ROE（摊薄）（%）	10.27	22.32	11.21	24.14
销售毛利率（%）	11.39	12.07	8.13	7.85
销售净利率（%）	3.21	3.13	1.67	2.59
EBIT Margin	3.88	3.84	2.22	3.45
EBITDA Margin（%）	4.07	3.98	2.39	3.60
资产负债率（%）	79.08	73.42	72.79	79.37
资产周转率（倍）	0.79	2.16	1.69	2.47
销售商品和劳务收到现金/营业收入（%）	94.43	111.65	99.11	103.53
每股指标				
EPS（摊薄）	0.29	0.57	0.22	0.42

（6）行业前景

建筑装饰行业是建筑行业的重要组成部分，与房屋和土木工程建筑业、建筑安装业并列为建筑业的三大组成部分。近年来，伴随着我国经济的快速增长、城镇化步伐加快，我国房地产、建筑业持续增长，建筑装饰行业显现出巨大的发展潜力。

与此同时，建筑装饰行业总体集中度偏低，目前装饰市场趋于零散、产品服务同质化严重，导致现有建筑装饰企业竞争较为激烈，集中度较低，存在"大行业，小公司"的局面。在各种因素的综合影响下，未来行业效率和行业透明度将有一个大的改善，同时行业集中度将有望得到提升。

六　金属矿冶行业挂牌公司质量评价报告[①]

（一）行业概况

1. 行业总体情况

金属矿冶行业属于制造业，主要包括有色金属冶炼及压延加工业、非金

---

① 夏陆然，文学博士，特华博士后科研工作站博士后，现就职于交通运输部路网监测与应急处置中心，主要研究方向为"一带一路"倡议与文化关系、政府政策等。

属矿物制品业、金属制品业、造纸及纸制品业等行业（万得二级行业）。这些行业领域均与黑色金属和有色金属关系紧密。金属为工业和建筑业的基本材料，是生产的重要前提。金属业市场受国家政策、下游工业生产和固定资产投资的影响很大，其运营情况成为国民经济形势的重要指标。

2017～2018年，随着国家进一步推进降本增效，坚持去产能，特别是十九大以后进一步加强"美丽中国"建设，金属矿冶行业尤其是传统的钢铁冶炼产量下降明显。但是，一些技术创新为该行业的发展谋求新的出路，被纳入国家发展的重点支持领域。

受贸易摩擦影响，出口数量下降，但是出口价格和金额保持增长；尽管价格也有所提高，但升幅低于出口。总体来看，受全球经济复苏，钢材需求增长，国家经济稳中向好，需求相对平稳，并继续坚持削减过剩产能，金属企业不断提质增效等因素的影响，我国金属矿冶行业坚持绿色发展，大力节能减排，目前正处于较好发展态势。

本报告认为，该行业总体情况为：金属矿冶行业仍处于投资增长较快时期，金属矿冶在工业经济疲软背景下保持了平稳增长。该行业新三板挂牌企业总体质量呈现平均态势，但质量优异的企业较少。值得关注的是，金属矿冶行业整体在创新能力方面表现一般，大多数企业研发支持力度较低，对于企业持续发展不利。首先，绝大部分公司处在正常运转过程中，企业主动性信息披露有待加强，需要进一步构建良好的内部控制体系；其次，研发力度亟须加强，以保持核心竞争力；最后，作为传统行业，在完善内部控制体系过程中，也需善用股权激励方式，有效激发企业活力。

2. 有色金属冶炼及压延加工业分析

有色金属区别于黑色金属（钢铁），如铜、铝、锌、锡等，其冶炼是将金属原矿石熔融，还原成一定纯度的金属锭、坯、模等。压延加工将冶炼浇铸后形成的金属锭、坯、模，通过轧制、锻打或挤压等外力手段，使其成为需要的形状或结构形式。

2017年，"中国产业信息研究网发布的《2018～2023年中国有色金属冶炼和压延加工行业发展前景预测与投资战略规划研究报告》数据显示，截至2017年我国有色金属冶炼和压延加工业主营业务收入达到55142.4亿元，较2016年增长2.28%；行业利润总额达到2023.9亿元，较2016年增长3.95%。"[①]

可以说，有色金属是国民经济发展的基础材料，航空航天、汽车机械制造、电力通信、建筑、家电等行业均以有色金属材料为生产基础。随着当前技术发展，有色金属的地位只会越来越重要，不仅是生产基础材料，也具有较高的战略意义，是人类生产生活中不可缺少的重要材料。今后一段时期，中国有色金属市场仍将会有很大的需求量。近年来我国经济转型，有色金属的需求也有所放缓，但随着基础需求不断提高，其体量规模仍然巨大。

3. 非金属矿物制品业分析

非金属矿物制品是指以非金属矿物和岩石为基本或主要原料，通过深加工或精加工制备的功能性制品，该种制品没有完全改变非金属矿物原料或主要组分的物理、化学特性或结构特征。因非金属矿产及其制品具有耐高温、耐酸碱、抗氧化、防辐射、高硬、高强、隔热、绝缘、润滑和吸附等独特性能，因此是被广泛应用于建材、冶金、汽车、化工、轻工、机械等传统工业的原辅材料，是电子信息、新能源、新材料等高新技术产业的支撑材料，在经济发展中发挥着极其重要的作用。

目前，美国、德国、日本、英国等发达国家的非金属矿物的深加工技术与装备已具有较高的水平。目前非金属矿的产销格局是世界上大多数发展中国家出口原料或初级加工产品，工业发达国家进行加工并返销部分深加工产品。

我国的非金属矿产业起步于20世纪50年代，近年来得到了较快的发展，产量稳定增长，产品类别逐渐增多，行业整体呈现增长的趋势。当前，非金属矿产业面临先进矿物材料主要依赖进口、缺乏高端深加工产品的情形。2017年，非金属矿物制品业利润同比增长56.8%。

[①] http：//m.china1baogao.com/data/20180516/1092536.html.

4. 金属制品业分析

金属制品业包括结构性金属制品制造、金属工具制造、集装箱及金属制品容器制造、不锈钢及类似日用金属制品制造等。金属制品在工业、农业以及人们生活的各个领域运用广泛，社会价值较高。近年来，随着我国经济的不断增长，金属制品行业下游各个细分领域保持着快速增长的态势，对金属制品的需求也保持着持续增长，带动金属制品行业的市场规模不断增加。

我国金属制品市场规模最大的地区是东部地区，其次为华南地区，其他地区占比相对较小。研究表明，我国金属制品行业具有以下发展特点：一是发展速度快。近年来行业发展的速度很快，供给和需求常年保持两位数的增速，行业规模扩大。二是应用范围广。由传统的机械加工、钻探与开发，逐步延伸到航空航天、水处理和医疗等行业，有效地增加了行业的需求。三是竞争激烈。业内企业较多，且不断扩大产能和产量，使价格不断下降。

未来，金属制品行业的产品将更加趋向于多元化，技术水平不断提升，市场将进一步优化，整个行业有较大发展空间。①

（二）挂牌公司质量评价结果

1. 整体评价结果

金属矿冶行业新三板挂牌企业中，民营企业占主体。作为典型的资源加工型行业，金属矿冶行业企业挂牌公司主要分布在河南、江苏等金属资源、加工业发达产区。大部分企业都远离中心城市。从挂牌企业的经营时间看，大部分企业都是经营时间较长的企业，同时绝大部分企业都是在 2014 年之后挂牌，挂牌数呈逐年增长态势。

2017 年，金属矿冶行业作为传统高能耗行业，整体运营状况一般，较难获得资本市场和投资者的认可，在新三板市场上不是上市的主要行业。

---

① http：//www.sohu.com/a/220995108_385826.

截至 2017 年底，本报告提取金属矿冶行业挂牌公司样本 75 家，占样本公司总数的 0.03%，占比较小。持续经营能力得分 64.80 分，信息披露质量得分 69.12 分，成长性得分 76.05 分，创新性得分 60.34 分（见表47）。

表 47　金属矿冶行业挂牌企业质量总体评价状况

项目	平均值	最高分	最低分	标准差
综合质量	66.89	79.18	54.48	5.52
1. 持续经营能力	64.80	81.48	50.46	8.23
1.1 财务质量	65.46	83.83	39.20	10.87
1.2 经营风险	67.28	83.14	41.31	11.03
1.3 公司治理	61.35	87.50	27.5	13.30
2. 信息披露质量	69.12	94.00	40.00	12.47
2.1 及时性	70.40	100.00	40.00	18.94
2.2 详细性	72.80	100.00	40.00	19.51
2.3 真实性	66.40	100.00	40.00	20.49
3. 成长性	76.05	86.83	48.73	9.42
3.1 成长表现	80.39	96.30	52.47	11.85
3.2 成长动因	69.88	73.93	28.75	9.73
4. 创新性	60.34	74.06	45.10	8.55
4.1 科技创新投入	67.83	84.27	50.19	12.17
4.2 科技创新产出	56.42	78.00	40.00	11.63

金属矿冶行业综合质量得分的平均值为 66.89 分，最高得分 79.18 分，最低得分 54.48 分，标准差 5.52。金属矿冶行业挂牌公司综合质量评价得分呈纺锤形分布。其中，最高质量区间（"高"区间）的公司 3 家，占比4.00%；"较高"质量区间 15 家，占比 20.00%；"一般"质量区间 28 家，占比 37.33%；"较低"质量区间 23 家，占比 30.67%，最差质量区间（"低"区间）的公司 6 家，占比 8.00%。总体来说，金属矿冶行业属传统行业，业内挂牌公司平均得分相对较低（见表48）。

表48　金属矿冶行业挂牌企业质量评分的分布状况

质量评价	综合质量		持续经营能力		信息披露质量		成长性		创新性	
	数量	占比(%)	数量	占比(%)	数量	占比(%)	数量	占比(%)	数量	占比(%)
低	6	8.00	16	21.33	14	18.67	5	6.67	33	44.00
较低	23	30.67	22	29.33	13	17.33	6	8.00	22	29.33
一般	28	37.33	21	28.00	13	17.33	5	6.67	16	21.33
较高	15	20.00	11	14.67	10	13.33	23	30.67	4	5.33
高	3	4.00	5	6.67	25	33.33	36	48.00	0	0.00
总体	75	100	75	100	75	100	75	100	75	100

资料来源：特华博士后科研工作站。

2. 持续经营能力评价

从持续经营能力来看，金属矿冶行业平均得分64.80分，最高得分81.48分，最低得分50.46分。三个分项中，财务质量平均得分65.46分，最高得分83.83分，最低得分39.20分；经营风险平均得分67.28分，最高得分84.14分，最低得分41.31分；公司治理平均得分61.35分，最高得分87.50分，最低得分27.50分。财务质量平均得分低于经营风险指标平均得分高于公司治理指标平均得分，说明挂牌企业财务质量较好，同时公司治理结构和抗风险能力仍有较大的提升空间。持续经营能力得分较高的三家企业分别是鑫泰科技（838975.OC）、巨成钛业（871564.OC）、皓业彩瓷（832599.OC）。

财务质量。金属矿冶行业公司财务质量指标总体得分为65.46分，各公司盈利表现指标平均得分69.88分，偿债能力指标平均得分61.76分，运营能力指标平均得分65.39分。这说明金属矿冶行业公司2017年在财务管理、盈利、偿债方面表现中规中矩，较为平稳。运营能力得分65.39分，表现"较好"，说明挂牌企业整体运转较为平顺，但仍有待提升。

经营风险。金属矿冶行业公司经营风险指标平均得分67.28分，指标总体表现"一般"。其中，主营业务收入占比平均得分74.67分，说明挂牌企业主营业务具有较好的持续性和稳定性。

公司治理。金属矿冶行业公司治理平均得分61.35分，得分较低；"负面或有事项"得分较高，为65.20分，但"独立董事制度"、"关联交易"和"两权分离情况"得分较低,仅为 55.07 分、60.80 分和 60.27 分,说明新三板金属矿冶行业企业公司治理整体工作仍有较大提升空间(见表49)。

表 49　金属矿冶行业挂牌企业持续经营能力评价状况

项目	平均值	最高分	最低分	标准差
持续经营能力	64.80	81.48	50.46	8.23
A. 财务质量	65.46	83.83	3.20	10.87
盈利表现	69.88	99.80	9.62	23.00
偿债能力	61.76	89.99	39.54	11.42
运营能力	65.39	94.46	23.60	18.20
B. 经营风险	67.28	83.14	41.31	11.03
主营业务收入占比	74.67	100.00	40.00	21.50
市场销售集中度	70.93	100.00	40.00	19.50
对外采购集中度	67.47	100.00	40.00	17.21
盈利敏感性	85.94	99.14	5.03	24.04
破产风险概率	64.27	100.00	40.00	18.86
C. 公司治理	61.35	87.5	27.50	13.30
关联交易	60.80	100.00	40.00	21.10
负面或有事项	65.20	100.00	00.00	24.18
两权分离情况	60.27	100.00	20.00	32.61
独立董事制度	55.07	80.00	50.00	8.08

3. 信息披露质量评价

从信息披露质量来看,金属矿冶行业样本挂牌企业平均得分 69.12 分,表现"较好"。从挂牌公司信息披露质量评价区间的分布来看,33.33% 的企业得到"高"的评价,13.33% 的企业得到"较高"评价,17.33% 的企业为评价"一般",17.33% 的企业得到"较低"评价,18.67 的企业得到"低"评价,表明大部分企业能较好地进行信息披露。

从各分项指标来看,信息披露及时性、详细性和真实性表现比较好,分别是 70.40 分、72.80 分、66.40 分。这说明挂牌金属矿冶企业能够及时履行信息披露义务,并且信息准确性较高,很少出现补充或更正情况(见表

50）。信息披露质量得分较高的三家金属矿冶企业分别为欧晶科技（836724）、嘉元科技（833790）和联瑞新材（831647）。

表 50　金属矿冶行业挂牌企业信息披露质量评价状况

项目	平均值	最高分	最低分	标准差
信息披露质量	76.05	100.00	44.00	12.47
A. 及时性	70.40	100.00	40.00	18.95
B. 详细性	72.80	100.00	40.00	19.52
C. 真实性	66.40	100.00	40.00	20.49

4. 成长性评价

从成长性能力来看，金属矿冶行业各样本公司表现"较好"，平均得分76.05分，最高得分86.83分，最低得分48.73分，标准差9.42。其中，成长表现平均得分80.39分，成长动因平均得分69.88分。从挂牌公司成长性评价区间的分布来看，48.00%的企业得到"高"的评价，30.67%的企业得到"较高"评价，6.67%的企业为评价"一般"，8.00%的企业得到"较低"评价，6.67%的企业得到"低"评价（见表51）。挂牌公司的成长性指标排名较高的三家企业分别为惠丰钻石（839725）、捷昕精密（832892）和中天新能（870309）。

表 51　金属矿冶行业挂牌企业成长性评价状况

项目	平均值	最高分	最低分	标准差
成长性	70.65	86.83	48.73	9.42
A. 成长表现	80.39	96.30	52.47	11.86
营业收入增长率	81.09	97.24	18.17	16.53
净利润增长率	79.54	98.11	28.24	16.24
B. 成长动因	69.88	73.70	21.46	12.69
内部动因	79.54	97.70	3.46	24.55
外部动因	63.46	61.40	29.09	12.11

从各分项指标来看，体现成长能力的金属矿冶行业挂牌企业的营业收入增长率和净利润增长率表现突出，平均分分别为81.09分和79.54分。绝大

多数企业均实现较好的业绩成长。在成长动因方面，指示内部动因的投入资本回报率较好，平均得分 79.54 分；指示外部动因的行业因素是短板，得分仅为 63.46 分；地域因素得分一般，为 68.44 分。

5. 创新性评价

从创新性评价来看，金属矿冶行业企业表现较差，平均得分为 60.34 分，最高得分 74.06 分，最低得分 45.10 分。挂牌公司创新性评价区间的分布较为集中，没有企业得到"高"评价，5.33% 的企业评价"较高"，21.33% 的企业评价"一般"，29.33% 的企业评价"较低"，44.00% 的企业评价"低"。创新性指标排名较高的三家企业分别恒均科技（430748）、伊菲股份（831161）和龙钇科技（831879）。

从分项指标来看，科技创新投入平均得分 67.82 分，表现"一般"；研发经费占营收比重平均得分 69.19 分，本科学历占比平均得分 61.54 分，人力资本投资回报率平均得分 72.60 分，体现出金属矿冶企业科研经费虽然还有待提高，但相对上年已经有了较明显的进步。科技创新产出平均得分 56.42 分，情况较差，其中全要素劳动生产率平均得分 60.09 分，情况一般，而知识产权类资产规模平均得分仅为 51.98 分，情况较差。以上情况说明金属矿冶行业各企业一般具有一定的专利技术支撑，但是后续科研投入不足，制约了企业未来的发展，行业整体创新性质量亟待提升（见表52）。

表52　金属矿冶行业挂牌企业创新性评价状况

项目	平均值	最高分	最低分	标准差
创新性	62.18	74.06	45.10	8.55
A. 科技创新投入	67.82	84.27	50.19	12.18
研发经费占营收比重	69.19	80.00	40.00	20.05
研发人员比重	61.54	80.00	40.00	17.98
人力资本投资回报率	72.60	98.36	30.67	19.25
B. 科技创新产出	56.42	78.00	40.00	11.63
全要素劳动生产率	60.09	100.00	40.00	16.79
知识产权资产占总资产的比重	51.98	100.00	40.00	20.05

（三）优质挂牌公司案例分析

1. 吉安鑫泰科技股份有限公司（代码：838975.OC）

公司注册地址为江西省吉安市吉安县吉安高新技术产业开发区凤鸣大道6号；法人代表刘卫华；行业分类为废弃资源综合利用业；挂牌日期为2016年8月12日；总股本6803万元；主办券商为兴业证券股份有限公司；转让方式为集合竞价。截至2018年10月，该公司营业利润为1230万元；净利润为1168万元；总资产35662万元；总负债6267万元；净资产30014万元；每股收益为0.17元；每股净资产为4.41元；净资产收益率为4.81%。鑫泰科技在总评价得分上排名金属矿冶行业第1（79.21分），在所有行业总样本中排第28位。该公司在持续经营能力方面得分81.48分，位列行业样本第1；在信息披露方面得分76分，位列行业样本第23；在成长性（得分82.05，行业排名第7）和创新性方面（得分69.86，行业排名第5）均进入行业样本前10名。鑫泰科技信息披露得分排名不高，三个一级指标均排名前列。随着国家政策对于污染防治力度的不断加大，该公司将进一步做好创新发展工作，今后会面临更多的机遇。

2. 山东金润德新材料科技股份有限公司（代码：838672.OC）

公司注册地址为山东省淄博市周村区周隆路7077号；法人代表贾衍光；行业分类为金属制品业；挂牌日期为2016年8月10日，总股本3239万元；主办券商为江海证券有限公司；转让方式为集合竞价。截至2018年10月，营业利润639万元；净利润573万元；总资产7998万元；总负债1911万元；净资产6080万元；每股收益0.18元；每股净资产1.88元；净资产收益率为9.50%。金润德在总评价得分上排名金属矿冶行业第2（76.88分），在所有行业总样本中排名第91位。该公司与样本排行第一的安鑫科技差距不大。在持续经营能力方面得分77.65分，位列行业样本第4；在信息披露方面得分78分，位列行业样本第19；在成长性（得分80.63，行业排名第10）和创新性方面（得分68.03分，行业排名第10）均进入行业样本前10名。金润德信息披露得分排名比安鑫科技稍高，三个一级指标均进入前10名。在当前产业升级的大背景下，作为金属制品业企业，金润德在标本中表现较为突出。

3. 广东皓业青花彩瓷股份有限公司（代码：832599.OC）

公司注册地址为汕头市金平区金砂路 99 号君悦华庭 1 幢 813～815 号房；法人代表郑秋荣；行业分类为非金属矿物制品业；挂牌日期为 2015 年6 月 11 日；总股本为 6600 万元；主办券商为申万宏源证券有限公司；转让方式为集合竞价。截至 2018 年 10 月，营业利润 53 万元；净利润 111 万元；总资产 14330 万元；总负债 724 万元；净资产 22992 万元；每股收益 0.35元；每股净资产 3.48 元；净资产收益率为 9.51%。皓业彩瓷在总评价得分上排名金属矿冶行业第 3（76.17 分），在所有行业总样本中排第 130 位。该公司在持续经营能力方面得分 78.33 分，位列行业样本第 3；在信息披露方面得分 92 分，位列行业样本第 4；成长性方面得分 79.22 分，行业排名第15；创新性方面得分 57.33 分，行业排名第 53。相比安鑫科技和金润德，皓业彩瓷的信息披露得分排名较高，但创新方面较为落后。可见该公司需要加快创新，加大企业科技投入并提升效率。

4. 雅安正兴汉白玉股份有限公司（代码：831188.OC）

公司注册地址为四川省雅安市宝兴县大溪乡罗家坝；法人代表为陈雪汶；挂牌时间为 2014 年 10 月 14 日；总股本为 5962 万元；主办券商为华创证券有限责任公司；转让方式为集合竞价。截至 2018 年 10 月，营业利润2252 万元；净利润 1711 万元；总资产 26339 万元；总负债 8896 万元；净资产 17287 万元；每股收益 0.29 元；每股净资产 2.91 元；净资产收益率8.93%。正兴玉在总评价得分上排名金属矿冶行业第 4（73.51 分），在所有行业总样本中排名第 341 位。该公司在持续经营能力方面得分 75.19 分，位列行业样本第 5；在信息披露方面得分 72 分，位列行业样本第 15；在成长性方面得分 67.45 分，行业排名第 30；在创新性方面得分 67.45 分，行业排名第 13。正兴玉的持续经营得分排名较高，但成长性较为一般，特别是在地域因素方面优势不明显。

5. 宝鸡巨成钛业股份有限公司（代码：871564.OC）

公司注册地址为陕西省宝鸡市高新开发区 10 路 21 号；法人代表为罗建

辉；行业分类为有色金属冶炼和压延加工业；挂牌日期为 2017 年 6 月 13 日；总股本为 5000 万元；主办券商为招商证券股份有限公司；转让方式为集合竞价。截至 2018 年 10 月，营业利润 138 万元；净利润 102 万元；总资产 11114 万元；总负债 4467 万元；净资产 6687 万元；每股收益 0.02 元；每股净资产 1.34 元；净资产收益率为 1.60%。巨成钛业在总评价得分上排名金属矿冶行业第 5（73.12 分），在所有行业总样本中排名第 388 位。该公司在持续经营能力方面得分 79.40 分，位列行业样本第 2；在信息披露方面得分 56 分，位列行业样本第 64；在成长性方面得分 73.03 分，行业排名第 46；在创新性方面得分 66.51 分，行业排名第 14。巨成钛业的持续经营能力得分名列前茅，可见其经营能力较好；但是在信息披露方面成绩不佳，可见其应该进一步加大信息披露力度；其成长性也较为一般，突出体现在地域因素方面。该企业创新能力较好。

七　能源化工行业挂牌公司质量评价报告[①]

（一）行业概况

1. 行业总体情况

能源化工行业属于制造业，其下包括化工、电力、燃气、能源设备与服务、独立电力生产商与能源贸易以及石油、天然气与供消费用燃料等行业（万得三级行业）。随着国家进一步推进"三去一降一补"，能源化工行业的进一步转型、提升效率是必然之举。

当前，我国能源化工行业面临的总体形势是：一是传统炼油工业面临更加严峻的化解产能过剩矛盾的形势，应加快提高规模集中度和技术升级。二是新能源以及能源新技术亟待技术突破，需要加快研究。三是传统石油化学

---

① 夏陆然，文学博士，特华博士后科研工作站博士后，现就职于交通运输部路网监测与应急处置中心，主要研究方向为"一带一路"倡议与文化关系、政府政策等。

工业面临技术突破的挑战，应提早做好研究和筹备。

2. 化工行业分析

化工行业包含能源、冶金、炼油、环境、环保和军工等部门从事工程设计、精细与日用化工、能源及动力、技术开发、生产技术管理及科学研究等方面的行业。该行业渗透到生产的各个方面，是国民经济中不可或缺的重要组成部分，其发展走向对于人类经济、社会发展具有重要意义。

2017年以来，我国化工行业在环保持续趋严的背景下，落后中小产能加速退出，部分子行业"劣币驱逐良币"现象得到改善。随着行业集中度提升，龙头企业市场份额不断扩大，行业产能结构得到较大调整。化工行业在供给侧改革和环保收缩的影响下，大部分周期品种的供应端得以整顿出清，供需结构向好，盈利增幅处于较高增长水平。[1]

3. 电力行业分析

电力行业是国民经济和社会发展的基础能源行业和支柱产业，是将煤炭、石油、天然气、核燃料、水能、风能、太阳能等一次能源经发电设施转换成电能，再通过输电、变电与配电系统供给用户作为能源的工业部门，包括发电、输电、变电、配电等生产环节。

近年来，受宏观经济增速放缓的影响，电力需求增长有所放缓，但受煤炭价格大幅下降等因素影响，电力行业整体盈利水平持续得到提升。当前电力行业面临的总体形势是：一是全国电力装机容量持续增长；二是全国电力生产增长明显；三是行业面临的形势发生较大变化。

近几年中国宏观经济运行的不确定性将可能影响电力需求增长持续加快，进而影响电力行业景气度。国家出台政策，加快推进电力体制的改革，确立了电网企业新的盈利模式，放开配电侧和售电侧的增量部分，允许民间资本进入。在此背景下，未来电力企业将面临全面的市场化和更加充分的竞争，电力定价机制将更为科学、合理；目前由电网企业统购统销的电力交易模式将被改变，更多的交易主体会产生并参与到电力市场中来，电力交易体

---

① http：//www.hzfc.cc/jiancai/caijing/3810.html.

系将更加透明，电力市场格局将更加开放和平衡，为低碳清洁能源的发展提供了政策保障，将极大促进可再生能源发展。[1]

4.燃气行业分析

城市燃气应用于居民生活、工商业、发电、交通运输、分布式能源等多个领域，是城市发展不可或缺的重要能源。城市燃气的输配系统是城市基础设施建设的重要组成部分，是城市现代化的重要标志之一。燃气在优化能源结构、改善城市环境、加速城市现代化建设和提高人民生活水平等方面的作用日益突出。

目前，我国使用的燃气种类主要包括天然气、人工煤气和液化石油气。由于人工煤气成本高、污染环境和危险性高，其生产及供应已逐步减少，液化石油气由于使用方便，将在相当长的时间内使用；天然气作为一种清洁、环保、安全的气体，将成为我国城市燃气的发展方向。

（二）挂牌公司质量评价结果

1.整体评价结果

能源化工行业新三板挂牌企业中，民营企业占主体。作为典型的资源加工型行业，能源化工业企业挂牌公司主要分布在河南、江苏等能源化工资源、加工业发达产区。大部分企业都远离中心城市。从挂牌企业的经营时间看，大部分企业都是经营时间较长的企业，同时大部分企业都是2014年之后挂牌，挂牌数呈逐年增长态势。

2017年，能源化工行业作为传统高能耗行业，整体运营状况一般，较难获得资本市场和投资者的认可，在新三板市场上不是上市的主要行业。

截至2017年底，本报告提取能源化工行业挂牌公司样本210家，占样本公司总数的0.10%，占比较小。能源化工行业综合质量评分的平均值为66.48分。持续经营能力得分65.65分，信息披露质量得分66.46分，成长性得分73.26分，创新性得分61.50分（见表53）。

---

[1] http：//tuozi.chinabaogao.com/dianli/02243214542018.html.

表53 能源化工行业挂牌企业质量总体评价状况

项目	平均值	最高分	最低分	标准差
综合质量	66.48	78.09	48.30	5.88
1.持续经营能力	65.65	81.48	39.25	8.24
1.1 财务质量	65.66	85.60	28.63	10.88
1.2 经营风险	70.88	90.96	36.30	11.04
1.3 公司治理	64.26	92.50	22.50	13.31
2.信息披露质量	66.46	100.00	40.00	12.47
2.1 及时性	68.41	100.00	40.00	18.95
2.2 详细性	67.22	100.00	40.00	19.52
2.3 真实性	70.10	100.00	40.00	20.50
3.成长性	73.26	88.54	33.33	9.64
3.1 成长表现	80.33	98.34	20.42	11.86
3.2 成长动因	69.89	77.26	31.00	9.74
4.创新性	61.50	83.87	41.21	8.55
4.1 科技创新投入	67.97	87.73	37.20	12.18
4.2 科技创新产出	56.45	89.00	40.00	11.63

2.持续经营能力评价

从持续经营能力来看，能源化工行业平均得分65.65分，最高得分81.48分，最低得分39.25分。三个分项中，财务质量平均得分65.66分，最高得分85.60分，最低得分28.63分；经营风险平均得分70.88分，最高得分90.96分，最低得分36.30分；公司治理平均得分64.26分，最高得分92.50分，最低得分22.50分。经营风险指标平均得分明显高于财务质量指标平均得分和公司治理指标平均得分，说明挂牌企业抗风险能力较好，同时公司治理结构和经营水平还有待提升。持续经营能力评分较高的三家企业分别是泰利信（838655）、集美新材（836312）、华顺科技（870723）。

财务质量。能源化工行业公司财务质量指标总体得分65.66，表现"一般"；各公司盈利表现指标平均得分74.45分，表现"较好"；偿债能力平均得分为64.02分，表现"较差"；运营能力平均得分59.77分，表现"差"。说明能源化工行业2017年在盈利、偿债方面表现尚佳，只有运营情况稍逊。

经营风险。能源化工行业公司经营风险指标总体得分70.88分。其中，

主营业务收入占比平均得分 75.40 分，市场销售集中度指标平均得分 69.91 分，对外采购集中度指标平均得分 68.77 分，盈利敏感性指标平均得分 72.44 分，破产风险概率平均得分 68.61 分。

公司治理。能源化工行业公司治理平均得分 64.26 分，关联交易平均得分 59.67 分，负面或有事项平均得分 73.49 分，两权分离情况平均得分 62.97 分，独立董事制度平均得分 52.47 分，说明新三板能源化工行业企业股权激励活动较少，独立董事制度作用较小，董事会制度建设还有待提升（见表 54）。

表 54　能源化工行业挂牌企业持续经营能力评价状况

项目	平均值	最高分	最低分	标准差
持续经营能力	65.65	81.49	39.25	8.24
A. 财务质量	65.66	85.60	28.36	10.88
盈利表现	74.45	99.04	2.23	23.00
偿债能力	64.02	93.87	28.55	11.43
运营能力	59.77	99.30	18.32	18.21
B. 经营风险	70.88	90.96	36.30	11.04
主营业务收入占比	75.40	100.00	40.00	21.50
市场销售集中度	69.91	100.00	40.00	19.51
对外采购集中度	68.77	100.00	40.00	17.21
盈利敏感性	72.44	99.22	1.72	24.05
破产风险概率	68.61	100.00	40.00	18.87
C. 公司治理	64.26	92.50	22.50	13.31
关联交易	59.67	100.00	40.00	21.11
负面或有事项	73.49	100.00	00.00	24.19
两权分离情况	62.97	100.00	20.00	32.62
独立董事制度	52.47	80.00	50.00	8.09

3. 信息披露质量评价

从信息披露质量来看，能源化工行业样本挂牌企业平均得分 66.46 分，总体表现"较好"。从挂牌公司信息披露质量评价区间的分布来看，分布较为均匀，23.33% 的企业得到"高"评价，17.62% 的企业得到"较高"评价，10.48% 的企业为评价"一般"，19.05% 的企业得到"较低"评价，

29.52%的企业得到"低"评价。及时性平均得分 68.41 分，详细性平均得分 67.22 分，准确性平均得分 70.10 分（见表 55）。

表 55　能源化工行业挂牌企业质量评分的分布状况

质量评价	综合质量		持续经营能力		信息披露质量		成长性		创新性	
	数量	占比（%）	数量	占比（%）	数量	占比（%）	数量	占比（%）	数量	占比（%）
低	28	13.33	49	23.33	62	29.52	24	11.43	94	44.76
较低	50	23.81	47	22.38	40	19.05	26	12.38	48	22.86
一般	89	42.38	42	20.00	22	10.48	28	13.33	40	19.05
较高	37	17.62	46	21.90	37	17.62	51	24.29	16	7.62
高	6	2.86	26	12.38	49	23.33	81	38.57	12	5.71
总体	210	100	210	100	210	100	210	100	210	100

资料来源：特华博士后科研工作站。

从各分项指标来看，信息披露及时性、真实性和详细性表现不错，这体现出挂牌能源化工行业企业能够较为及时地履行信息披露义务，信息准确性较高，很少出现补充或更正情况（见表 56）。信息披露质量得分较高的三家能源化工行业企业分别为聚力股份（837785）、安达科技（830809）和能之光（871532）。

表 56　能源化工行业挂牌企业信息披露质量评价状况

项目	平均值	最高分	最低分	标准差
信息披露质量	69.90	100.00	44.00	12.40
A. 及时性	68.41	100.00	40.00	18.95
B. 详细性	67.22	100.00	40.00	19.52
C. 真实性	70.10	100.00	40.00	20.49

4. 成长性评价

从成长性能力来看，能源化工行业各样本公司表现"较好"，平均得分 73.26 分，最高得分 88.45 分，最低得分 33.33 分，标准差 9.64。其中，成长表现平均得分 80.33 分，成长动因平均得分 69.89 分。从挂牌公司的成长性评价结果的区间分布情况来看，38.57%的企业得到"高"评价，24.29%企业得到"较高"评价，13.33%的企业为评价"一般"，12.38%的企业得到"较低"评价，11.43%的企业得到"低"评价。挂牌公司的成长性指标排名较高的三家企业分别为金达莱（830777）、建中科技（870054）和港力环保（833162）。

从各分项指标来看，体现能源化工行业挂牌企业成长能力的营业收入增长率和净利润增长率成长表现良好，平均得分分别为81.06分和79.49分（见表57）。大部分企业均实现业绩增长。在成长动因方面，指示内部动因的投入资本回报率较好，平均得分79.49分；指示外部动因的行业因素和地域因素得分相对较低，分别为52.47分和68.41分。

表57　能源化工行业挂牌企业成长性评价状况

项目	平均值	最高分	最低分	标准差
成长性	75.46	88.54	30.33	9.64
A. 成长表现	80.33	98.34	20.42	11.86
营业收入增长率	81.06	99.09	12.09	16.53
净利润增长率	79.49	97.90	20.37	16.24
B. 成长动因	69.89	77.26	31.00	12.69
内部动因	79.49	99.23	0.12	24.55
外部动因	63.51	68.82	30.82	12.11

5. 创新性评价

从创新性评价来看，能源化工行业表现一般，平均得分为61.50分，最高得分83.87分，最低得分41.21分。从挂牌公司创新性评价结果的区间分布情况来看，5.71%的企业得到"高"评价，7.62%的企业得到"较高"评价，19.05%的企业得到"一般"评价，22.86%的企业得到"较低"评价，44.76%的企业得到"低"评价。创新性指标排名较高的三家分别天成包装（838451）、科捷锂电（871673）和福克油品（831115）。

从分项指标来看，科技创新投入平均得分 67.97 分，整体表现一般；研发经费占营收比重平均得分 69.36 分；研发人员比重平均得分 61.54 分，人力资本投资回报率平均得分 72.41 分。这些都体现出能源化工企业科研经费投入情况呈较好态势。科技创新产出平均得分 56.45，表现较差。其中全要素劳动生产率平均得分 60.16 分，知识产权资产总资产比重平均得分 51.91 分，均表现较差，说明能源化工行业一般具有一定的专利技术支撑，但是后续的科研显得投入不足，这就制约了企业未来的发展，行业整体创新性质量亟待提升（见表 58）。

表58　能源化工行业挂牌企业创新性评价状况

项目	平均值	最高分	最低分	标准差
创新性	61.44	74.06	45.10	8.55
A. 科技创新投入	67.97	87.73	37.20	12.18
研发经费占营收比重	69.36	80.00	40.00	20.05
研发人员比重	61.69	80.00	40.00	17.98
人力资本投资回报率	72.41	99.79	30.67	19.25
B. 科技创新产出	56.45	89.00	40.00	11.63
全要素劳动生产率	60.16	100.00	40.00	16.79
知识产权资产占总资产的比重	51.91	100.00	40.00	20.05

（三）优质挂牌公司案例分析

1. 广西森合高新科技股份有限公司（代码：833291.OC）

公司注册地址为南宁市明阳工业区明阳四路 B-3-1 西面；法人代表阙山东；行业分类是化学原料和化学制品制造业；挂牌日期为 2015 年 8 月；总股本为 3433 万元；主办券商为光大证券股份有限公司；转让方式为集合竞价。截至 2018 年 10 月，营业利润 2327 万元；净利润 2004 万元；总资产 14783 万元；总负债 1172 万元；净资产 13611 万元；每股收益 0.59 元；每股净资产 4.03 元；净资产收益率高达 14.9%。森合高科在总评价得分上排

名能源化工行业第 1（78.09 分），在所有行业总样本中排第 54 位。该公司在持续经营能力方面得分 79.41 分，位列行业样本第 1；在信息披露方面得分 64 分，位列行业样本第 110；在成长性方面得分较高为 86.66 分，位列行业样本第 4；在创新性方面得分 70.89 分，行业排名第 23。森合高科信息披露方面得分排名较为靠后，其他三个一级指标均排名前列，说明企业整体发展很有潜力，但是需要进一步加强信息披露。

2. 烟台聚力燃气股份有限公司（代码：837785.OC）

公司注册地址为山东省招远市玲珑镇工业园；法人代表烟琦；行业分类为燃气生产和供应业；挂牌日期为 2016 年 6 月 14 日；总股本为 6000 万元；主办券商为中泰证券股份有限公司；转让方式为集合竞价。截至 2018 年 10 月，营业利润 358 万元；净利润 269 万元；总资产 12893 万元；总负债 734 万元；净资产 12098 万元；每股收益 0.04 元；每股净资产 2.2 元；净资产收益率为 1.87%。聚力股份在总评价得分上排名能源化工行业第 2（78.09 分），在所有行业总样本中排第 86 位。该公司在持续经营能力方面得分 75.23 分，位列行业样本第 23；在信息披露方面得分 100 分，位列行业样本第 1；在成长性方面得分较高为 73.27 分，行业排名第 101；在创新性方面得分 77.00 分，行业排名第 11。聚力股份在信息披露方面得分很高，说明该企业透明度较高。在成长性方面处于样本的中间位置，说明企业在长远发展上还需做更多的考虑。

3. 天津泰利信碳素制品股份有限公司（代码：838655.OC）

公司注册地址为天津市红桥区小西关教军厂大街 42 号；法人代表武晓红；行业分类为批发业；挂牌日期为 2016 年 8 月 9 日；总股本为 2688 万元；主办券商为国海证券股份有限公司；转让方式为集合竞价。截至 2018 年 10 月，营业利润 230 万元；净利润 195 万元；总资产 7320 万元；总负债 2272 万元；净资产 5289 万元；每股收益 0.11 元；每股净资产 1.97 元；净资产收益率为 4.04%。泰利信在总评价得分上排名能源化工行业第 3（76.78 分），在所有行业总样本中排第 96 位。该公司在持续经营能力方面得分 81.49 分，位列行业样本第 1；在信息披露方面得分 64 分，位列行业样本第 107；在成长性方面得分较高为 80.70 分，行业排名第 20；在创新性方面得分 65.42 分，行业排名第 62。泰利信与森合高科情况类似，企业可持续发展情况很好，但信息披露情况不佳。

4. 广东波斯科技股份有限公司（代码：830885.OC）

公司注册地址为广州市萝岗区云庆路 7 号；法人代表卢俊文；行业分类是橡胶和塑料制品业；挂牌日期为 2014 年 7 月 25 日；总股本为 10510 万元；主办券商为平安证券有限责任公司；转让方式为做市。截至 2018 年 10 月，营业利润 4130 万元；净利润 3544 万元；总资产 38706 万元；总负债 37984 万元；净资产 34566 万元；每股收益 0.33 元；每股净资产 3.29 元；净资产收益率高达 10.26%。波斯科技在总评价得分上排名能源化工行业第 5（75.94 分），在所有行业总样本中排第 147 位。该公司在持续经营能力方面得分 75.71 分，位列行业样本第 20；在信息披露方面得分 74 分，位列行业样本第 50；在成长性方面得分较高为 73.60 分，行业排名第 41；在创新性方面得分 73.60 分，行业排名第 16。波斯科技持续经营能力与创新性排名较为靠前，其他两项排名中后，该企业业务发展较为平衡，在创新发展方面成效较好。

5. 成都欧美克石油科技股份有限公司（代码：835563）

公司注册地址为中国（四川）自由贸易试验区成都高新区天府大道中段天府三街 69 号新希望国际 B 座 18 楼 1817 号；法人代表陈洲旬；行业分类是开采辅助活动制品制造业；挂牌日期为 2016 年 1 月 11 日；总股本为 3010 万元；主办券商为申万宏源证券有限公司；转让方式为集合竞价。截至 2018 年 10 月，营业利润 142 万元；净利润 103 万元；总资产 16827 万元；总负债 783 万元；净资产 15065 万元；每股收益 0.03 元；每股净资产 5 元；净资产收益率高达 0.44%。欧美克在总评价得分上排名能源化工行业第 21（73.01 分），在所有行业总样本中排第 405 位。该公司在持续经营能力方面得分为 75.71 分，位列行业样本第 41；在信息披露方面得分 90 分，位列行业样本第 7；在成长性方面得分较高为 71.33 分，行业排名第 119；在创新性方面得分 66.73 分，行业排名第

55。欧美克在信息披露方面排名较高，创新性情况也处于样本的靠前部分，其他两项特别是成长性排名中后。该企业在社会公开和创新发展方面表现不错。

八　软件信息行业挂牌公司质量评价报告[①]

（一）行业概况

随着云计算、物联网、移动互联网、大数据等新技术、新业态的蓬勃发展，软件产业也加快了向服务化、网络化、融合化等方向的发展，不仅与其他产业的关联性、互动性显著增强，同时还更加深入地融入社会生活的方方面面，有力促进了信息消费等新消费形态的迅速崛起。如今，智能终端、宽带网络的日益普及，软件系统功能的不断加强，将进一步激发人们对信息服务的消费需求，全球软件市场以每年约13%的平均速度增长，远大于世界经济的平均增长速度。

随着全球信息化进程的不断加快，信息产业的发展水平直接影响到国家的综合实力。我国软件业的发展越来越受到国家管理层的重视，我国目前正在大力推进国民经济与社会信息化建设，这无疑为软件产业的发展提供了广阔的空间。

（二）软件信息行业挂牌公司质量评价状况

为展示方便，本报告大致将得分划分为"高、较高、中、较低、低"五个区间，其中得分75分以上为"高"；得分在70～75分之间为"较高"；得分在65～70分之间为"一般"；得分在60～65分之间为"较低"；得分在60分以下为"低"（见表59）。

---

① 谭卓，经济学博士，特华博士后科研工作站博士后，招商银行研究院经济研究所所长，主要研究方向为宏观经济与政策。

表 59　得分评价划分

高	75 分以上
较高	70~75 分
一般	65~70 分
较低	60~65 分
低	60 分以下

资料来源：特华博士后科研工作站。

本报告提取软件行业挂牌公司样本 193 家。软件行业综合质量评分的平均值为 71.26 分，最高得分 81.96 分，最低得分 52.98 分，标准差为 5.55。具体得分情况见表 60。

表 60　软件行业挂牌企业质量总体评价状况

项目	平均值	最高分	最低分	标准差
综合质量	71.26	81.96	52.98	5.55
1. 持续经营能力	68.89	85.21	46.18	8.09
1.1 财务质量	66.41	86.44	32.53	10.64
1.2 经营风险	76.29	96.49	40.36	9.09
1.3 公司治理	68.42	97.00	27.50	12.98
2. 信息披露质量	69.75	96.00	40.00	12.44
2.1 准确性	70.88	100.00	40.00	19.47
2.2 完整性	67.46	100.00	40.00	19.32
2.3 及时性	70.36	100.00	40.00	18.72
3. 成长性	79.83	94.60	47.52	9.94
3.1 成长表现	78.53	98.41	35.99	13.65
3.2 成长动因	81.78	97.31	54.26	7.13
4. 创新性	69.33	87.22	49.14	7.58
4.1 科技创新投入	79.47	98.04	47.52	11.10
4.2 科技创新产出	59.19	91.00	40.00	11.82

资料来源：特华博士后科研工作站。

1. 整体评价结果

如表 61 所示，从挂牌公司在综合质量区间的分布来看，得分最高区间

（"高"区间）的公司有50家，占比25.91%，最低区间（"低"区间）的公司有7家，占比3.63%，较低区间23家，占比11.92%，"一般"区间47家，占比24.35%，较高区间66家，占比34.20%。

表61 软件行业挂牌企业得分评价分布状况

质量评价	综合质量		持续经营能力		信息披露质量		成长性		创新性	
	数量	占比（%）	数量	占比（%）	数量	占比（%）	数量	占比（%）	数量	占比（%）
低	7	3.63	27	13.99	39	20.21	10	5.18	21	10.88
较低	23	11.92	34	17.62	29	15.03	10	5.18	38	19.69
一般	47	24.35	40	20.73	15	7.77	14	7.25	39	20.21
较高	66	34.20	43	22.28	40	20.73	18	9.33	52	26.94
高	50	25.91	49	25.39	70	36.27	141	73.06	43	22.28
总体	193	100	193	100	193	100	193	100	193	100

资料来源：特华博士后科研工作站。

软件行业挂牌企业综合质量得分前十名见表62。

表62 软件行业挂牌企业综合质量得分前十名

代码	简称	省份	得分
839737	鸥玛软件	山 东	81.96
870019	博源恒芯	北 京	81.44
837045	敬众科技	上 海	81.29
835653	天润融通	北 京	80.37
835823	视 美 泰	广 东	80.19
830866	凌志软件	江 苏	80.14
833096	仰邦科技	上 海	80.10
837592	华信永道	北 京	80.00
835097	讯腾智科	北 京	79.47
836949	源启科技	湖 北	79.10

资料来源：特华博士后科研工作站。

2. 持续经营能力评价

从持续经营能力来看，软件行业平均得分68.89分，最高得分85.21分，最低得分46.18分，标准差8.09。从挂牌公司持续经营能力评价区间的分布来看，25.39%的企业得分"高"，22.28%的企业得分"较高"，20.73%的企业得分"一般"，17.62%的企业得分"较低"，13.99%的企业得分"低"。

三个分项指标中，财务质量平均得分66.41分，最高得分86.44分，最低得分32.53分，标准差10.64；经营风险平均得分76.29分，最高得分96.49分，最低得分40.36分，标准差9.09；公司治理平均得分68.42分，最高得分97.00分，最低得分27.50分，标准差12.98。经营风险指标得分高于公司治理指标得分，说明挂牌企业具备较强的经营风险抵御能力，但公司治理结构和财务质量仍有较大提升空间。财务质量得分居中，表明软件行业挂牌企业财务情况尚可。持续经营能力得分较高的十家企业见表63。

表63 软件行业挂牌企业持续经营能力得分前十名企业

代码	简称	省份	得分
839737	鸥玛软件	山　东	85.21
837045	敬众科技	上　海	83.86
830866	凌志软件	江　苏	83.60
838758	思迅软件	广　东	83.34
833096	仰邦科技	上　海	83.09
837758	宏天信业	北　京	82.20
835804	安趣股份	北　京	81.62
831688	山大地纬	山　东	80.85
837592	华信永道	北　京	80.77
870019	博源恒芯	北　京	80.68

资料来源：特华博士后科研工作站。

财务质量。软件行业公司财务质量指标平均得分为66.41分，从各项分指标来看，盈利能力指标和偿债能力指标得分较高，平均得分分别为78.55分和68.71分，但运营能力指标得分相对较低，平均得分只有53.72分，说明软件行业作为新兴产业，其财务运营整体情况良好，但在体制建设等内控体系方面，还有待加强，运营尚未形成完备的规范体系。盈利能力尚可，但运营能力有待提高。

经营风险。软件行业公司经营风险指标总体表现"高"，平均得分76.29分。其中，主营业务指标表现优异，说明挂牌企业主营业务均具有较

好的持续性和稳定性，经营稳定性风险较小。软件行业作为新兴朝阳产业，其主营业务比较突出，也不太依赖于单一客户，经营风险相对较小。

3. 信息披露质量评价

从信息披露质量来看，软件行业样本挂牌企业平均得分 69.75 分，最高得分 96.00 分，最低得分 40.00 分，标准差 12.44，总体表现"高"。从各分项指标来看，信息披露准确性与及时性表现优异，分别达到 70.88 分和 70.36 分，说明挂牌企业能够较好履行信息披露义务；但是行业信息披露完整性则略差一些，平均得分只有 67.46 分，一方面说明挂牌企业尚未形成完善的信息披露体系，另一方面也说明挂牌企业尚未完全转变经营思路，未能充分履行公开市场企业身份的义务，信息披露更多只是为了满足股权系统相关规章制度的基础义务。信息披露质量得分较高的十家企业见表 64。

表 64　软件行业挂牌企业信息披露得分前十名企业

代码	简称	省份	得分
836949	源启科技	湖　北	96
830866	凌志软件	江　苏	90
833096	仰邦科技	上　海	90
870111	昂捷信息	广　东	90
837099	柏科数据	广　东	90
832422	福昕软件	福　建	88
835804	安趣股份	北　京	86
836036	昆仑股份	北　京	84
870126	卓识网安	北　京	84
837069	华如科技	北　京	84

资料来源：特华博士后科研工作站。

4. 成长性评价

从成长性来看，软件行业各样本公司得分"高"，平均得分 79.83 分，最高得分 94.60 分，最低得分 47.52 分，标准差 9.94。其中，成长表现平均得分 78.53 分，成长动因平均得分 81.78 分。挂牌公司成长性评价区间的分布不太平均，73.06% 的企业得分"高"，9.33% 的企业得分"较高"，7.25% 的企业得分"一般"，5.18% 的企业得分"较低"，5.18% 的企业得分"低"。

从各分项指标来看，体现成长能力的挂牌企业的营业收入增长率（平均得分 77.45 分）、净利润增长率（平均得分 79.86 分）和总资产增长率均整体呈较好的成长表现，绝大多数企业均实现较好的业绩增长；但是各企业销售毛利率得分较低，主因在于软件行业特性所致进入门槛相对较低，销售转化率也较为平滑。

软件行业挂牌企业成长性得分前十名企业见表 65。

表 65　软件行业挂牌企业成长性得分前十名企业

代码	简称	省份	得分
833185	富煌科技	安　徽	94.60
836333	像素软件	北　京	94.29
835823	视美泰	广　东	93.07
834596	拜特科技	广　东	91.70
832145	恒合股份	北　京	91.64
836949	源启科技	湖　北	90.68
837045	敬众科技	上　海	90.64
870019	博源恒芯	北　京	89.97
833954	飞天经纬	北　京	89.92
870622	英讯通	天　津	89.50

5. 创新性评价

从创新性评价来看，软件行业得分"高"，平均得分 69.33 分，最高得分 87.22 分，最低 49.14 分，标准差 7.58。从创新性分指标来看，科技创新投入平均得分 79.47 分，最高得分 98.04 分，最低得分 47.52 分，标准差 11.10。科技创新产出平均得分 59.19 分。从挂牌公司创新性评价区间的分布情况来看，22.28% 的企业得分"高"，26.94% 的企业得分"较高"，20.21% 的企业得分"一般"，19.69% 的企业得分"较低"，10.88% 的企业得分"低"。

从分项指标来看，科技创新产出得分只有 59.19 分，提示软件行业挂牌企业对创新驱动关注不够。

软件行业挂牌企业创新性得分前十名企业见表 66。

表66 软件行业挂牌企业创新性得分前十名企业

代码	简称	省份	得分
836333	像素软件	北 京	87.22
831306	丽明股份	吉 林	86.50
839097	泽达易盛	天 津	83.59
835653	天润融通	北 京	81.22
430066	南北天地	北 京	80.59
837045	敬众科技	上 海	80.26
837939	云竹信息	北 京	80.24
839036	珠海鸿瑞	广 东	80.02
870731	游动网络	福 建	79.72
835804	安趣股份	北 京	79.62

资料来源：特华博士后科研工作站。

（三）挂牌公司案例分析

1. 欧码软件（代码：839737. OC）

山东山大鸥玛软件股份有限公司主要经营考试与测评领域信息化产品的研究、开发、销售及服务。公司主要产品根据不同的业务类型大致可分为三类：服务类、软件类和硬件类。公司已取得29项专利证书，所有专利均以自行研发取得，专利权归公司所有。公司拥有55项计算机软件著作权。欧码软件在综合质量总得分上排名第1（81.96分），持续经营能力方面排名第1（85.21分），信息披露方面排名第84（72.00分），成长性方面排名第63（85.59分），创新性方面排名第61（73.00分）。山东山大鸥玛软件股份有限公司成立于2005年，实际控制人为山东大学，有很好的科研创新资源，公司拥有研发、检测技术人员70名，拥有2项发明专利、4项实用新型专利、10项软件著作权，公司在持续经营能力方面表现突出。

2. 博源恒芯（代码：870019. OC）

北京博源恒芯科技股份有限公司是一家从事工业喷墨印刷控制系统的设计、研发、销售及服务的公司，主要产品是以定制化板卡为载体，并嵌入具有网点算法、运动控制、色彩管理、喷头控制、大批量数据高速处理等功能系统软件，配套电脑桌面控制软件，集成工业喷墨控制系统。公司获得《ContributionAward》证书、《软件企业认定证书》等荣誉。北京博源恒芯科技股份有限公司在综合质量总得分上排名第2（81.44分），持续经营能力方面排名第12（80.68分），信息披露方面排名第96（70分），成长性方面排名第17（89.97分），创新性方面排名第26（78.73分）。公司于2016年12月被认定为高新技术企业，按照《中华人民共和国企业所得税法》等有关规定，公司将按15%的优惠税率缴纳企业所得税，使得公司有更多的现金流支持促进公司成长。

3. 敬众科技（代码：837045.OC）

上海敬众科技股份有限公司主要业务为航旅数据分发业务与软件开发业务，为金融行业（包括银行、互联网金融）和征信机构等提供征信数据服务，为保险行业（包括保险、经纪公司）提供保险数据支撑与服务和保险产品精算解决方案；公司的主要产品与服务项目是航旅数据分发和软件开发业务。主营业务为航旅数据分发业务、软件开发业务、征信数据业务。公司自2005年成立以来，经过13年的发展，在航旅业信息化方面，积累了丰富的行业资源和业务经验，培养了优秀的管理团队和研发团队。截至2018年6月30日公司拥有83项软件著作权证书、高新技术企业证书。公司最为核心的竞争力是在第三方航旅数据处理分发细分市场上，利用自身在技术上的优势和多年积累的行业经验，为行业客户提供服务。公司在综合质量总得分上排名第3（81.29分），持续经营能力方面排名第2（83.86分），信息披露方面排名第164（54.00分），成长性方面排名第14（90.64分），创新性方面排名第15（80.26分）。公司的在信息披露方面排名较低，需不断加强风险控制、完善公司治理，除此之外各项指标均排名靠前。

4. 天润融通（代码：835653.OC）

北京天润融通科技股份有限公司为云计算托管型呼叫中心服务提供商，主营业务为向企业客户提供全面的呼叫中心云服务。公司主要产品即为客户搭建基于云计算的托管型呼叫中心，公司基于云计算技术集中建设具备大容量、高可用性的云呼叫中心平台，并与基础运营商的码号、电路等通信资源

无缝整合，向用户提供SaaS（软件即服务）和PaaS（平台即服务）模式的呼叫中心系统服务。主营产品为语音业务、短信业务。公司在综合质量总得分上排名第4（80.37分），持续经营能力方面排名第30（78.00分），信息披露方面排名第32（82.00分），成长性方面排名第76（84.09分），创新性方面排名第11（81.22分）。作为一家呼叫中心云服务提供商，公司主要为企业级呼叫中心提供云应用平台服务。多年的行业经验赋予公司领先市场的前瞻性，高于市场预期的服务带来良好的用户使用黏性，这从公司高排名的创新性指标上也可以看出。

5.视美泰（代码：835823.OC）

深圳市视美泰技术股份有限公司主营业务是嵌入式终端产品的研发、生产、销售，并为嵌入式终端产品用户提供系统解决方案。公司作为嵌入式终端产品方案提供商，目前专注于数字标牌细分领域，为用户提供主板定制开发、终端软件系统嵌入和应用软件开发定制的综合服务，公司主要产品服务为数字标牌主板、ARM核心主板、技术开发服务和销售集成电路。主营产品为集成电路、数字标牌、技术开发。公司在综合质量总得分上排名第5（80.19分），持续经营能力方面排名第42（75.81分），信息披露方面排名第72（74.00分），成长性方面排名第5（93.07分），创新性方面排名第21（79.61分）。公司成长性指标表现突出，主要是公司持续推进数字标牌产品研发，进行产品升级更新，提高产品竞争力；同时加强市场推广工作，为客户提供个性化的软硬件整体解决方案，公司数字标牌类营业总收入相比上年同期有较大幅度的增长。

（四）总结

从评分结果来看，2017年中国软件企业相较于2016年经历了新一轮大发展，从挂牌企业的得分情况来看，综合质量有所提高，这主要是由于在成长性一项上得分很高，而且其他指标也均有提高。软件行业市场已经趋于饱和，竞争激烈，市场进入难度加大。一方面，各挂牌公司在财务状况上表现尚可，财务质量、经营风险得分都令人满意，显示出软件行业在盈利能力上还处于上升状态，但另一方面，创新性得分偏低，提示多数软件行业的挂牌企业在创新驱动力上有所欠缺，仍有较大的提升空间。创新性是个大问题，得分过低拉低整体综合质量得分，显示软件行业应更加重视技术研发和专利创新。信息披露方面，基于监管的要求，在规范性和准确性上没有太大问题。成长性指标得分较 2016 年提高较多，成长能力与成长空间得分均有较大提高。

九 生产服务行业挂牌公司质量评价报告①

（一）行业概况

1. 行业总体情况

生产服务行业是从制造部门内部的生产服务部门独立发展起来的新兴产业，其并不直接向消费者提供服务，而是依附于制造业的各级产业链而存在。近年来，生产服务行业逐渐成为国民经济增长的主要源泉，较多企业体现了良好的成长性，尤其是物流业发展迅猛，成为生产服务行业中作用最为突出的行业。党的十九大报告指出，要"支持传统产业优化升级，加快发展现代服务业，瞄准国际标准提高水平"。生产服务行业作为现代服务业最重要的组成部分，是推动我国产业结构调整和升级的重要动力。按照万得三级行业标准，生产服务行业主要包括公路与铁路运输、多元金融服务、复合型公用事业、海运、交通基础设施、贸易公司与工业经销商、航空货运与物流、商业服务与用品、水务、无线电信业务、专业服务、综合类业务。报告列举公路与铁路运输、航空货运与物流这两个典型且有代表性的分行业进行行业概述。

2. 细分行业一：公路与铁路运输的行业分析

公路与铁路运输业是我国最为重要的生产服务行业之一。随着我国交通运输事业的发展，公路与铁路运输业也取得了长足的进步。根据《中国统计年鉴2017》的数据，我国 2016 年公路和铁路运输货运量分别为 3341259

---

① 于潇，经济学博士，特华博士后科研工作站博士后，中央民族大学经济学院副教授，主要研究方向为制度变迁与绩效研究、农地资源管理。郑艳侠，中央民族大学生命与环境科学学院硕士研究生，主要研究方向为自然资源管理，产业策略分析。

万吨和333186万吨，且为我国货物运输的主要途径。在我国股票市场上，有很多公路铁路运输类股票，例如德新交运（603032）、富临运业（002357）及西部创业（000557）等。虽然这一行业成长性较好，但却收入来源相对单一且创新性有限，在资本市场上并非热门板块。新三板挂牌企业中，例如宁波公运（832399）、同益股份（835648）等属于公路与铁路运输业。总体而言，公路与铁路运输业发展趋势良好，这是货运及客运的刚性需求所致，在国家大力发展铁路和公路运输的政策环境下，特别是铁路数次提速和加强高铁建设的大背景下，公路与铁路运输业有望保持较好的成长性。

3. 细分行业二：航空货运与物流的行业分析

随着我国居民对各种商品与消费品的需求不断加大、国际分工的不断深化以及国内外贸易量的持续增加，航空货运与物流业得到了较快的发展，特别是物流业的业务量出现了巨幅的增长。根据《中国统计年鉴2017》的数据，我国2016年民用航空货物运输量为668.01万吨，其中国内和国际航线货物运输量依次为474.82和193.19万吨，相比2011年分别增长了25.14%和8.51%。物流业特别是快递业增长势头强劲，2016年我国快递量和快递业务收入分别为3128315.11万件和39743601.32万元，快递量较2015年和2014年分别上涨了51.37%和124.1%；快递收入较2015年和2014年分别提高43.5%和94.31%。我国股票市场上，各大航空公司基本上均已上市，同时一些通用航空运输服务的股票如中信海直（000099）也上市较早；物流业股票例如顺丰控股（002352）、申通快递（002468）及圆通快递（600233）等均有着良好的表现。新三板挂牌企业中也不乏此类股票，例如钢联物流（871679.OC）、智慧物流（835896.OC）等。总体而言，未来航空货运与物流业的发展仍受我国生产服务市场的需求动能影响，同时也受服务业领域开放度的制约。目前，我国正在加快推进服务业扩大开放综合试点示范区的建设工作，服务业的开放程度也正在不断提高，航空货运与物流业也有望借助这一契机，实现进一步的发展。

（二）挂牌公司质量评价结果

生产服务行业新三板挂牌企业当中，民营企业占据主体地位。生产服务行业企业挂牌公司主要分布在北京市、上海市、广东省、江苏省及浙江省等经济发达省份。为了分析方便，本报告大致将生产服务行业一级和二级指标的得分划分为"高、较高、一般、较低、低"五个区间，得分75分以上为"高"；70~75分为"较高"；65~70分为"一般"；60~65分为"较低"；60分以下为"低"（见表67）。参考这种划分标准，报告对新三板生产服务行业企业得分的整体情况进行评价，同时对持续经营能力、信息披露质量、成长性和创新性四个一级指标进行逐一分析。

表67　得分评价划分

高	75分以上
较高	70~75分
一般	65~70分
较低	60~65分
低	60分以下

本报告的生产服务行业挂牌公司样本共275家。生产服务行业总体综合质量评分的平均值为68.27分，最高83.45分，最低51.83分。整体处于评估的"一般"水平，但已接近"较高"水平，且在整体行业中排名较为靠前（14个行业中排名第4），具体得分情况如表68所示。

表68　生产服务行业挂牌企业得分评价分布情况

质量评价	综合质量		持续经营能力		信息披露		成长性		创新性	
	数量	占比（%）	数量	占比（%）	数量	占比（%）	数量	占比（%）	数量	占比（%）
低	22	8.00	70	25.45	54	19.64	15	5.45	125	45.45
较低	59	21.45	50	18.18	51	18.55	9	3.27	53	19.27
一般	79	28.73	58	21.09	27	9.82	17	6.18	48	17.45
较高	84	30.55	59	21.45	44	16.00	25	9.09	31	11.27
高	31	11.27	38	13.82	99	36.00	209	76.00	18	6.55
总体	275	100	275	100	275	100	275	100	275	100

1. 整体评价结果

如表68所示，从样本挂牌公司在整体评价得分区间的分布来看，只有

8%的挂牌企业得分"低"，21.45%的企业得分"较低"，28.73%的企业得分"一般"，30.55%的企业得分"较高"，11.27%的企业得分"高"。这一整体结果也从侧面解释了为何生产服务行业在所有行业中的排名较高，接近三成的样本企业处于"一般"水平，而处于"较高"水平的企业达到了30%以上，"高"水平的企业也达到了一成以上。由于评价为"较低"和"低"的样本企业也将近三成，故按照报告的标准，生产服务行业挂牌企业样本评估虽为"一般"，但整体已非常接近"较高"水平。

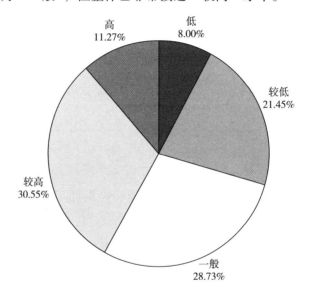

图6 生产服务行业挂牌企业整体评价分布状况

报告将生产服务行业与其他行业的指标进行对比，结果如表69所示。在所有14个行业中，生产服务行业挂牌企业样本的员工人数平均值为299.27人，比14个行业均值303.38人低了1.35%，在所有行业中排名第6。在四个一级指标对比上，持续经营能力方面，生产服务行业得分均值为65.79分，比14个行业均值得分低了1.02%，在14个行业中排名第9；信息披露方面，生产服务行业得分均值为69.43分，比14个行业均值得分高了0.8%，在14个行业中排名第7；成长性方面，生产服务行业得分均值为79.31分，比14个行业均值得分高了6.99%，在14个行业中排名第1；创新性方面，生产服务行业得分均值为 61.76 分，比 14 个行业均值得分低了 0.16%，在 14 个行业中排名第 6。可见，就整体评价而言，生产服务行业在报告所选的 14 个行业中位列第 4，处于上游水平；在其他四个一级指标上，成长性位列所有行业第 1 名，信息披露质量略高于整体样本平均水平，但持续经营能力和创新性却略低于平均水平。

表 69　生产服务行业挂牌企业样本与其他行业的整体对比

项目	员工人数	持续经营能力	信息披露质量	成长性	创新性	总体
得分	299.27	65.79	69.43	79.31	61.76	68.27
所有行业均值	303.38	66.47	68.88	74.13	61.86	67.43
行业排序	6	9	7	1	6	4

本报告选取的 14 个行业中，共有 2189 家样本公司。总体评价即综合质量得分排前 10 位的生产服务行业样本公司中，前 8 位进入了总体样本的前 50 名，前 10 位均进入前 100 名（见表 70）。报告认为，生产服务行业的平均水平处于整体 14 个行业的上游水平，规模大、成长性好的企业也相对较多。虽然生产服务行业市场竞争也相对激烈，且该行业创新性与持续经营能力差强人意，但刚性及不断增加的市场需求是此行业得以生存和壮大的基础。

表 70　生产服务行业挂牌企业综合质量得分前 10 名

代码	简称	省份	得分	排名
871052. OC	盛日环保	山　东	83.45	1
835212. OC	多想互动	福　建	80.25	11
833427. OC	同济设计	江　西	79.79	20
831822. OC	米奥会展	浙　江	79.69	22
430211. OC	丰电科技	北　京	79.16	29
870666. OC	肖克利	上　海	78.92	34
834621. OC	润晶水利	云　南	78.55	44
838349. OC	乐舱网	山　东	78.46	47
839164. OC	兴华设计	江　苏	77.77	61
870941. OC	零点有数	北　京	77.37	71

2. 持续经营能力评价

持续经营能力方面，生产服务行业平均得分65.79分，最高得分86.12分，最低得分46.13分，标准差8.34，总体评价水平为"一般"（见表71）。从生产服务行业挂牌公司持续经营能力评价分布来看，13.82%的企业得分"高"，21.45%的企业得分"较高"，21.09%的企业得分"中"，18.18%的企业得分"较低"，25.45%的企业得分"低"。

表71　生产服务行业挂牌企业持续经营能力指标得分

项目	平均值	最高分	最低分	标准差
1. 持续经营能力	65.79	86.12	46.13	8.34
1.1 财务质量	64.38	86.11	29.26	11.06
1.2 经营风险	70.59	96.27	35.65	12.03
1.3 公司治理	65.08	92.50	27.00	12.93

三个二级指标中，财务质量的平均得分为64.38分，最高得分为86.11分，最低得分仅为29.26分，标准差较大，为11.06；经营风险的平均得分为70.59分，最高得分96.27分，最低得分35.65分，标准差较大，为12.03；公司治理平均得分65.08分，最高得分92.50分，最低得分27分，标准差仍然很大，为12.93。总体而言，生产服务行业的持续经营能力得分相对于其他一级指标得分不是很高，处于"一般"水平。此外，财务质量得分处于"较低"水平，而公司治理的得分也刚刚达到"一般"水平，只有经营风险这个二级指标达到了得分"较高"的水平。财务质量方面，盈利能力得分"较高"，平均得分为73.24分，偿债能力得分"较低"，平均得分为63.80分，而运营管控能力评价为"低"，平均得分仅为57.35分，这也说明生产服务行业的运营管控能力还有一定的提升空间；经营风险方面，其五个三级指标的平均分在68分以上，即"一般"偏"较高"的水平上，而主营业务收入占比、市场销售集中度和盈利敏感性的评价分别为"高"、"较高"和"较高"水平，这也显示出生产服务行业挂牌企业在主营业务方面具有较好的稳定性及持续性；公司治理方面，只有负面或有事项

这个三级指标的评价得分为"高"（平均分 75.29 分），其余三个三级指标均评价为"较低"和"低"，说明企业的公司治理水平需要大幅提升，特别是独立董事制度指标水平亟须提高。

表 72 生产服务行业挂牌企业持续经营能力得分前 10 名

代码	简称	省份	持续经营能力得分	总分排名
831822. OC	米奥会展	浙 江	86. 12	22
839176. OC	麦迪卫康	北 京	84. 57	126
838349. OC	乐舱网	山 东	83. 93	47
871052. OC	盛日环保	山 东	83. 86	1
835212. OC	多想互动	福 建	82. 90	11
836944. OC	储融检测	上 海	82. 05	354
837297. OC	中晨电商	上 海	81. 50	144
832822. OC	保正股份	上 海	81. 02	251
871658. OC	水石设计	上 海	80. 64	219
838267. OC	新世纪	北 京	80. 23	660

表 72 为生产服务行业挂牌企业持续经营能力得分前 10 名企业。上榜的十家企业均位于经济发达省份，持续经营能力得分均在 80 分以上，在财务质量及公司治理方面较为突出。然而，其中部分企业在所有行业总体样本中综合排名较低，有一家企业排名在 600 名之后，可见生产服务行业许多挂牌公司需要在创新性方面付出努力。

3. 信息披露质量评价

信息披露质量方面，生产服务行业样本挂牌企业平均得分为 69.43 分，最高得分 96 分，最低得分 40 分，标准差 12.57，总体评估"一般"，但接近"较高"水平。其中，19.64%的企业得分"低"，18.55%的企业得分"较低"，9.82%企业得分"一般"，16%的企业得分"较高"，36%的企业得分"高"。可见，生产服务行业信息披露质量得分呈现两头大中间小的特征，这与挂牌公司信息披露质量参差不齐、两极分化有较大关系，标准差为 12.57 也能反映这一问题（见表 73）。

表 73　生产服务行业挂牌企业信息披露质量指标得分

项目	平均值	最高分	最低分	标准差
2. 信息披露质量	69.43	96.00	40.00	12.57
2.1 及时性	66.40	100.00	40.00	18.99
2.2 详细性	67.64	100.00	40.00	18.64
2.3 真实性	71.71	100.00	40.00	20.78

三个二级指标中，信息披露及时性和详细性平均得分分别为 66.40 分和 67.64 分，评估水平为"一般"，这说明生产服务行业挂牌企业能够较为按时和详细地披露公司信息。不过，在信息披露的真实性方面，评估水平为"较高"，平均得分为 71.71 分，这也能够反映出挂牌企业信息披露体系在不断完善之中。

表 74 为生产服务行业挂牌企业信息披露质量得分前 10 名企业。这些企业的位置仍以北京、上海、浙江等经济发达的省份为主。报告认为，10 个企业在所有行业样本公司当中的排名有 2 个进入前 50 名，2 个进入前 200 名，剩余企业均在 200 名以外，甚至排名在 1000 名之后，这也从侧面要求某些生产服务挂牌企业在信息披露质量较佳的情形下，需要花费更多精力去挖掘全面提升公司综合实力的方法。

表 74　生产服务行业挂牌企业信息披露质量得分前十名企业

代码	简称	省份	信息披露质量得分	总分排名
870066.OC	恒信诺金	江　苏	96	208
838571.OC	宏业股份	浙　江	96	535
830777.OC	金达莱	江　西	96	154
838153.OC	华誉能源	北　京	96	1402
871510.OC	大境生态	山　东	96	1671
430211.OC	丰电科技	北　京	94	29
834621.OC	润晶水利	云　南	94	44
838284.OC	时代华商	广　东	94	177
838518.OC	仁通档案	上　海	94	1377
834815.OC	巨东股份	浙　江	92	862

4. 成长性评价

成长性方面，生产服务行业各样本公司平均得分 79.31 分，最高得分 94.71 分，最低得分 35.04 分，标准差 9.13，总体评估为"高"水平，且位列 14 个行业的第 1 名。从挂牌公司的成长性评价分布来看，有 76% 的样本企业得分"高"，9.09% 的企业得分"较高"，6.18% 的企业得分"一般"，3.27% 的企业得分"较低"，5.45% 的企业得分"低"。总体而言，评价分布基本类似于金字塔形，说明生产服务行业挂牌公司整体显示出良好的成长性，这也得益于近年来我国人均收入的增加、商品服务刚性需求的上升及国际贸易的深化。

表 75　生产服务行业挂牌企业成长性指标得分

项目	平均值	最高分	最低分	标准差
3. 成长性	79.31	94.71	35.04	9.13
3.1 成长表现	81.26	98.10	20.63	11.64
3.2 成长动因	76.37	97.78	35.92	10.97

如表 75 所示，两个二级指标中，成长表现和成长动因的平均得分没有显著的差异性，平均得分均在 75 分以上，评估均为"高"水平，但标准差均在 10 以上，这可以看出行业中不同企业的成长性仍然有一定的差异。四个三级指标中，营业收入增长率和净利润增长率对应着成长表现这个二级指标，其平均得分均在 80 分左右，特别是近年来随着"互联网 +"概念的深化，共享单车、互联网金融等一大批生产服务行业的营收和利润出现巨大的增长，这也能够从侧面解释为什么生产服务行业成长性极佳。成长动因包括内部动因和外部动因两个三级指标，其平均得分分别为 69.32 分和 81.08 分，评价分别为"一般"和"高"，前者即投入资本回报率评价"一般"，但已接近"较高"水平，报告认为不是市场竞争导致的资本回报率较大；后者包含行业和地域两个因素，报告认为外部动因评价为"高"，也反映了近年来生产服务行业挂牌企业处于规模不断扩大、实力不断增强的一个过程，例如快递业、物流业等飞速发展。

表 76 为生产服务行业挂牌企业成长性得分前 10 名企业。10 个企业中发达省市占据了一半份额，而江西、陕西和河南等非经济发达省份也有企业入围。报告认为，生产服务行业中成长性好的企业，例如国联质检、建中科技和智慧源等，在所有行业总样本的排名中较低。因此，对于生产服务行业的企业而言，在保持良好的成长性的同时，如何加强持续经营能力、创新性的建设、有效扩大企业规模是一个重要的问题。

表 76　生产服务行业挂牌企业成长性得分前 10 名

代码	简称	省份	成长性得分	总分排名
837554. OC	国联质检	陕　西	94.71	282
870054. OC	建中科技	福　建	93.19	1244
837079. OC	智　慧　源	广　东	93.13	470
833162. OC	港力环保	重　庆	93.01	1456
833427. OC	同济设计	江　西	92.78	20
835974. OC	天人科技	河　南	92.70	278
830777. OC	金　达　莱	江　西	92.66	154
834149. OC	动　信　通	北　京	91.76	211
831946. OC	名洋会展	北　京	91.70	277
839164. OC	兴华设计	江　苏	91.04	61

5. 创新性评价

创新性方面，生产服务行业样本挂牌企业平均得分为 61.76 分，最高得分 86.37 分，最低得分 38.60 分，标准差 8.58，总体评估为“较低”水平。其中，45.45% 的企业得分“低”，19.27% 的企业得分“较低”，17.45% 企业得分“一般”，11.27% 的企业得分“较高”，6.55% 的企业得分“高”。从整体而言，相对于其他一级指标，生产服务行业的创新性有待提高。

表 77　生产服务行业挂牌企业创新性指标得分

项目	平均值	最高分	最低分	标准差
4. 创新性	61.76	86.37	38.60	8.58
4.1 科技创新投入	66.27	98.16	37.20	12.83
4.2 科技创新产出	57.26	91.00	40.00	11.51

两个二级指标中，科技创新投入和科技创新产出的平均得分具有较强的差异性，前者平均得分为 66.27 分，评估得分为"一般"；后者平均得分为 57.26 分，评估得分为"低"。报告认为，生产服务行业近年来所处的政策环境不断改善，互联网金融、共享经济及物流快递行业飞速发展，很多企业进一步加大了科研创新的投入，人力资本回报率已处于"较高"水平（平均得分为 70.79 分）。然而，科技创新产出方面则不容乐观。生产服务企业创新、科研方面存在问题，势必会影响全要素生产率的得分；同时，知识产权资产占总资产因素被评价为"低"（平均得分为 53.02 分），说明挂牌企业专利技术支撑能力比较弱。因此，对于生产服务行业企业而言，其未来发展存在着"创新"的瓶颈效应问题，行业整体创新性亟待提升。

表 78 为生产服务行业挂牌企业创新性得分前 10 名企业。可以看出，有接近一半的企业主要以环境保护和生态规划业务为主。报告认为，在国家环境政策的倾斜下，环保与生态持续成为社会关注的焦点，在这方面的研发投入和产出也相对更多，因此会涌现出较多创新性较好的企业。然而，创新性前十名的企业当中，只有益江环保进入了所有行业样本公司的前 200 名，这说明新三板生产服务企业的均衡发展面临着一个难题。

表 78　生产服务行业挂牌企业创新性得分前 10 名

代码	简称	省份	创新性得分	总分排名
835688.OC	平安环保	湖　南	86.37	486
430165.OC	光宝联合	北　京	84.92	314
831291.OC	恒博环境	河　南	84.58	665
834636.OC	莘泽股份	上　海	82.25	1061
838298.OC	益江环保	广　西	81.16	135
835565.OC	中科国通	北　京	80.69	1453
871510.OC	大境生态	山　东	79.86	1671
831946.OC	名洋会展	北　京	78.92	277
872285.OC	铝泰股份	江　苏	78.00	1532
839750.OC	红河谷	黑龙江	77.36	982

（三）优质挂牌公司案例分析

1. 盛日环保（代码：871052.OC）

山东盛日环保股份有限公司于 2011 年 4 月在山东省淄博市成立，并于 2016 年 3 月 29 日上线新三板基础层。公司的主营业务为工业固体废弃物的环保处理及资源综合利用，目前主要产品包括赤泥铁粉和石英砂。盛日环保在总评价得分上排名生产服务行业第 1 位（83.45 分），在所有行业总样本中也排第 1 位。盛日环保在持续经营能力方面得分 83.86 分，列行业样本第 4 位；信息披露方面得分 90 分，列行业样本第 12 位；在成长性（得分 88.53 分，行业排名第 32 位）和创新性方面（得分 70.74 分，行业排名第 40 位）未能进入行业样本前 10 名。作为新三板挂牌企业的龙头企业之一，盛日环保除了创新性评价为"较高"以外，其余三个一级指标均为"高"。随着国家政策对环境保护力度的不断加大，盛日环保将迎来良好的发展机遇，同时也是固体废弃物、环保设备及水处理三大领域的新三板挂牌企业未来业务持续拓展和利润增长的原动力。

2. 丰电科技（代码：430211.OC）

丰电科技集团股份有限公司于 1997 年在北京市成立，其秉承"致力低碳生活"的使命，并专注于能源与环境关系，提供包括可再生能源、智慧压缩空气系统及工业节能、人工环境节能控制系统等广泛领域的解决方案，同时业务还涉及地热能应用、绿色金融等方面，是国内领先的工业节能和清洁能源技术解决方案提供商。丰电科技在总评价得分上排名生产服务行业第 5 位（79.16 分），在所有行业总样本中排第 29 位。此外，就一级指标而言，丰电科技的持续经营能力（得分 76.32 分，行业排名第 30 位）、信息披露质量（得分 94.00 分，行业排名第 6 位）、成长性（得分 85.14 分，行业排名第 77 位）和创新性（得分 76.32 分，行业排名第 42 位）均较为突出，四个指标均评价为"高"。报告认为，丰电科技应继续借新能源和绿色经济的良好契机，深入研发，加速成果转化，从而进一步进行有效的市场开拓。

3. 米奥会展（代码：831822.OC）

浙江米奥兰特商务会展股份有限公司于 2010 年成立。公司主要以境外自主办展为基础业务，从"一带一路"新兴市场买家的需求出发，利用互联网展会平台，为境外中小买家提供线下与线上的外贸撮合配对服务。作为中国首个获得 UFI 认证的境外办展企业，米奥会展迄今累计服务超 2 万家中国企业，并拥有超过 100 万国际专业买家数据资源。米奥会展在总评价得分上排名生产服务行业第 4 位（79.69 分），在所有行业总样本中排第 22 位。米奥会展在持续经营能力方面得分 86.12 分，行业排名第 1 位；在信息披露质量方面得分 78 分，列行业样本第 74 位；在成长性方面得分 82.05 分，列行业样本第 123 位；在创新性方面得分 59.44 分，列行业样本第 160 位。报告认为，米奥会展除了创新性之外其他所有指标都为"高"水平，特别是持续经营能力是生产服务行业中最强的，但其创新性却仅评价为"低"，故米奥会展应在夯实自己持续经营能力和高成长性的同时，进一步加大创新力度，并融合"互联网＋"等高科技手段，进一步提升自身的综合实力。

4. 同济设计（代码：833427.OC）

江西同济设计集团股份有限公司成立于 2000 年，2015 年完成股份制改造并在新三板挂牌。同济设计是江西省首家以勘察设计为主要业务的上市企业，是一家从事市政公用、风景园林、城镇规划、路桥建筑、公路铁路、环保水利及轻工等工程设计及工程咨询的专业技术服务业公司。同济设计在总评价得分上排名生产服务行业第 3 位（79.79 分），在所有行业总样本中排第 20 位；在持续经营能力方面得分 77.80 分，列行业样本第 19 位；在信息披露质量方面得分 70 分，列行业样本第 125 位；在成长性方面得分 92.78 分，列行业样本第 5 位；在创新性方面得分 73.64分，列行业样本第 25 位。可见，同济设计基本面良好，特别是总评价、持续经营能力和成长性的评价均为"高"，信息披露质量与创新性评价为"较高"。报告认为，同济设计在加强传统业务的同时，对创新性要更加重视，例如可以提高 PPP 项目和服务外包等业务的收入占比，力争做到多方面业务的共同发展。

5. 大境生态（代码：871510. OC）

烟台大境生态环境科技有限公司成立于1999年，是专门从事环境、土壤、水体等环保产品开发、生产和销售的高新技术企业公司，现有山东海诚高科与烟台富耐立快检技术两家下属公司。大境生态主要致力于利用生物技术进行环境污染的治理、土壤修复及绿色农业林业和养殖业的新技术与新产品的开发和应用，其业务范围主要为智慧海洋、水环境治理、土壤修复和科学分析仪器。大境生态总评价得分63. 26分，列生产服务行业第217位，在所有行业总样本中排第1671位。报告选取大境生态作为案例进行研究，是考虑到其在两个一级指标上进入了行业前10名，分别是信息披露质量得分96分，列行业样本第5位；创新性方面得分79. 86分，列行业样本第7位。持续经营能力（得分53. 79分，行业排名第255位）与成长性（得分64. 41分，行业排名第254位）未能进入行业样本前200名。报告认为，大境生态虽然在创新方面下了大量功夫，且注意资本市场的信息披露，但其却在持续经营能力和成长性方面与同行业其他企业有一定差距，特别是其面临着营运资金不足、现金流为负、应收账款居高不下及关联方资金占用等多重风险。因此，大境生态需要注意的是随着承揽规模的扩大，客户拖延支付导致坏账损失风险的提升，将对公司的持续经营能力产生极为不利的影响。

十 生活服务行业挂牌公司质量评价报告[①]

（一）行业概况

本文主要分析的生活服务行业是指教育服务、餐饮旅游、医疗卫生、酒店住宿、文体娱乐、家政服务以及其他特殊生活服务等细分领域。

---

① 许言，管理学博士，特华博士后科研工作站博士后，中关村大河并购重组研究院、中关村并购母基金分析师，主要研究方向为资本市场、并购重组、公司金融、公司治理。

随着人民生活水平的不断提高和市场供给端的长足进步，居民消费由实物型向服务型转变。文化娱乐、休闲旅游、大众餐饮、教育培训、医疗卫生、健康养生等服务性消费成为新的消费热点，体验类消费快速发展。

在餐饮消费方面，国家鼓励发展大众化餐饮，优化大众化餐饮布局，支持大型餐饮企业建设主副食加工配送中心，发展标准化餐饮网点，培育了一批品牌化、连锁化经营的大众化餐饮企业，同时注重弘扬中华饮食文化，逐步形成业态互补、高中低档协调发展、中外餐饮融合促进的发展格局。2017年，社会消费品零售总额中餐饮收入39644亿元，是1978年的723倍，年均增长18.4%，比社会消费品零售总额年均增速高3.4个百分点；餐饮收入占社会消费品零售总额的比重由1978年的3.5%提升至2017年的10.8%。

在旅游消费方面，随着旅游产品多样性不断提高和旅游市场环境日趋改善，旅游市场持续增长，旅游消费持续升温，居民出游方式多种多样，"小长假＋年休假"拼假方式所占比例增加，周边游、短途游等出游形式同样深受欢迎，亲子游、海岛游、邮轮游等旅游产品备受人们青睐。国家旅游局数据显示，2017年，我国人均出游已达3.7次，国内旅游人数达到50亿人次，是1994年的10倍，年均增长10.3%。2017年全国旅游总花费约4.6万亿元，是1994年的45倍，年均增长18%。据测算，2016年国家旅游及相关产业增加值32979亿元，比2015年增长9.9%（未扣除价格因素），增速比上年提高0.5个百分点，比同期国内生产总值（GDP）现价增速高2个百分点。

在文化娱乐消费方面，国家新闻出版广电总局电影局发布的数据显示，2017年全国电影总票房559亿元，比1991年增长超过22倍，年均增长约12.9%；2012年以来我国电影市场规模稳居世界第二，2012年总票房为北美市场的25%，而2017年已达到北美市场的77.6%。特别是国产电影市场发展良好，产量稳中有升，从2013年起，其市场份额保持在50%以上，其中，2017年达到53.8%，对唱响时代主旋律、发挥强劲正能量起到了积极作用。

1. 教育服务

中国教育培训行业始于20世纪80年代，改革开放使得国门打开，外企得以入驻，人才变得紧缺且复合化，职业培训市场开始兴起。随后市场逐步

放开，留学培训市场开始繁荣。进入 2000 年，中国加入 WTO，社会对人才的要求越来越高，终生学习的理念开始盛行，家庭经济的好转也催生出"不让孩子输在起跑线"的意识，一大批中小学教育辅导机构开始涌现，市场迎来高速发展。2013 年以后，线下培训市场竞争趋于白热化，一方面，为吸引生源"保分保效果"等代名词开始出现，但实际效果不佳；另一方面，市场门槛低，一大批人入行掘金，行业赛道混乱、口碑下滑，因此用户对市场的信任度下降，倒逼企业反思。同期，随着互联网元年的到来，受新兴科技与互联网的影响，教育＋互联网的新业态开始形成，在线教育浪潮开始兴起。1991～2017 年，全国教育经费总投入由 732 亿元增长到 42557 亿元，国家财政性教育经费占 GDP 比重由 2.8% 上升至 4.1%。党的十八大以来，职业教育、非学历教育快速发展。2016 年，全国共有职业院校 1.2 万所，中高职在校生 2682 万人。每年约有 280 万个家庭通过高职实现了拥有第一代大学生的梦想。2016 年接受各种非学历高等教育的学生 863 万人次，比 2012 年增长了 1.2 倍。教育越来越受到社会各界的普遍重视，一批教育培训企业快速崛起。2013～2017 年，规模以上服务业中，从事职业技能培训的企业，营业收入年均增长 10.9%；从事课外辅导培训的企业，营业收入年均增长 20.6%，营业利润年均增速高达 29.5%。截至 2017 年 6 月，我国在线教育用户规模达 1.44 亿人，上线慕课 3200 余门，有 5500 万人次的高校学生和社会学习者通过互联网选学课程，互联网教育前景广阔。

中国教育培训市场的发展无法脱离国家政策的保驾护航。新修订的《民办教育促进法》明确了对民办学校举办者合法权益的保护，同时"负面清单"和联合监管机制规范了校外教育培训机构，市场将在迎来一轮清洗后进入良性的健康发展期。针对新兴技术与教育的结合，国家大力推行教育信息化，以将优质教育资源输出，同时在学习行为数据化的基础上利用人工智能技术实现智能教育、个性化教育，促进教育公平而有质量。在人才引进、输出方面，一方面，减少留学流程，优化回国人员服务；另一方面，促进中外合作办学，学习借鉴各国教育发展成功经验，取长补短，互利互补，提高办学质量。

2. 在线旅游

改革开放 40 年，旅游业见证了国人生活品质的不断提升。从国内游到出境游，从跟团游到自驾游、自由行，再到近年来兴起的无景点游、心理旅游、自组团游等，旅游从曾经的"奢侈品"转变为人民日常"生活元素"，我国进入大众旅游、全域旅游新时代。2016 年，我国旅游及相关产业增加值达 32979 亿元，名义增长 9.9%，比同期 GDP 现价增速高 2.0 个百分点，占 GDP 的比重为 4.4%。2017 年，我国国内游客 50 亿人次，比 1994 年增长了 8.5 倍；入境游客 1.4 亿人次，比 1978 年增长了 76.1 倍；国内旅游总花费和国际旅游收入分别为 45661 亿元人民币和 1234 亿美元，比 1994 年增长了 43.6 倍和 15.9 倍。人们对旅游资源的要求越来越高，出国旅游成为新时尚。1994 年，我国居民因私出境占居民出境总人数的比例尚不足 50%；2017 年，因私出境居民 1.36 亿人次，占出境比重超过 95%，旅游服务进口额在服务贸易进口总额中占比过半，达到 2548 亿美元。

随着互联网的普及，在线旅游逐渐成为用户出行的主要选择方式。2017 年在线旅游市场结构中度假占比持续提升，总市场交易规模 7384.1 亿元，增长率 25.1%，线上渗透率 13.3%。2017 年中国在线度假市场交易规模达 978.9 亿元，较 2016 年增长 31.8%。头部企业的市场份额保持稳定，途牛、携程、驴妈妈分列前三。

跟团游方式依然受到大众青睐，主要原因在于：在用户出境游意愿提升的同时，语言沟通问题和产品预订问题还暂时不能得到很好的解决，因此部分用户会选择用跟团的方式满足其出境游玩的需求。

出境游市场占比持续提升，2017 年达到 54.0%；与此同时，周边游占比首次超过国内游，主要原因在于假期的碎片化使得越来越多的用户选择短期周边游玩。对不同用户需求的区分使得旅游度假的细分品类增多，促进了产品供应链的清晰，有利于专业化人才的培养。

（二）行业挂牌公司质量总体评价状况

截至 2017 年底，新三板生活服务行业挂牌企业 59 家，占总挂牌企业数

量的 2.70%，其中，7 家做市转让，52 家竞价转让；10 家属于创新层，49 家属于基础层。股份总量 32.62 亿股，资产总量 157.68 亿元，营业收入合计 238.55 亿元，净利润 15.27 亿元。

按综合质量评价体系进行衡量，生活服务行业新三板挂牌企业综合质量评分的平均值为 67.43 分，最高 76.62 分，最低 57.62 分，标准差 4.83（见表 79）。

表 79 生活服务行业挂牌企业质量总体评价状况

项目	平均值	最高分	最低分	标准差
综合得分	67.43	76.62	57.62	4.83
1. 持续经营能力	68.52	85.54	50.00	8.63
2. 信息披露质量	67.15	96.00	44.00	11.93
3. 成长性	74.41	87.21	56.42	6.68
4. 创新性	56.81	89.66	38.60	10.14

在综合评价的四个方面，生活服务行业新三板挂牌企业的成长性最好，平均值达到 74.41 分，是唯一均值达到 70 分以上的评价维度，同时，成长性的标准差最小，为 6.68，说明挂牌企业在成长性方面最为接近。这与我国生活服务行业所处的发展阶段有关，伴随着我国经济高速增长，民众生活服务的需求也日渐丰富，这给生活服务企业普遍带来了高速成长的机会。

为展示方便，本文大致将得分划分为"高、较高、中、较低、低"五个区间，其中得分 80 分以上为得分"高"；得分在 70 ~ 80 分为得分"较高"；得分在 60 ~ 70 分为得分"一般"；得分在 50 ~ 60 分为"较低"；得分在 50 分以下为得分"低"（见表 80）。

表 80 得分评价划分

高	80 分以上
较高	70 ~ 80 分
中	60 ~ 70 分
较低	50 ~ 60 分
低	50 分以下

按照这样的划分标准，本文将对生活服务行业整体得分情况以及持续经营能力、信息披露质量、成长性、创新性得分进行逐一展示分析。

从挂牌公司在综合质量区间的分布来看，其呈现集中的纺锤体分布。没有公司处于最好或最差的评价区间。同时，处于"一般"质量的公司有38家，占到64%，2家公司表现较差，剩余19家公司表现较高（见表81）。这从另一个侧面说明生活服务行业发展平均且质量较好。

表81　生活服务行业挂牌企业质量评分的分布状况

质量评价	综合质量		持续经营能力		信息披露质量		成长性		创新性	
	数量	占比（%）	数量	占比（%）	数量	占比（%）	数量	占比（%）	数量	占比（%）
差	0	0.00	1	1.69	3	5.08	0	0.00	13	22.03
较差	2	3.39	10	16.95	12	20.34	1	1.69	28	47.46
一般	38	64.41	21	35.59	18	30.51	14	23.73	14	23.73
较好	19	32.20	22	37.29	16	27.12	32	54.24	2	3.39
好	0	0.00	5	8.47	10	16.95	12	20.34	2	3.39
总体	59	100.00	59	100.00	59	100.00	59	100.00	59	100.00

生活服务行业挂牌企业综合质量得分前十名企业见表82。

表82　生活服务行业挂牌企业综合质量得分前十名企业

单位：分

证券代码	证券简称	省份	持续经营能力	信息披露质量	成长性	创新性	综合得分
832021.OC	安谱实验	上　海	80.85	82	72.74	66.74	76.62
834548.OC	天视文化	福　建	85.54	66	79.63	54.22	76.46
837538.OC	玖悦股份	上　海	76.83	76	80.71	65.18	75.80
838830.OC	龙门教育	陕　西	82.22	74	80.97	52.19	75.70
839976.OC	传智播客	江　苏	84.04	66	74.83	58.80	75.53
831116.OC	腾远股份	上　海	79.29	80	73.73	63.50	75.37
838468.OC	光华教育	北　京	72.22	68	76.67	89.66	75.27
839264.OC	世纪明德	北　京	78.05	64	76.74	69.66	74.90
831655.OC	马龙国华	江　苏	78.14	54	71.70	66.87	72.00
836252.OC	砂之船	浙　江	79.57	44	75.78	65.37	71.93

由于生活服务行业尚处于快速发展阶段，因此该行业企业在全行业中的综合实力并不突出，排名前三位的企业分别是安谱实验、天视文化和玖悦股份，其在全行业中的排名分别为第101、107和148。

1. 持续经营能力评价

从持续经营能力来说，生活服务行业平均得分68.52分，最高得分85.54分，最低得分50.00分，标准差8.63。

财务质量。平均得分66.70分，最高得分90.10分，最低得分32.95分，标准差12.69（见表83）。

表83　生活服务行业挂牌企业持续经营能力评价状况

项目	平均值	最高分	最低分	标准差
A. 财务质量	66.70	90.10	32.95	12.69
盈利表现	69.17	99.75	2.94	29.09
偿债能力	65.69	91.19	35.81	11.47
运营管控能力	65.59	95.64	13.40	19.99
B. 经营风险	75.16	94.52	52.89	10.62
主营业务收入占比	80.00	100.00	40.00	20.50
市场销售集中度	85.08	100.00	40.00	18.26
对外采购集中度	66.10	100.00	40.00	19.57
盈利敏感性	70.67	98.28	3.55	29.36
破产风险概率	76.27	100.00	40.00	17.46
C. 公司治理	67.23	92.50	38.25	11.93
关联交易	59.32	100.00	40.00	22.39
负面或有事项	79.07	100.00	30.00	19.90
两权分离情况	67.80	100.00	20.00	32.73
独立董事制度	51.86	80.00	50.00	7.00

生活服务行业公司财务质量指标总体得分表现"较好"，各分项指标也表现较好，盈利表现、偿债能力、运营管控能力平均得分分别为69.17、65.69和65.59分，说明随着经济的稳定增长，在生活服务升级大背景下，生活服务行业公司处于较为宽松的经营环境，挂牌企业盈利表现较好，但偿

债能力较弱，这与生活服务行业轻资产运营的特点有关。

经营风险。生活服务行业公司经营风险指标总体表现"好"，平均得分75.16分。其中，主营业务集中，说明挂牌企业主营业务均具有较好的持续性和稳定性，且各家公司客户相对分散，并未依赖单一大客户资源，经营稳定性风险较小。

公司治理。生活服务行业公司治理平均得分67.23分，表现一般，负面或有事项和两权分离情况得分较高，但关联交易和独立董事制度得分较低，关联交易普遍反映的是大股东对上市（挂牌）企业的干预，说明新三板生活服务行业企业大股东对企业经营活动的干预可能过多，并且在此过程中独立董事不能发挥其作用。

从挂牌公司持续经营能力评价区间的分布来看，其大体也呈现纺锤形结构，其中，8.47%的企业得到"好"的评价，37.29%的企业得到"较好"评价，35.59%的企业得到"一般"评价，16.95%的企业得到"较差"评价，1.69%的企业得到"差"的评价。

表84　生活服务行业挂牌企业持续经营能力得分前十名企业

证券代码	证券简称	省区	持续经营能力得分	行业总分名次
834548.OC	天视文化	福建	85.54	2
839976.OC	传智播客	江苏	84.04	5
838830.OC	龙门教育	陕西	82.22	4
837774.OC	珠江文体	广东	82.09	16
832021.OC	安谱实验	上海	80.85	1
836252.OC	砂之船	浙江	79.57	10
831116.OC	腾远股份	上海	79.29	6
831655.OC	马龙国华	江苏	78.14	9
839264.OC	世纪明德	北京	78.05	8
835939.OC	君亭酒店	浙江	77.00	34

2. 信息披露质量评价

生活服务行业挂牌企业信息披露的准确性和规范性表现一般，总体评分67.15分，属于"一般"中的上游水平。信息披露的及时性、详细性和真实性

得分分别为 70.51 分、67.80 分和 65.42 分，说明生活服务行业挂牌企业普遍能够及时履行信息披露义务，并且信息较为详细，真实性较好（见表85）。

表85　生活服务行业挂牌企业信息披露质量评价状况

项目	平均值	最高分	最低分	标准差
A. 信息披露及时性	70.51	100	40	18.90
B. 信息披露详细性	67.80	100	40	19.14
C. 信息披露真实性	65.42	100	40	20.77

从信息披露质量分布来看，除 5.08% 的企业得分为"差"以外，其他生活服务行业挂牌企业得分较为平均。值得一提的是，在信批及时性、详细性和真实性中都有同一趋势，即集中在"差"、"一般"和"好"三个区间，其中，信披质量较好的公司比例达到50%以上，说明生活服务行业公司的信披质量水平普遍较好。

表86　生活服务行业挂牌企业信息披露质量得分前十名企业

证券代码	证券简称	省区	信息披露质量得分	行业总分排名
830865. OC	南菱汽车	广　东	96	45
834761. OC	锦聚成	天　津	90	52
839024. OC	远播教育	上　海	90	36
835474. OC	蓝色未来	上　海	88	11
832050. OC	百富餐饮	新　疆	86	24
832021. OC	安谱实验	上　海	82	1
833623. OC	胜高股份	河　南	82	39
831116. OC	腾远股份	上　海	80	6
834833. OC	成都文旅	四　川	80	19
833503. OC	花嫁丽舍	上　海	80	48

3. 成长性评价

从成长性能力来看，生活服务行业各样本公司表现较好，平均得分 74.41 分，最高得分 87.21 分，最低得分 56.42 分，标准差 6.68 分。

其中，成长表现平均得分 80.54 分，挂牌企业的营业收入增长率、净利润增长率都表现优异，分别达到了"较高"和"高"的水平，绝大多数企业均实现了较好的业绩成长；但成长动因表现较为一般，得分仅为65.23分。

表87　生活服务行业挂牌企业成长性评价状况

项目	平均值	最高分	最低分	标准差
A. 成长表现	80.54	97.76	58.42	9.29
营业收入增长率	78.97	99.30	36.78	16.16
净利润增长率	82.45	97.28	41.59	12.12
B. 成长动因	65.23	76.73	51.04	5.62
内部动因	82.45	97.28	41.59	12.12
外部动因	53.75	67.68	31.44	5.90

挂牌公司成长性评价区间的分布呈倒金字塔形，近八成的企业处于"较好"和"好"的区间，成长性较高的前十家企业只有1家在综合排名中处于前十，说明大部分成长性较高的企业其业务尚处于发展期，在持续经营能力等方面可能尚不成熟，未来还具有较大的成长空间（见表88）。

表88　生活服务行业挂牌企业成长性得分前十名企业

证券代码	证券简称	省　份	成长性得分	行业总分排名
838994. OC	可观股份	福　建	87.21	15
872082. OC	百年育才	北　京	86.52	35
834772. OC	中悦科技	北　京	86.43	47
835474. OC	蓝色未来	上　海	85.27	11
870385. OC	华普教育	北　京	84.80	12
870440. OC	金爵智能	河　南	83.85	29
839722. OC	润知文化	重　庆	82.23	50
839024. OC	远播教育	上　海	82.12	36
838830. OC	龙门教育	陕　西	80.97	4
871025. OC	伊铭萱	上　海	80.95	43

4. 创新性评价

生活服务行业新三板挂牌企业在创新性方面普遍表现较差，平均得分仅为

56.81 分，处于"较差"的区间。在科技创新投入方面，研发经费占营收比重得分49.49 分，而研发人员比重得分仅为 49.83 分。同时，科技创新产出得分为58.37 分，其中，知识产权资产总资产比重仅为 53.90 分（见表89）。这主要是因为生活服务行业属于服务领域科技需求较低，研发投入较低，符合行业特征。

表 89　生活服务行业挂牌企业创新性评价状况

项目	平均值	最高分	最低分	标准差
A. 科技创新投入	55.24	90.32	37.20	12.39
研发经费占营收比重	49.49	100.00	40.00	17.80
研发人员比重	49.83	80.00	40.00	13.96
B. 科技创新产出	58.37	89.00	40.00	12.36
人力资本投资回报率	68.31	99.15	30.67	21.63
全要素劳动生产率	62.03	100.00	40.00	20.07
知识产权资产总资产比重	53.90	100.00	40.00	20.91

从创新性评价来看，生活服务行业表现"较差"，挂牌公司创新性评价区间呈现金字塔形分布，3.39% 的企业得到"好"的评价，3.39% 的企业得到"较好"评价，23.73% 的企业评价"一般"，47.46% 的企业评价"较差"，22.03% 的企业得到"差"的评价。创新性指标得分排名较高的三家企业分别为光华教育（838468. OC）、卡宾滑雪（838464. OC）和中悦科技（834772. OC）。

表 90　生活服务行业挂牌企业创新性得分前十名企业

证券代码	证券简称	省区	创新性得分	行业总分排名
838468. OC	光华教育	北　京	89.66	7
838464. OC	卡宾滑雪	北　京	81.49	28
834772. OC	中悦科技	北　京	76.58	47
839606. OC	卓豪股份	贵　州	76.18	31
839264. OC	世纪明德	北　京	69.66	8
871942. OC	阖天下	江　苏	68.30	33
871703. OC	宝泉旅游	河　南	67.69	56
870385. OC	华普教育	北　京	67.23	12
831655. OC	马龙国华	江　苏	66.87	9
832021. OC	安谱实验	上　海	66.74	1

（三）优质挂牌公司案例分析

1. 龙门教育

龙门教育为以升学和能力为导向，集教育培训、产品研发、教学研究于一体的 K12 综合教育机构，公司面向中高考学生，以全日制面授培训结合校外学习中心，配套智能教学软件，采用 O2O 商业模式为学生提供全方位培训服务，现已发展成为全国规模最大的 K12 教育 O2O 课程运营商之一。

公司拥有强大的管理团队，其成员 50% 以上有任教或担任校长的经验，团队中更有来自清华大学、哈佛大学的管理者，这些都是公司良好运营、实现创新教育的坚实保障。

龙门教育立足于满足中高考学生获得个体提高的需求，面向中考、高考学生，以主要课程的面授培训，以及支持课程的相关辅助软件产品为基础，向学生提供全方位的培训服务。公司通过面授培训和软件产品教辅相结合对学生进行教学培训的模式，有效提高了学生的知识学习能力，从而不断扩大公司的品牌知名度，形成了属于自身的盈利模式。

公司的营业收入中大部分是学生的学费收入。随着市场发展，龙门教育每个班型收费标准每学年均有不同程度的提高，其中中考学生 2014 年度人均收费标准约为 8248.32 元，2015 年度人均收费标准约为 13316.08 元，单个中考学生收费标准提高约为 5067.76 元，增幅 61.44%；单个高考学生 2014 年度人均收费标准约 10280.03 元，2015 年度人均收费标准约为 20777.42 元，单个高考学生收费标准提高约 10497.39 元，增幅 102.11%。单个学生收费标准的提高一方面是公司的收费标准每学年均有不同程度的提高，另一方面是由于 2015 年更多的学生选择收费较高的实验班、精品实验班以接受更好的服务。

将龙门教育的总体质量得分与行业平均得分进行对比可以发现，龙门教育在持续经营能力、信息披露质量和成长性方面都大大好于市场平均水平（见表 91）。

表91　龙门教育总体质量得分情况对比

	持续经营能力得分	信息披露质量得分	成长性得分	创新性得分	总分
龙门教育	82.22	74	80.97	52.19	75.7
平均分	68.52	67.15	74.41	56.81	67.43

在持续经营能力方面，公司的财务质量和经营风险管控能力得分分别高于行业平均分18.9分和16.77分。

表92　龙门教育持续经营能力得分情况对比

	财务质量	经营风险	公司治理
龙门教育	85.6	91.93	67.00
平　均　分	66.7	75.16	67.23

分析经营风险明细可知，龙门教育在所有具体指标上的得分都较高。其中，主营业务收入占比、市场销售集中度、对外采购集中度的得分均为100分，说明龙门教育多年来一直集中于中高考教育培训，积累了丰富的专业经验，同时因为教师和学生的来源广泛，因而也不存在依赖单一供应商和单一客户的问题，这与行业特征存在极大关系。龙门教育依托独特的教育模式，凭借雄厚的师资力量及科学的课程设置，在陕西教育培训行业位居前列，但龙门教育师资力量受限于陕西，因此公司着力区域扩张，并发展"拼课网"的线上教育平台，将高度分散的教师整合到一起，向品牌化、规模化、互联网化方向发展。2017年公司的资产负债率仅为27.41%，其对应的破产风险概率极低，但同时这也意味着公司没有很好地利用财务杠杆，运营效率还有提升的空间（见表93）。

表93　龙门教育经营风险得分情况对比

	龙门教育	平均分
主营业务收入占比	100	80
市场销售集中度	100	85.08

	龙门教育	平均分
对外采购集中度	100	66.1
盈利敏感性	83.73	70.67
破产风险概率	80	76.27

分析财务质量评价得分可知，公司在盈利表现、偿债能力和运营管控能力方面分别比市场平均分高出30.58分、13.87分和13.93分。可以说，公司的盈利表现是支撑公司发展为优秀企业的关键（见表94）。

表94　龙门教育财务质量评价得分情况对比

	盈利表现	偿债能力	运营管控能力
龙门教育	99.75	79.56	79.52
平 均 分	69.17	65.69	65.59

将盈利表现拆分为净资产收益率和营业收入毛利率后可以发现，公司的分值都接近100分，这主要与行业特征有关，教育行业是轻资产运营，加之公司负债率较低，因此净资产收益率较高，同时培训的主要成本主要为教师费用，因此毛利率也较高（见表95）。

表95　龙门教育盈利表现得分情况对比

		龙门教育	平均分
盈利表现	净资产收益率	99.75	69.17
	营业收入毛利率	99.75	69.17
偿债能力	总资产负债率	81.3	57.82
	利息保障倍数	51.91	70.13
	速动比率	85.03	56.85
	信用融资能力	100	77.97
运营管控能力	净利润现金比率	86.87	63.22
	应收账款周转率	99.45	83.14
	其他与经营活动相关的现金支出比重	59.05	54.21

十一 食品行业挂牌公司质量评价报告[①]

（一）行业概况

1. 行业年度投资消费情况

食品行业主要包括食品、饮料与烟草等领域。细分行业包括：农、林、牧、渔服务业，农副、农产品、食品分销商、食品加工业（酒、饮料和精制茶制造业、软饮料、白酒与葡萄酒）、农副食品加工业、食品加工与肉类、农业批发业、食零售业、药品零售等。

2017 年农、林、牧、渔业、批发和零售、住宿和餐饮业固定资产投资（不含农户）合计 47287 亿元，比上年增长 1.34%。2017 年食品行业整体运行情况平稳，居民消费结构进一步调整，对国民经济和社会发展的结构平衡发展发挥了积极的支撑作用。

2. 行业年度发展情况

我国食品工业快速发展，是我国现代基础产业，并成为工业体系中首位产业，有利于保民生、拉内需、促发展。

根据国家统计局数据，2017 年，全国规模以上食品工业企业（不含烟草）累计完成主营业务收入 105204.5 亿元，同比增长 6.6%；实现利润总额 7015.6 亿元，同比增长 8.5%；亏损企业亏损总额 327.7 亿元，同比增长 1.8%；资产合计 67318.1 亿元，同比增长 5.6%；存货 9504.2 亿元，同比增长 8.1%（其中产成品存货 3806.0 亿元，同比增长 4.6%）。

农副食品加工业、食品制造业及酒、饮料和精制茶制造业完成工业增加值（现价）占全国工业增加值的比重分别为 4.4%、2.1% 和 2.0%，同比分别增长 6.8%、9.1% 和 9.1%。规模以上食品工业增加值在全国工业中的占

---

① 朱元甲，经济学博士，特华博士后科研工作站研究员，研究方向为资本市场、私募股权和公司财务。

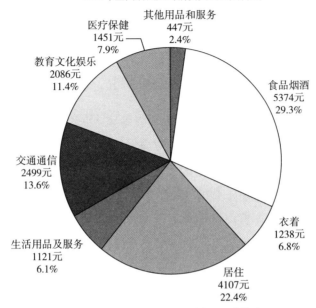

2017年全国居民人均消费支出及其构成

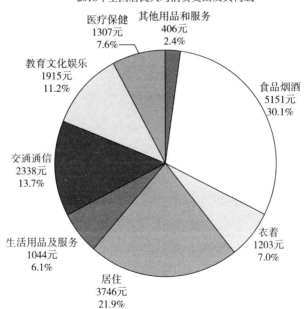

2016年全国居民人均消费支出及其构成

图7　2016年和2017年全国居民人均消费支出构成对比

资料来源：国家统计局。

比达到11.4%，对全国工业增长的贡献率为11.8%，拉动全国工业增长0.8个百分点。

2016年和2017年全国居民人均消费支出构成对比见图7。

（二）行业挂牌公司质量总体评价状况

截至2017年底，新三板食品行业挂牌公司535家，其中，做市转让58家，比上年减少25家，协议转让477家，比上年增加53家；股份总量319.38亿股，比上年增加14亿股；资产总量1438.92亿元，比上年增加47.21亿元；营业收入合计1204.32亿元，比上年增加30.28亿元；净利润59.43亿元，比上年减少14.46亿元。

本报告提取食品行业挂牌公司样本104家，占样本公司总数的19.44%。食品行业综合质量评分的平均值为66.83分，最高分82.08分，最低分52.56分，均比上年提高10分左右，标准差5.83，与上年基本持平（见表96）。

表96　食品行业挂牌企业质量总体评价状况

项目	平均值		最高分		最低分		标准差	
	2016年	2017年	2016年	2017年	2016年	2017年	2016年	2017年
综合质量	56.77	66.83	72.24	82.08	41.21	52.56	5.45	5.83
1. 持续经营能力	59.48	65.81	78.97	88.20	35.52	43.10	7.28	8.70
1.1 财务质量	55.75	67.42	88.33	88.58	26.96	42.05	11.49	11.02
1.2 经营风险	67.32	68.04	94.98	92.19	18.39	33.83	12.00	12.23
1.3 公司治理	56.62	60.50	88.50	98.50	23.75	24.25	11.79	14.50
2. 信息披露质量	70.28	70.52	84.18	96.00	46.60	40.00	5.17	13.43
2.1 及时性	89.43	69.04	100.00	100.00	——	40.00	15.65	17.15
2.2 详细性	40.82	70.77	81.68	100.00	——	40.00	12.33	20.27
2.3 真实性	51.82	70.96	75.43	100.00	——	40.00	7.57	22.10
3. 成长性	57.66	74.49	78.26	90.27	33.30	51.77	8.37	8.95
3.1 成长能力	67.62	78.87	98.74	97.58	29.55	52.17	13.74	10.40
3.2 成长空间	47.71	67.93	76.70	87.45	25.15	31.46	8.05	12.23
4. 创新性	44.93	58.95	71.71	78.07	21.49	38.60	10.79	8.54
4.1 科技创新投入	42.18	58.85	77.15	79.42	11.70	37.20	13.05	10.57
4.2 科技创新产出	49.06	59.05	100.00	80.00	10.00	40.00	19.39	12.46

从挂牌公司在综合质量区间的分布来看，大体呈现纺锤体分布。最高质量区间（"好"区间）的公司6家，占比5.77%，最差质量区间（"差"区间）的公司11家，占比10.58%，"较差"质量区间36家，占比34.62%，"一般"区间27家，占比25.96%，"较好"区间24家，占比23.08%（见表97）。

表97　食品行业挂牌企业质量评分的分布状况

质量评价	综合质量		持续经营能力		信息披露质量		成长性		创新性	
	数量	占比(%)	数量	占比(%)	数量	占比(%)	数量	占比(%)	数量	占比(%)
差	11	10.58	26	25.00	21	20.19	3	2.88	31	29.81
较差	36	34.62	27	25.96	26	25.00	17	16.35	15	14.42
一般	27	25.96	13	12.50	26	25.00	25	24.04	31	29.81
较好	24	23.08	22	21.15	20	19.23	20	19.23	20	19.23
好	6	5.77	16	15.38	11	10.58	39	37.50	7	6.73
总体	104	100	104	100	104	100	104	100	104	100

（三）持续经营能力评价

从持续经营能力来看，食品行业平均得分65.81，比上年提升6.33分；最高得分88.2分比上年提升近10分；最低得分也有所提升，为43.1分；标准差8.7，变化不大。

从挂牌公司持续经营能力评价区间的分布来看，分布比较均匀。从"差"、"较差"、"一般"到"较好"、"好"的比例分别是，25%、25.96%、12.5%、21.15%、15.38%。

三个分项中，财务质量平均得分67.42分，比上年的55.75分提升11.67分；最高得分88.58分，和上年基本持平；最低得分42.05，比上年提升15.99分；标准差11.02，和上年基本持平。

经营风险平均得分68.04分和上年的67.32分几乎持平；最高得分92.19分，较上年的94.98分略有下降；最低得分33.83分，比上年的18.39分提升15.44分；标准差几乎无变化。

公司治理平均得分60.5分，较上年有所提升；最高得分98.5分，较上年

提升 10 分；最低得分 24.25 分，比上年略有变化；标准差 14.5，略有增加。

经营风险指标得分无明显变化，财务质量和公司治理指标得分增幅明显，说明挂牌企业经营风险抵御能力稳定，公司治理结构和财务质量在可行空间得到提升。

财务质量。食品行业公司财务质量指标总体得分表现较好。挂牌企业盈利能力指标表现"较好"，平均得分 71.41 分；偿债能力指标得分"一般"，平均得分 59.91 分，较上年有所提升；运营管控能力提升幅度大，从"一般"转到"较好"，平均得分 71.49 分。总的来说，食品行业盈利能力、偿债能力和运营能力都在好转，得益于人们对生活消费的支持比例增加，更加注重生活质量，食品行业企业生产经营效益提升。

经营风险。食品行业公司经营风险控制较好，连续两年稳定在 68 分上下。其中，主营业务收入占比和市场销售集中度两项指标表现较好，平均得分分别为 76.73 分和 75.19 分，说明挂牌企业主营业务均具有较好的持续性和稳定性，市场广度较好。对外采购集中度、盈利敏感性、破产风险概率表现一般，标准差较大，说明行业内不同企业的表现差异大。

公司治理。食品行业公司治理有所好转，平均得分 60.5 分，关联交易和独立董事制度两项表现较差，负面或有事项和两权分离情况表现差强人意。独立董事制度标准差较小，说明行业内企业情况比较类似。其他三项的标准差较大，行业内企业差异也比较明显（见表98）。

表98　食品行业挂牌企业持续经营能力评价状况

项目	平均值	最高分	最低分	标准差
持续经营能力	65.81	88.20	43.10	8.70
A. 财务质量	67.42	88.58	42.05	11.02
盈利表现	71.41	99.44	0.89	21.53
偿债能力	59.91	91.16	31.09	12.51
运营管控能力	71.49	97.11	18.91	16.59
B. 经营风险	68.04	92.19	33.83	12.23
主营业务收入占比	76.73	100.00	40.00	21.43
市场销售集中度	75.19	100.00	40.00	20.38

项目	平均值	最高分	最低分	标准差
对外采购集中度	67.50	100.00	40.00	18.31
盈利敏感性	59.37	94.92	7.05	27.09
破产风险概率	65.77	100.00	40.00	19.64
C. 公司治理	60.50	98.50	24.25	14.50
关联交易	54.42	100.00	40.00	20.94
负面或有事项	66.11	100.00	—	26.82
两权分离情况	63.46	100.00	20.00	32.31
独立董事制度	52.60	90.00	50.00	8.59

（四）信息披露质量评价

从信息披露质量来看，食品行业样本挂牌企业平均得分没有明显变化，得分70.52分与上年的70.28分持平，总体表现"好"。从挂牌公司信息披露质量评价区间的分布来看，分布很平均，这与上年的倒金字塔形的分布有很大差异。2017年"差"和"较差"两者占45.19%，"一般"占25%，"较好"和"好"合计占39.81%。

2017年指标有所调整，2016年的四项指标分别是：信息披露准确性、完整性、规范性、及时性。除及时性仍然在2017年的指标中，其他三项被信批详细性和真实性代替。2017年三项指标得分，依然表明，挂牌食品企业能够较好履行信息披露义务，并且信息准确性较高，信息比较详细、及时（见表99）。总体来说，食品行业挂牌企业形成了完善的信息披露体系，能充分履行公开市场企业身份的义务，履行股权系统相关规章制度的基础义务。

表99　食品行业挂牌企业信息披露质量评价状况

项目	平均值	最高分	最低分	标准差
信息披露质量	70.52	96.00	40.00	13.43
A. 及时性	69.04	100.00	40.00	17.15
B. 详细性	70.77	100.00	40.00	20.27
C. 真实性	70.96	100.00	40.00	22.10

（五）成长性评价

从成长性能力来看，食品行业各样本公司表现"较好"，平均得分74.49分，较上年提升幅度大。最高得分90.27分，最低得分51.77分。其中，成长表现平均得分78.87分，成长动因平均得分67.93分（见表100）。

表100 食品行业挂牌企业成长性评价状况

项目	平均值	最高分	最低分	标准差
成长性	74.49	90.27	51.77	8.95
A. 成长表现	78.87	97.58	52.17	10.40
营业收入增长率	79.66	98.49	24.76	15.84
净利润增长率	77.90	98.14	29.08	16.15
B. 成长动因	67.93	87.45	31.46	12.23
内部动因	62.29	98.85	1.24	27.27
外部动因	71.69	86.80	48.80	7.29

挂牌公司成长性评价区间的分布比上年有所改善，37.5%为"好"，"较好"为19.23%，一般占24.04%，"较差"和"差"只有19.23%。

从各分项指标来看，食品挂牌企业成长表现指标营业收入增长率、净利润增长率均取得较好的得分，绝大多数企业均实现较好的业绩成长；各企业成长动因得分仅为67.93分，外部动因比内部动因要大，前者得分71.69分，后者得分62.29分。

（六）创新性评价

从创新性评价来看，食品行业表现"较差"，平均得分仅为58.95分，最高得分78.07分，最低得分38.60分。挂牌公司创新性评价区间集中分布"一般"及以下。仅有6.73%的企业得到"好"的评价，比上年提升5个百分点，19.23%的企业得到"较好"评价，29.81%的企业评价"一般"，14.42%的企业评价"较差"，而高达29.81%的企业评价为"差"。

从分项指标来看，科技创新投入平均得分 58.85 分，比上年有所好转，整体表现评价依然"较差"，主因在于研发经费投入强度不够，平均评价得分仅为 51.15 分，研发人员比重得分也很低，得分仅为 49.62 分，不过人力资本投资回报率得分较高，得分 78.34 分。科技创新产出得分 59.05 分，表现"较差"，各企业全要素劳动生产率得分 63.46 分，知识产权资产占总资产比重得分较低，仅为 53.65 分。企业专利技术转化比较弱，后续科研投入的不足，制约了企业未来发展的潜力，行业创新性质量亟待提高（见表 101）。

表 101　食品行业挂牌企业创新性评价状况

项目	平均值	最高分	最低分	标准差
创新性	58.95	78.07	38.60	8.54
A. 科技创新投入	58.85	79.42	37.20	10.57
研发经费占营收比重	51.15	100.00	40.00	16.21
研发人员比重	49.62	80.00	40.00	11.14
人力资本投资回报率	78.34	99.45	30.67	18.89
B. 科技创新产出	59.05	80.00	40.00	12.46
全要素劳动生产率	63.46	100.00	40.00	17.94
知识产权资产占总资产的比重	53.65	100.00	40.00	20.53

（七）总结

2017 年，随着中国消费者可支配收入的增长，受益于国家扩大内需政策以及食品行业自身的需求刚性，我国食品行业保持平稳增长，整体投资也呈现增长态势，食品行业总收入由 2013 年的 9.2 万亿元增至 2017 年的 12.1 万亿元，年均复合增长率为 7.1%。食品消费区域出现分化，一线城市还是快速消费品的重要市场，但增长速度显著放缓。快速消费品企业包括食品饮料企业，正在重新布局市场营销和销售资源，向中小城市发展。当前，宏观经济内部结构调整，食品行业在整体经济疲软形势下保持了基础生产和消费

支出的趋势，对经济发展起到重要的稳定作用。该行业新三板挂牌企业持续经营能力、成长性和创新性的提升，总体质量较上年提升幅度较大，表现比较均衡。不过，从各行业纵向比较来看，食品行业在创新能力方面表现依然欠佳，绝大多数企业对研发的支持力度欠缺，大部分企业依然没有立足于产品的研发获得市场竞争优势。

针对食品行业总体评价情况，本报告认为，首先，该行业挂牌企业应继续增强持续经营能力、信息披露质量、成长性和创新性。其次，继续改进公司治理，依法、合规、公允处理关联交易，减少利益输送，发挥独立董事作用。再次，在科研创新投入方面，要加大研发经费投入，增加研发人员的比重，切实加强企业的研发实力。最后，在科技创新产出方面，重视知识产权保护，适度增加知识产权资产占总资产的比重，发挥知识产权作为企业核心竞争优势的作用。

十二　文化传媒行业挂牌公司质量评价报告[①]

（一）行业概况

1. 行业年度投资消费情况

文化传媒行业主要包括出版、发行、报业、印刷、新媒体等领域。细分行业包括：新闻和出版业、文化艺术业、广播、电视、电影和影视录音制作业、电信、广播电视和卫星传输服务、文教、工美、体育和娱乐用品制造业、体育、娱乐业、商务服务业、软件和信息技术服务业、互联网和相关服务等。

根据国家统计局的数据，2017 年，全国规模以上文化及相关产业 5.5 万家企业实现营业收入 91950 亿元，比上年增长 10.8%（名义增长，未扣

---

① 朱元甲，经济学博士，特华博士后科研工作站研究员，研究方向为资本市场、私募股权和公司财务。

除价格因素），增速提高 3.3 个百分点，继续保持较快增长。文化及相关产业 10 个行业的营业收入均实现增长。其中，实现两位数增长的行业有 4 个，分别是：以"互联网＋"为主要形式的文化信息传输服务业营业收入 7990 亿元，增长 34.6%；文化艺术服务业 434 亿元，增长 17.1%；文化休闲娱乐服务业 1545 亿元，增长 14.7%；文化用品的生产 33665 亿元，增长 11.4%（见表 102）。

表 102　2017 年全国规模以上文化及相关产业企业营业收入情况

项目	绝对额（亿元）	比上年增长（%）
新闻出版发行服务	3566	7.2
广播电视电影服务	1749	6.1
文化艺术服务	434	17.1
文化信息传输服务	7990	34.6
文化创意和设计服务	11891	8.6
文化休闲娱乐服务	1545	14.7
工艺美术品的生产	16544	7.5
文化产品生产的辅助生产	9399	6.4
文化用品的生产	33665	11.4
文化专用设备的生产	5168	3.7
总　计	91950	10.8

资料来源：国家统计局网站。

2017 年文化、体育和娱乐业固定资产投资额 8732 亿元，同比上年的 7830 亿元，增长 11.5%，增速回落 3.5 个百分点。2017 年，全国居民教育文化娱乐人均消费支出 2086 元，同比上年的 1915 元，增长 8.93%。2017 年居民教育文化娱乐人均消费支出占全部人均消费支出的 11.4%，比上年增加 0.2 个百分点。

2016 年和 2017 年全国居民人均消费支出构成对比见图 8。

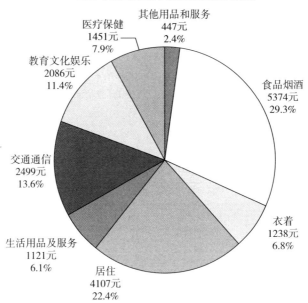

2017年全国居民人均消费支出及其构成

其他用品和服务 447元 2.4%

医疗保健 1451元 7.9%

教育文化娱乐 2086元 11.4%

食品烟酒 5374元 29.3%

交通通信 2499元 13.6%

生活用品及服务 1121元 6.1%

衣着 1238元 6.8%

居住 4107元 22.4%

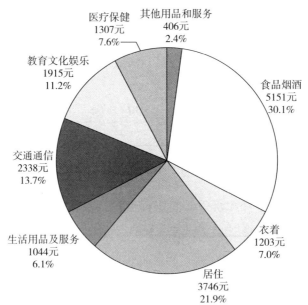

2016年全国居民人均消费支出及其构成

医疗保健 1307元 7.6%

其他用品和服务 406元 2.4%

教育文化娱乐 1915元 11.2%

食品烟酒 5151元 30.1%

交通通信 2338元 13.7%

生活用品及服务 1044元 6.1%

衣着 1203元 7.0%

居住 3746元 21.9%

图8　2016年和2017年全国居民人均消费支出构成对比

资料来源：国家统计局。

2. 行业年度发展情况

根据《2017 年全国新闻出版业基本情况》统计，2017 年，文化传媒行业整体运行情况在前年减缓的情况下，继续下滑。全国共出版图书、期刊、报纸、音像制品和电子出版物 485.23 亿册（份、盒、张），较上年降低5.43%。全国出版图书、期刊、报纸总印张为 2020.94 亿印张，与上年相比，降低 7.99%。截至 2017 年底，全国共有出版社 585 家（包括副牌社 33家），其中中央级出版社 219 家（包括副牌社 13 家），地方出版社 366 家（包括副牌社 20 家），较上年新增 1 家。全国出版新版图书 255106 种，总印数 22.74 亿册（张），总印张 230.05 亿印张，定价总金额 690.39 亿元；与上年相比，品种降低 2.79%，总印数降低 5.58%，总印张降低 4.79%，定价总金额增长 1.32%。

2017 年，全国共出版期刊 10130 种，平均期印数 13085 万册。与上年相比，品种增长 0.46%，平均期印数降低 5.90%，每种平均期印数降低6.77%，定价总金额降低 3.67%。全国共出版动漫期刊 37 种，平均期印数161 万册，占期刊品种的 0.37%。与上年相比，品种降低 7.50%。全国共出版报纸 1884 种，平均期印数 18669.49 万份，定价总金额 398.85 亿元。与上年相比，品种降低 0.53%，定价总金额降低 2.29%。

国家新闻出版广电总局发布的数据显示，2017 年全国电影总票房为559.11 亿元，同比增长 13.45%，较 2016 年 3% 的票房增速大幅提速。

（二）行业挂牌公司质量总体评价状况

截至 2017 年底，新三板文化传媒行业挂牌公司 440 家。其中，做市转让 51 家，减少 1 家，协议转让 389 家，比上年增加 39 家；股份总量 176.07亿股，比上年增加 23.44 亿股；资产总量 705.92 亿元，比上年增加 93.55亿元；营业收入合计 491.3 亿元，比上年增加 60.28 亿元；净利润 45.5 亿元，比上年增加 1.79 亿元。

2017 年，新三板文化传媒行业挂牌公司发行股票 70 次，融资金额54.65 亿元，比 2016 年的 85 次减少 15 次，融资金额减少 22.1 亿元。

本报告提取文化传媒行业挂牌公司样本 65 家，占样本公司总数的 14.8%。

2017 年，文化传媒行业挂牌公司质量比 2016 年有所提高。文化传媒行业综合质量评分平均值为 67.87 分，较上年的 61.28 分提高 6.59 分，增幅 10.75%。最高分 78.07 分，较上年最高的 74.07 分提高 4 分。最低分 52.56 分，较上年最低的 45.81 分提高 6.65 分。标准差 6.25，较上年标准差 5.51 增加 0.74（见表 103）。

表 103   文化传媒行业挂牌企业质量总体评价状况

项目	平均值		最高分		最低分		标准差	
	2016	2017	2016	2017	2016	2017	2016	2017
综合质量	61.28	67.87	74.07	78.07	45.81	52.56	5.51	6.25
1. 持续经营能力	64.16	67.34	78.62	81.07	48.31	44.30	6.24	9.28
1.1 财务质量	64.36	65.52	86.78	82.86	42.02	26.61	10.07	13.09
1.2 经营风险	68.25	74.29	88.18	91.07	36.40	44.91	10.66	9.80
1.3 公司治理	59.80	65.77	88.50	87.50	31.75	33.00	10.95	12.97
2. 信息披露质量	71.76	70.49	85.57	96.00	56.77	40.00	4.82	12.45
2.1 准确性	90.95	65.23	100.00	100.00	32.00	40.00	15.71	20.40
2.2 完整性	43.07	65.85	91.23	100.00	16.30	40.00	12.92	18.62
2.3 及时性	53.01	75.38	86.86	100.00	41.71	40.00	9.18	19.93
3. 成长性	58.56	74.56	80.55	90.04	32.10	39.39	9.64	11.54
3.1 成长能力	68.25	76.99	98.19	97.54	12.33	20.68	15.90	16.37
3.2 成长空间	48.87	70.30	79.81	84.79	25.05	48.88	9.40	8.22
4. 创新性	53.89	61.77	86.20	90.04	21.61	44.90	9.47	10.47
4.1 投入产出	46.80	63.08	86.44	99.12	13.20	32.89	12.18	14.30
4.2 知识产权成果	64.52	60.46	100.00	89.00	10.00	40.00	16.02	13.15

从挂牌公司在综合质量区间的分布来看，总体质量分布均匀。超过均值得分的企业数量为 38 家，占比 58.46%。得分 60 以下最差质量区间（"差"

区间）的公司 10 家，占比 15.38%，"较差"质量区间的公司 17 家，占比 26.15%，"一般"质量区间 9 家，占比 13.85%，"好"及"较好"质量区间 29 家，占比 44.62%（见表104）。

表 104　文化传媒行业挂牌企业质量评分的分布状况

质量评价	综合质量		持续经营能力		信息披露质量		成长性		创新性	
	数量	占比（%）	数量	占比（%）	数量	占比（%）	数量	占比（%）	数量	占比（%）
差	10	15.38	10	15.38	12	18.46	12	18.46	34	52.31
较差	17	26.15	19	29.23	14	21.54	11	16.92	7	10.77
一般	9	13.85	7	10.77	21	32.31	16	24.62	10	15.38
较好	17	26.15	16	24.62	13	20.00	18	27.69	9	13.85
好	12	18.46	13	20.00	5	7.69	8	12.31	5	7.69
总体	65	100	65	100	65	100	65	100	65	100

（三）持续经营能力评价

从持续经营能力来看，2017 年文化传媒行业平均得分 67.34 分，比 2016 年的 64.16 分有所增长。最高分 81.07 分，最低分 44.30 分。标准差 9.28，比 2016 年有所扩大。

从挂牌公司持续经营能力评价区间的分布来看，大体分布均衡。表现差和较差的占比 44.61%，表现好和较好的占比 44.62%，表现一般的占比 10.77%。

三个分项中，财务质量平均得分 65.52 分，比上年的 64.36 分高出 1.16 分；最高得分 82.86 分，比上年的 86.78 分要低 3.92 分；最低得分 26.61 分，比上年的 42.02 分要低 15.41 分。数据结果表明，2017 年，挂牌企业财务业绩和质量，两端分化。

经营风险平均得分 74.29 分，比上年高出 6 分；最高得分 91.07 分，高出上年最高分 88.18 分；最低得分 44.91 分，比上年最低分 36.4 分高出 8.51 分。

公司治理平均得分 65.77 分，比上年的 59.80 分高 5.97 分；最高得分

87.5 分，比上年的 88.5 分略低；最低得分 33 分，比上年得分 31.75 分略高。

财务质量、经营风险和公司治理指标均较上年有提升，其中经营风险指标提升幅度最大，而且得分高于财务质量和公司治理指标得分。挂牌企业具备较强的经营风险抵御能力，公司治理结构和财务质量得到了比较好的改善。持续经营能力评分较高（得分 80 分以上）的五家企业分别是唯优传媒（835488，得分 80.1 分）、多彩贵州（839388，得分 80.37 分）、华糖云商（839629，得分 80.73 分）、朝霞文化（871954，得分 80.93 分）、尚诚同力（838657，得分 81.07 分）。

财务质量。文化传媒行业公司财务质量指标总体得分表现"较好"，为 65.52 分。各公司盈利能力指标较 2016 年有大幅度提升，表现"好"，平均得分 78.42 分，比 2016 年提升 15.59 分。偿债能力也有改善，平均得分为 67.12 分，说明文化传媒行业盈利能力得到提升，企业偿债能力增强。去杠杆的大环境下，企业的债务水平也在降低。运营能力得分 52.86 分，表现"较差"，较上年下降 14.64 分，说明企业整体运转能力下降，提升空间较大。

经营风险。文化传媒行业公司经营风险指标提升快，总体表现"较好"，平均得分 74.29 分。一方面指标有所更新，仅有主营业务、盈利敏感性两项指标保留，主营业务稳定、单一客户依赖指标被市场销售集中度、对外采购集中度和破产风险指标替代。其中，主营业务下降，盈利敏感性提升，分别得分 77.85 分和 86.27 分。新增加三项指标表现一般。说明挂牌企业因为宏观经济环境的变化，业务也有调整，利润随之变动。

公司治理。公司治理评价指标完全被新的指标替代，分别是关联交易、负面或有事项、两权分离情况、独立董事制度。新指标下的文化传媒行业公司治理平均得分 65.77 分，表现"较好"，负面或有情况得分较高，为 84.23 分，其他项目得分较低，都不到 60 分。说明新三板文化传媒行业挂牌企业需要加强公司治理，提升治理水平（见表105）。

表105　文化传媒行业挂牌企业持续经营能力评价状况

项目	平均值		最高分		最低分		标准差	
	2016	2017	2016	2017	2016	2017	2016	2017
持续经营能力	64.16	67.34	78.62	81.07	48.31	44.30	6.24	9.28
A. 财务质量	64.36	65.52	86.78	82.86	42.02	26.61	10.07	13.09
盈利能力	62.83	78.42	97.91	99.96	23.04	1.28	17.86	27.29
偿债能力	64.82	67.12	86.50	89.41	48.33	43.10	8.29	10.90
运营能力	67.50	52.86	90.94	81.38	40.74	15.97	9.07	16.31
B. 经营风险	68.25	74.29	88.18	91.07	36.40	44.91	10.66	9.80
主营业务	84.87	77.85	100.00	100.00	1.31	40.00	26.18	19.72
市场销售集中度	—	65.23	—	100.00	—	40.00	—	19.77
对外采购集中度	—	65.23	—	100.00	—	40.00	—	19.77
盈利敏感性	52.12	86.27	100.00	99.10	—	16.77	14.24	14.70
破产风险	—	75.38	—	100.00	—	40.00	—	20.24
C. 公司治理	59.80	65.77	88.50	87.50	31.75	33.00	10.95	12.97
关联交易	—	57.54	—	100.00	—	40.00	—	20.16
负面或有事项	—	84.23	—	100.00	—	15.00	—	21.98
两权分离情况	—	56.62	—	100.00	—	20.00	—	34.38
独立董事制度	—	51.69	—	80.00	—	50.00	—	6.75

（四）信息披露质量评价

从信息披露质量来看，文化传媒行业样本挂牌企业平均得分71.76分，总体表现"较好"，维持了上一年度水平。由于评价指标内容发生变化，此前信息披露的准确性、完整性、规范性，由信息披露的详细性、真实性替代，信息披露的及时性仍然保留。从挂牌公司信息披露质量评价区间的分布来看，7.69%的企业得到"好"的评价，20%的企业得到"较好"评价，32.31%的企业评价"一般"，40%的企业表现"较差"及以下。

表106 文化传媒行业挂牌企业信息披露质量评价状况

项目	平均值	最高分	最低分	标准差
信息披露质量	70.49	96	40	12.45
信披及时性	65.23	100	40	20.40
信批详细性	65.85	100	40	18.62
信披真实性	75.38	100	40	19.93

从表106的各分项指标来看，信息披露真实性表现较好，说明挂牌文化传媒企业能够较好履行信息披露义务，并且信息准确性较高，很少出现补充或更正情况；但是行业信息披露详细程度一般，企业信息披露量需完善，一方面说明挂牌企业尚未形成完善的信息披露体系，另一方面也说明挂牌企业尚未完全转变经营思路，未能充分履行公开市场企业身份的义务，信息披露更多只是为了履行股权系统相关规章制度的基础义务。

（五）成长性评价

从成长性来看，文化传媒行业各样本公司表现"较好"，平均得分74.56分，最高得分90.04分，最低得分39.39分。2017年指标较上年有所调整，成长能力指标由原来的营业收入增长率、净利润增长率、总资产增长率三项调整为营业收入增长率和净利润增长率两项，成长空间指标由销售毛利率、全要素生产率调整为内部动因和外部动因。其中，成长能力平均得分76.99分，成长空间平均得分70.30分，均比上年有大幅提升。挂牌公司成长性评价区间的分布较为平均，12.31%的企业得到"好"的评价，27.69%的企业得到"较好"的评价，24.62%的企业评价"一般"，16.92%的企业评价"较差"，18.64%的企业评价为"差"。

从各分项指标来看，体现成长能力的文化传媒挂牌企业的营业收入增长率和净利润率增长率均整体呈现较好的成长表现，绝大多数企业均实现较好的业绩成长；各企业成长空间表现也有转变，平均得分为70.30分，较上年提升27.7分。这和指标调整有一定关系。挂牌企业的成长空间，在内部动因上占比较高，外部动因相对较低。可见，新三板挂牌企业的发展主要还是内生驱动（见表107）。

表107　文化传媒行业挂牌企业成长性评价状况

项目	平均值	最高分	最低分	标准差
成长性	74.56	90.04	39.39	11.54
A. 成长能力	76.99	97.54	20.68	16.37
营业收入增长率	79.08	98.84	6.82	22.90
净利润增长率	74.42	96.61	24.11	19.70
B. 成长空间	70.30	84.79	48.88	8.22
内部动因	75.97	99.81	6.68	22.79
外部动因	67.55	81.61	60.53	4.73

（六）创新性评价

从创新性评价来看，文化传媒行业挂牌企业表现"一般"，平均得分61.77分，最高得分90.04分，最低得分44.09分，均比上年有提高。挂牌公司创新性评价区间的分布仍然呈现金字塔形分布，7.69%的企业得到"好"的评价，13.85%的企业得到"较好"评价，15.38%的企业评价"一般"，10.77%的企业评价"较差"，52.31%的企业评价为"差"。

2017年创新性指标有所调整，原来投入产出指标中的研发经费投入强度、本科学历占比、人力资本投资回报率和知识产权成果指标专利数，分别由科技创新投入指标的研发经费占营收比重、研发人员比重、人力资本投资回报率和科技创新产出指标的全要素劳动生产率、知识产权资产占总资产的比重替代。从分项指标来看，科技创新投入平均得分63.08分，整体表现评价"一般"，主因在于研发经费投入强度整体表现差。研发经费占营收比重平均得分仅为54.15分，文化传媒企业科研投入较低，这也成为全要素生产率得分较低的重要原因。不过文化传媒行业人力资本投资回

报率比较高，平均得分 76.21 分。科技创新产出得分 60.46 分，全要素劳动生产率得分 64.62 分，差强人意，但是知识产权资产在总资产中的比重偏低，得分仅为 55.38 分。说明各企业科技创新转化率较低，专利技术的运用还有待提高（见表 108）。

表 108　文化传媒行业挂牌企业创新性评价状况

项目	平均值	最高分	最低分	标准差
创新性	61.77	90.04	44.90	10.47
A. 科技创新投入	63.08	99.12	32.89	14.30
研发经费占营收比重	54.15	100.00	40.00	20.83
研发人员比重	61.85	100.00	40.00	21.71
人力资本投资回报率	76.21	99.58	16.32	19.47
B. 科技创新产出	60.46	89.00	40.00	13.15
全要素劳动生产率	64.62	100.00	40.00	16.50
知识产权资产占总资产的比重	55.38	100.00	40.00	23.39

（七）总结

从行业内部结构发展来看，在过去几年里，传统媒体的发展受到互联网等新媒体的冲击较大，行业整体增速放缓甚至出现负增长，纸媒、广电等传统媒介市场持续衰落，其中报纸、杂志的广告投放近两年下滑明显，广电用户 2017 年也首次出现负增长。以"互联网＋"为主要形式的文化信息传输服务业发展迅猛。2017 年上半年全国规模以上文化及相关产业企业营业收入增长 11.7%，以"互联网＋"为主要形式的文化信息传输服务业增速最快，2017 年同比增长 32.7%，较 2016 年增长 4 个百分点，占文化产业增加值的 7.7%。

从资本市场角度来看，文化传媒行业日益成熟，一级资本市场热度下降，行业内新领域、新业态成 PE 等机构投资者的投资焦点。自 2015 年第三季度以来，文化传媒行业的股权融资案例数量逐渐上升，在 2016 年第三季度达到顶峰后（96 起）开始回落。2017 年行业市场融资表现较为平稳，但融资规模水平明显低于 2016 年融资水平。文化传媒各细分领域之间的划定边界日益模糊，影视音乐与其他文化传媒（互联网音频、内容营销、体育与电竞文化传播）成为投资的重点。监管趋严，2017 年文化传媒并购市场热度持续下滑。并购市场趋冷或因文化传媒领域的并购政策持续收紧。

从挂牌企业来看，2017 年，文化传媒上市公司经营状况向好，产出和利润增长，新媒体公司涨势强劲。文化传媒行业盈利能力大幅度提升，偿债能力改善，但是运营能力下降。报业公司传统业务持续萎缩，产出利润全面下滑。融合发展不断深化，数字化转型引致的多元化经营趋势日益显现，盈利敏感性增强。出版传媒公司大力推动融合发展和数字化转型，积极探索在内容、渠道、平台、经营、管理等方面的融合。文化传媒上市公司资本市场运作更加娴熟，借助资本工具，跨行业、跨媒体资产重组，整合资产，优化布局。在互联网金融、在线教育、大数据等新业态方面深化产业融合。在线教育、网络游戏、影视文化等渐成多元化发展热点方向，继续受到市场追捧。

文化传媒行业依然处于投资快速增长和资源整合时期，该行业与人们的日常生活相关，消费势头相对强劲，在工业经济疲软背景下保持了较快增长。该行业新三板挂牌企业总体质量平均，质量优异的企业较少。文化传媒行业整体在创新能力方面表现仍然欠佳，企业对研发支持力度不够，多数属于服务类型，基于产品的持续研发较少，不改变这一状况，未来大部分企业将缺乏成长空间。

针对文化传媒行业总体评价情况，本报告认为，首先，该行业企业公司治理需要加强，提升运营能力；其次，信息披露的完备性需要提高，这也是新三板挂牌企业的通病；再次，企业要注重持续的产品和服务提升，增强客户黏性，加大创新技术的研发力度，保持领先优势；最后，在资本市场整体低迷的环境下，建议企业不宜盲目扩张，运用好资本市场工具，为企业保持较好的现金流动性。

十三　消费品行业挂牌公司质量评价报告①

（一）行业概况

本文主要分析的消费品行业是指纺织品服装、家庭耐用消费品、林木产品、休闲用品等细分领域。

随着我国经济结构转型的深入，国内消费已逐渐成为拉动国内经济增长的重要马车。2017 年，我国居民收入增长加快，消费转型升级态势明显，消费品市场规模进一步扩大，新兴业态和新商业模式快速发展，消费品市场业态结构、商品结构、城乡结构持续优化，消费发挥着经济增长主要驱动力的作用。社会消费品零售总额比上年增长 10.2%，保持两位数较快增长。若扣除汽车类商品，社会消费品零售总额增速比上年高 0.3 个百分点。从市场规模看，在人口和居民收入平稳增长等多因素带动下，社会消费品零售总额持续扩大。2017 年，全国居民人均可支配收入比上年实际增长 7.3%，保持平稳增长；2017 年末，全国内地总人口达到 13.9 亿人，比上年末增加737 万人，人口新增因素拉动社会消费品零售总额增速超过 0.5 个百分点，全年社会消费品零售总额超过 36 万亿元。

2018 年 1～6 月份，社会消费品零售总额 180018 亿元，同比增长9.4%，其中限额以上单位消费品零售额 69938 亿元，增长 7.5%；1～6 月份全国网上零售额 40810 亿元，同比增长 30.1%，其中实物商品网上零售额 31277 亿元，增长 29.8%，占社会消费品零售总额的比重为 17.4%，比去年同期提升 3.6 个百分点。不过消费升级类商品增长较快，1～6 月限额以上批零业零售额中通信器材类、化妆品类、日用品类商品零售同比分别增长 10.6%、14.2% 和 12.6%，均能保持两位数增长。

---

① 许言，管理学博士，特华博士后科研工作站博士后，中关村大河并购重组研究院、中关村并购母基金分析师，主要研究方向为资本市场、并购重组、公司金融、公司治理。

2018 年第 1 季度，最终消费支出对 GDP 增长的贡献率为 77.8%，比 2017 年同期提高 0.6 个百分点，拉动社会消费品零售总额增长 5.3 个百分点，与 2017 年同期持平。最终消费支出对 GDP 增长的贡献率连续六年超过了 50%，体现了我国消费平稳较快增长的态势，成为经济稳定运行的"压舱石"。消费对于经济发展的基础性作用正在显著增强，消费升级的步伐随着居民消费能力的提高而不断加快。宏观经济数据中反映出来的国内消费水平的平稳较快增长实际反映了消费逐渐成为我国经济增长的主要驱动力之一。实际上，2017 年，最终消费对经济增长的贡献率为 58.8%，高于资本形成总额贡献率 26.7 个百分点。在此背景下，消费品行业迎来了机遇与挑战。

在 2018 年 5 月 30 日的国务院常务会议上，李克强总理公布了我国降低日用消费品进口关税的决定，这不仅有利于进一步扩大开放，更好满足广大群众日益多样化的消费需求，而且也能发挥"鲇鱼效应"，在为消费者提供更多选择的同时，倒逼国内产品提质和产业升级。

会议决定较大范围下调日用消费品进口关税。从 2018 年 7 月 1 日起，将服装鞋帽、厨房和体育健身用品等进口关税平均税率由 15.9% 降至 7.1%；将洗衣机、冰箱等家用电器进口关税平均税率由 20.5% 降至 8%；将养殖类、捕捞类水产品和矿泉水等加工食品进口关税平均税率从 15.2% 降至 6.9%；将洗涤用品和护肤、美发等化妆品及部分医药健康类产品进口关税平均税率由 8.4% 降至 2.9%。据了解，未来包括钟表眼镜、母婴用品、珠宝首饰等在内的日用消费品进口关税有望进一步下调。进一步降低需求旺盛的日用消费品关税，也能够在一定范围内减少我国居民的境外购物。以下对消费品某些重点细分领域的发展情况进行介绍。

1. 纺织品服装

（1）发展情况

2018 年 1 ~ 8 月，纺织行业利润增长了 1.2%。2017 年，限额以上单位服装类商品零售为 14557 亿元，是 1978 年服装类商品零售额的 52 倍，年均增长 10.7%。新时期，中国纺织工业正进入高质量发展的新阶段，"科技、

时尚、绿色"正在成为中国纺织服装行业的产业新特征与新标签。

从板块的估值水平来看,目前 SW 纺织服装整体法(TTM,剔除负值)计算的行业 PE 为 19.07 倍,SW 纺织制造的 PE 为 16.48 倍,SW 服装家纺的 PE 为 20.45 倍,沪深 300 的 PE 为 11.42 倍。

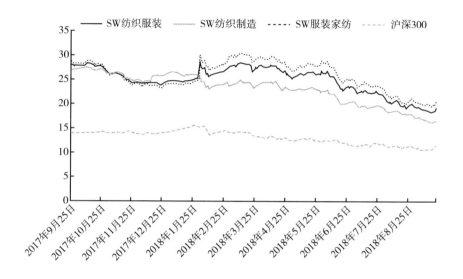

图 9 2017 年 9 月至 2018 年 8 月纺织服装及子版块 PE 走势

资料来源:Wind 资讯。

2000 年后,服装企业的发展大致可分为四个阶段。2000 年至 2008 年,服装行业处于快速发展时期。2009 年至 2012 年,行业终端消费增速放缓后,纺服公司进入调整阶段。2013 年至 2016 年,服装行业整体处于供应链调整期,并逐步向电商渠道等快速发展的新型模式转型。目前,在整体服装行业转型初见成效后,行业景气指数有所回升,固定资产投资触底反弹,整体呈现恢复发展态势。

2018 年 7 月 10 日,美国贸易代表办公室公布向自中国进口 2000 亿美元商品开征关税,征税清单中,共包含了 6031 个税号的商品。对于我国纺织业而言,该清单中仍包括 50 至 60 章中的 917 项关税细目,涉及全部种类的纺织纱线、织物、产业用制成品以及部分家用纺织品等,涉及产品年出口额超过 40 亿美元。

2018 年上半年，中国服装占美国的市场份额下降至 30% 以下，而越南的份额则上升到 15% 以上。有统计显示，2018 年第二季度，美国服装进口基本停滞不前，仅同比增长 0.5%，其中自中国的进口量大幅下降，同比下降了 5.7%。其采购方向开始向一些低成本国家转移，其中从孟加拉国和柬埔寨的进口增幅明显，分别同比增长了 9% 和 11.7%。美国自越南服装的进口量也在第 1 季度增长了 1.7% 之后，第二季度增长了近 5%。总的来说，受中美贸易摩擦影响，美国对中国服装的采购量下降最为明显。纺织服装外贸毕竟以加工贸易为主，利润通常很薄，如果再加征关税，纺企则无利可图。

随着新一轮加税开始实施，未来的我国纺织服装行业出口增速存在进一步下滑的可能性，对纺织服装行业的发展可能带来较大影响。

（2）发展趋势

新时期，中国纺织工业正进入高质量发展的新阶段，"科技、时尚、绿色"正在成为中国纺织服装行业的产业新特征与新标签。新锐互联网服装企业、传统纺织企业、老牌纺织产业基地和专业市场，都在通过各种路径或注入或强化自身的互联网基因。

a. 高质量引领电子商务发展

2017 年纺织服装电子商务交易总额为 5.28 万亿元，同比增长 18.65%，占全国电子商务交易总额的 18.11%。其中，纺织服装企业间（B2B）电子商务交易额为 4.09 万亿元，同比增长 18.55%；以服装服饰、家用纺织品为主的网络零售总额为 1.18 万亿元，同比增长 20.08%，占全国实物商品网络零售总额的 21.58%。

纺织服装电子商务由高速增长向高质量发展转变，在推动行业转型升级方面发挥了重要作用。企业电子商务应用水平进一步提高，更加注重渠道质量的提升，品牌意识得到深化，线上线下快速融合。

b. 供应链整合助推产业提升

自 2014 年至今，纺织行业的 B2B 布局已初具规模。2017 年纺织服装企业间（B2B）电子商务交易额为 4.09 万亿元，同比增长 18.55%，占行业电

子商务交易总额的 77.46%，持续成为行业发展热点。

随着互联网的发展，消费者的声音越来越强，未来的价值链第一推动力来自消费者而非厂家。服装供应链受到了新技术的影响，甚至可能会发生变革，可以预见，快时尚全球运营模式必定通过技术进行重新改造。

2. 家具行业

（1）发展情况

过去十年，受益于中国城镇化率逐步提升以及居民人均可支配收入稳步增长，家具行业迎来黄金时代，众多企业纷至沓来，分享家具行业发展红利。伴随家具行业产值整体增速放缓，企业间的竞争博弈将趋于激烈化。

家居装饰及家具行业销售额 4 万亿元，城镇化率和消费升级将推动行业稳定增长。①2016 年我国家居装饰及家具行业销售额为 3.99 万亿元，近 5 年复合增长率 8%。从消费方式看，可划分为零售消费和批发消费。零售消费 2.6 万亿元，占 2016 年整个家居装饰及家具市场销售额的 65.15%。②目前我国城镇人口持续快速增长，城镇化率由 1996 年的 30.48% 上升至 2016 年的 7.35%，但是对比欧美发达国家普遍 80% 以上的城镇化率仍有较大差距，城镇化率的提升将为家居装饰及家具行业带来巨大的发展空间。③2011 至 2016 年，我国城镇居民可支配收入由 21810 元增长至 33616 元，年复合增长率为 9.04%，预计未来年复合增长率不低于 7%。随着中产阶级的扩大，消费升级已成为未来经济增长的重要推手。家居装饰及家具作为发展享受型消费，是消费升级的重要发力点。家居卖场行业销售额 1.6 万亿元，份额有所下降，但行业集中度不断提升。

（2）政策影响

2018 年 9 月 21 日，财政部、税务总局、科技部联合发布关于提高研究开发费用税前加计扣除比例的通知：企业开展研发活动中实际发生的研发费用，未形成无形资产计入当期损益的，在按规定据实扣除的基础上，在 2018 年 1 月 1 日至 2020 年 12 月 31 日期间，再按照实际发生额的 75% 在税前加计扣除；形成无形资产的，在上述期间按照无形资产成本的 175% 在税前摊销。造纸、包装等其他行业该比例基本从 20% 左右上升为 30% 左右，政策变化对所得税缴纳额的影响为 10% 左右。家居行业受该政策影响利好程度较大，政策前后所得税减免额度变化占净利润的比例在所有子行业内属较高水平，达到 2% ~ 4%。修改前家居企业所得税减免占净利润的 4% 左右，修改后达到 6% ~ 7%。造纸、包装等行业政策修改前后净利润的影响分别为 1% ~ 3%。

（二）行业挂牌公司质量总体评价状况

截至 2017 年底，新三板消费品行业挂牌企业 147 家，占总挂牌企业数量的 6.72%，其中，10 家做市转让，137 家竞价转让；14 家属于创新层，131 家属于基础层。股份总量 82.71 亿股，资产总量 366.41 亿元，营业收入合计 338.33 亿元，净利润 27.12 亿元。

将消费品行业新三板挂牌公司按综合质量评价体系进行衡量，消费品行业综合质量评分的平均值为 66.81 分，最高 83.03 分，最低 51.37 分，标准差 5.36。综合评价的标准差仅为 5.36，说明消费品行业挂牌企业间的差异性不大。在综合评价的四个方面中，消费品行业新三板挂牌企业的成长性最为突出，平均值达到 75.01，是唯一均值达到 70 分以上的一个评价维度。除此之外，创新性的标准差最小，为 6.77，说明消费品行业挂牌企业之间在该评价维度中的差异性最小，这也与消费品行业的行业特性有关，在日常耐用性消费品、服装纺织等领域行业的技术创新并不突出，不是决定企业成长的关键因素，因此企业间的差距不大。

表 109　消费品行业挂牌企业质量总体评价状况

项目	平均值	最高分	最低分	标准差
综合得分	66.81	83.03	51.37	5.36
1. 持续经营能力	66.25	84.88	42.43	8.14
2. 信息披露质量	67.43	100	40	12.05
3. 成长性	75.01	89.58	45.68	8.28
4. 创新性	58.22	75.09	42.34	6.77

为展示方便，本文大致将得分划分为"高、较高、中、较低、低"五个区间，其中得分 80 分以上为"高"；得分 70～80 分为"较高"；得分 60～70 分为"一般"；得分 50～60 分为"较低"；得分在 50 分以下的为"低"。

表 110　得分评价划分

高	80 分以上
较高	70～80 分
中	60～70 分
较低	50～60 分
低	50 分以下

按照这一划分标准，本文将对消费行业得分整体情况以及持续经营能力、信息披露质量、成长性、创新性得分进行逐一展示分析。

表 111　消费品行业挂牌企业质量评分分布状况

质量评价	综合质量		持续经营能力		信息披露质量		成长性		创新性	
	数量	占比（%）	数量	占比（%）	数量	占比（%）	数量	占比（%）	数量	占比（%）
差	0	0.0	5	3.4	6	4.1	2	1.4	19	12.9
较差	15	10.2	28	19.0	32	21.8	9	6.1	69	46.9
一般	96	65.3	63	42.9	42	28.6	23	15.6	53	36.1
较好	35	23.8	48	32.7	39	26.5	70	47.6	6	4.1
好	1	0.7	3	2.0	28	19.0	43	29.3	0	0.0
总体	147	100	147	100	147	100	147	100	147	100

从挂牌公司在综合质量区间的分布来看，呈现明显的纺锤体分布。最高质量区间的公司仅有 1 家，占比 0.7%，同时，差质量区间的公司 0 家，较差质量区间的公司 15 家，占比 10.2%，较好质量区间的公司 35 家，占比 23.8%，占比最多的为一般区间的公司有 96 家，占比 65.3%。

表 112　消费品行业挂牌企业综合质量得分前十名

证券代码	证券简称	省份	持续经营能力得分	信息披露得分	成长性得分	创新性得分	综合得分
837942. OC	金尔豪	广　东	82.88	90	87.27	72.86	83.03
833523. OC	德瑞锂电	广　东	84.88	76	82.21	56.86	78.42
834886. OC	久正工学	江　苏	78.25	64	87.11	69.34	77.36
870416. OC	天章股份	江　苏	72	90	84.01	75.09	77
871696. OC	安捷包装	江　苏	82.27	54	82.85	68.59	76.89
838130. OC	明学光电	广　东	79.31	78	81.37	60.82	76.58
871083. OC	伽懋智造	广　东	78.25	86	75.7	63.95	76
837023. OC	芭薇股份	广　东	79.79	78	77.74	59.96	75.77
832329. OC	吉成园林	云　南	77.25	76	86.13	55.31	75.38
836027. OC	金晟环保	浙　江	79.9	92	76.27	52.63	75.23

消费品行业挂牌企业综合质量得分列前十名的企业在全行业中竞争力也较为突出，除第一名在全行业排名依然保持第一外，其他企业也在全行业中排名前 10% 以内。

1. 持续经营能力评价

从持续经营能力来看，消费品行业平均得分 66.25 分，最高得分 84.88 分，最低得分 42.43 分，标准差 8.14。

财务质量。消费品行业公司财务质量指标总体得分表现"较好"，各分项指标也表现较好，盈利表现、偿债能力、运营管控能力分别平均得分 76.12 分、59.87 分和 69.29 分，说明随着经济稳定增长，消费升级大背景下，消费品行业公司处于较为舒适的经营环境，挂牌企业盈利表现较好，但偿债能力较弱，这与消费行业轻资产运营的特点有关。

经营风险。消费品行业公司经营风险指标总体表现"好"，平均得分 66.24 分。其中，主营业务集中，说明挂牌企业主营业务均具有较好的持续性和稳定性，且各家公司客户相对分散，并未依赖单一大客户资源，经营稳定性风险较小。

公司治理。消费品行业公司治理平均得分 62.31 分，表现"好"，负面或有事项和两权分离情况得分较高，但关联交易和独立董事制度得分较低，

关联交易普遍反映的是大股东对上市（挂牌）企业的干预，说明新三板消费品行业企业大股东对企业经营活动的干预可能过多，并且在此过程中独立董事不能发挥其作用。

表 113　消费品行业挂牌企业持续经营能力评价状况

项目	平均值	最高分	最低分	标准差
A. 财务质量评价	68.04	84.63	36.78	9.76
盈利表现	76.12	99.64	6.67	20.12
偿债能力	59.87	86.96	35.76	11.86
运营管控能力	69.29	95.65	23.68	15.05
B. 经营风险	66.24	88.64	36.47	11.52
主营业务收入占比	71.56	100.00	40.00	22.73
市场销售集中度	67.89	100.00	40.00	20.01
对外采购集中度	68.57	100.00	40.00	16.50
盈利敏感性	62.44	98.64	4.21	27.82
破产风险概率	62.99	100.00	40.00	17.20
C. 公司治理	62.31	97.00	22.50	14.13
关联交易	59.59	100.00	40.00	21.06
负面或有事项	67.01	100.00	0	23.69
两权分离情况	64.49	100.00	20.00	31.71
独立董事制度	52.24	80.00	50.00	7.63

从挂牌公司持续经营能力评价区间的分布来看，大体也呈现纺锤形结构，值得注意的是公司治理的分布较为平均，除了"好"区间外，其他区间的公司数量都在 20% 上下，说明消费行业的挂牌企业在公司治理方面还需要加强内控制度建设，维护好中小股东的利益。

表 114　消费品行业挂牌企业持续经营能力得分分布状况

质量评价	持续经营能力		财务质量评价		经营风险		公司治理	
	数量	占比(%)	数量	占比(%)	数量	占比(%)	数量	占比(%)
差	5	3.4	8	5.4	16	10.9	31	21.1
较差	28	19.0	24	16.3	30	20.4	28	19.1
一般	63	42.9	41	27.9	41	27.9	37	25.2
较好	48	32.7	63	42.9	41	27.9	40	27.2
好	3	2.0	11	7.5	19	12.9	11	7.5
总体	147	100	147	100	147	100	147	100

表 115　消费品行业挂牌企业持续经营能力得分前十名

证券代码	证券简称	省份	持续经营能力得分	行业总分排名
833523. OC	德瑞锂电	广东	84. 88	2
837942. OC	金尔豪	广东	82. 88	1
871696. OC	安捷包装	江苏	82. 27	5
836027. OC	金晟环保	浙江	79. 9	10
837023. OC	芭薇股份	广东	79. 79	8
838325. OC	罗曼智能	广东	79. 35	18
838130. OC	明学光电	广东	79. 31	6
836305. OC	光跃科技	浙江	78. 75	33
837812. OC	美嘉欣	广东	78. 31	12
871083. OC	伽懋智造	广东	78. 25	7

持续经营能力排名前十的企业 70% 也正是综合得分排名前十的企业，说明持续经营能力往往决定了企业的综合能力，成为影响企业竞争力最重要的一个方面。

2. 信息披露质量评价

消费行业信息披露准确性和规范性表现一般，总体评分 67. 43 分，属于"一般"中的上游水平。信息披露的及时性、详细性和真实性得分分别为 65. 71 分、66. 67 分和 68. 57 分，说明挂牌消费品企业普遍能够及时完成信息披露义务，并且信息较为详细，真实性较好。

表 116　消费品行业挂牌企业信息披露质量评价状况

项目	平均值	最高分	最低分	标准差
A. 信息披露及时性	65. 71	100	40	16. 82
B. 信息披露详细性	66. 67	100	40	19. 7
C. 信息披露真实性	68. 57	100	40	20. 6

从信息披露质量分布来看，除 4. 1% 企业得分为"差"以外，其他挂牌消费行业企业得分较为平均。值得一提的是，在信批及时性、详细性和真实性中都有同一趋势，即集中在"差"、"一般"和"好"三个区间，说明企业在信批质量环节的离散度较大，一部分企业尚未形成完善的信息披露体系，信息披露更多只是为了履行股权系统相关规章制度的基础义务。同时也

反映出大部分企业开始转变经营思路，加强和投资者的沟通、充分履行公开市场企业身份的义务，不断提高信批的质量。信批质量较高的前三名企业分别是协新股份、金晟环保和金尔豪。

表117　消费品行业挂牌企业信息披露质量的分布状况

质量评价	信息披露质量		信息披露及时性		信息披露详细性		信息披露真实性	
	数量	占比（%）	数量	占比（%）	数量	占比（%）	数量	占比（%）
差	6	4.1	25	17.0	40	27.2	34	23.1
较差	32	21.8	0	0.0	0	0.0	0	0.0
一般	42	28.6	67	45.6	33	22.5	42	28.6
较好	39	26.5	0	0.0	0	0.0	0	0.0
好	28	19.0	55	37.4	74	50.3	71	48.3
总体	147	100.0	147	100.0	147	100.0	147	100.0

表118　消费品行业挂牌企业信息披露质量得分前十名

证券代码	证券简称	省份	信息披露质量得分	行业总分排名
870233.OC	协新股份	江苏	100	118
836027.OC	金晟环保	浙江	92	10
837942.OC	金尔豪	广东	90	1
870416.OC	天章股份	江苏	90	4
833350.OC	海印环保	上海	90	116
871083.OC	伽懋智造	广东	86	7
835069.OC	德珑磁电	广东	86	46
839151.OC	爱乐吉	浙江	86	53
872416.OC	兴艺印刷	广东	86	67
836823.OC	华佳丝绸	江苏	86	133

3. 成长性评价

从成长性能力来看，消费品行业各样本公司表现较好，平均得分75.01分，最高得分89.58分，最低得分45.68分，标准差8.28分。在所有评分维度中，该维度标准差最大，说明挂牌公司在成长性方面的差异程度最高。

其中，成长表现平均得分79.93分，挂牌企业的营业收入增长率、净利润增长率都表现优异，达到了"好"的水平，绝大多数企业均实现较好的业绩成长；但成长动因表现较为一般，得分仅为 67.63 分，这主要是因为虽然内部投入资本回报率较高，但外部动因得分较低，说明挂牌企业所在地域的固定资产投资与工业产值增加速度较慢。这从一个侧面也说明，我国经济正处在结构转型的阶段，与工业对经济贡献度的下滑不同，消费的重要程度正在逐渐提升。

表 119 消费品行业挂牌企业成长性评价状况

项目	平均值	最高分	最低分	标准差
A. 成长表现	79.93	96.46	42.10	10.90
营业收入增长率	80.02	98.56	24.47	16.14
净利润增长率	79.82	98.25	29.35	15.03
B. 成长动因	67.63	79.26	47.62	6.38
内部动因	79.82	98.25	29.35	15.03
外部动因	59.50	68.63	51.23	3.48

挂牌公司成长性评价区间的分布呈倒金字塔形，近八成企业处于"较好"和"好"的区间，成长性较好的前十家企业只有 3 家在综合排名中处于前十，说明大部分成长性较高的企业其业务尚处于发展期，在持续经营能力等方面可能尚不成熟，未来还具有较大成长空间。

表 120 消费品行业挂牌企业成长性分布状况

质量评价	成长性		成长表现		成长动因	
	数量	占比（%）	数量	占比（%）	数量	占比（%）
差	2	1.4	3	2.0	4	2.7
较差	9	6.1	7	4.8	12	8.2
一般	23	15.6	14	9.5	0	0.0
较好	70	47.6	33	22.5	70	47.6
好	43	29.3	90	61.2	61	41.5
总体	147	100.0	147	100.0	147	100.0

表 121   消费品行业挂牌企业成长性得分前十名

证券代码	证券简称	省区	成长性得分	行业总分排名
838905. OC	桐青工艺	江　西	89. 58	103
837942. OC	金　尔　豪	广　东	87. 27	1
834886. OC	久正工学	江　苏	87. 11	3
838893. OC	绿　洲　源	江　西	86. 94	92
870178. OC	旭平首饰	广　西	86. 92	27
836866. OC	AB 集团	江　苏	86. 9	91
832329. OC	吉成园林	云　南	86. 13	9
870073. OC	力美照明	广　东	85. 76	11
430581. OC	八亿时空	北　京	85. 55	94
839430. OC	创意双星	广　东	85. 25	14

4. 创新性评价

　　消费品行业新三板挂牌企业在创新性方面普遍表现较差，平均得分仅为 58. 22 分，处于"较差"的区间。在科技创新投入方面，研发经费投入得分为 67. 07 分，而研发人员比重得分仅为 53. 61 分。同时，科技创新产出得分 52. 14 分，其中，知识产权资产占总资产的比重仅为 45. 85 分。这主要是因为消费品属于传统行业领域，近年来涌现的线上服务，属于技术升级带来的客户体现服务升级，该环节不涉及太多科技研发投入也不会形成以专利、商标、软件著作权为主要形式的知识产权，所以这类传统行业创新性指标评价较低。

表 122   消费品行业挂牌企业创新性评价状况

项目	平均值	最高分	最低分	标准差
A. 科技创新投入	64. 31	90. 33	37. 20	10. 05
研发经费占营收比重	67. 07	100. 00	40. 00	16. 79
研发人员比重	53. 61	100. 00	40. 00	12. 34
B. 科技创新产出	52. 14	82. 00	40. 00	9. 59
人力资本投资回报率	71. 31	99. 09	30. 67	17. 91
全要素劳动生产率	57. 28	100. 00	40. 00	15. 93
知识产权资产占总资产的比重	45. 85	100. 00	40. 00	14. 23

从创新性评价来看，消费品行业表现"较差"，挂牌公司的创新性评价区间的分布呈金字塔形分布，没有企业得到"好"的评价，4.1%的企业得到"较好"评价，36.10%的企业评价"一般"，46.90%的企业评价"较差"。创新性指标排名较高的三家企业分别为天章股份、万佳安和金尔豪。

表 123　消费品行业挂牌企业创新性分布状况

质量评价	创新性		科技创新投入		科技创新产出	
	数量	占比（%）	数量	占比（%）	数量	占比（%）
差	19	12.9	15	10.2	43	29.3
较差	69	46.9	36	24.5	64	43.5
一般	53	36.1	50	34.0	35	23.8
较好	6	4.1	42	28.6	3	2.0
好	0	0.0	4	2.7	2	1.4
总体	147	100.0	147	100.0	147	100.0

表 124　消费品行业挂牌企业创新性得分前十名

证券代码	证券简称	省份	创新性得分	行业总分排名
870416.OC	天章股份	江苏	75.09	4
834520.OC	万佳安	广东	74.56	56
837942.OC	金尔豪	广东	72.86	1
839392.OC	鹏程药包	黑龙江	72.06	44
835834.OC	达伦股份	江苏	70.67	42
871304.OC	华粤安	广东	70.46	32
836305.OC	光跃科技	浙江	69.66	33
836625.OC	宝艺股份	江苏	69.54	129
835444.OC	铭龙股份	浙江	69.47	95
834648.OC	中纸在线	江苏	69.34	132

（三）优质挂牌公司案例分析

1. 千叶珠宝

千叶珠宝主要从事黄金、钻石及其他镶嵌类饰品的研发、设计和销售，

目前拥有"KEER 千叶"和"DADA 搭搭"两个珠宝品牌。自 2001 年成立以来，KEER 千叶珠宝集团在继续发展钻石国际贸易业务之外，将业务中心转移到了大中华区的钻石零售业务上来。伴随着中国大陆地区奢侈品行业的快速发展，KEER 千叶珠宝集团也在国内建成了强大的网络渠道，直营门店遍及北京、上海、重庆、天津、南京、福州、厦门、武汉等数十个国内一线城市。

2016 年，千叶珠宝开启商业模式的升级，正式开放加盟渠道，并在 2017 年加大加盟推广力度，加盟店数量在 2017 井喷增加，单日开店达到 20 家。目前加盟渠道也成为公司重要发展渠道。同时，公司在"天猫""京东""唯品会""有赞商城"等互联网平台开设线上品牌形象店进行线上销售和服务，同时拓展与社交平台的跨界合作。千叶珠宝 2017 年实现净利润 9427 万元，在新三板消费品公司中排名第一。从千叶珠宝总体质量得分情况来看，其持续经营能力、信息披露得分高于行业平均水平，成长性和创新性得分低于市场平均。鉴于其珠宝行业的独特性，创新需求不高，因此研发投入较少，同时其体量较大，属于较为成熟稳定的企业，因此成长性也略低于平均水平。

表 125　千叶珠宝总体质量得分情况对比

	千叶珠宝	平均分
持续经营能力得分	69.63	67.23
信息披露得分	68.00	67.39
成长性得分	74.55	75.26
创新性得分	58.33	60.73
总　分	68.81	67.83

将千叶珠宝较为突出的持续经营能力细化分析可以发现，公司在公司财务质量评价上与行业平均水平没有明显差异，公司治理水平远低于行业水平，但经营风险管控得非常成功，高出行业平均 22 分。

表 126　千叶珠宝持续经营能力得分情况对比

	财务质量评价	经营风险	公司治理
千叶珠宝	68.71	86.99	57.75
平　均　分	68.63	64.96	62.54

　　分析经营风险明细可知，千叶珠宝在主营业务收入占比得分为 100 分，说明其主业清晰，专注于珠宝的制造和销售，是一个高度集中和专业的公司，因此在行业内的持续深耕也给其带来了丰厚回报。在市场销售集中度上，千叶珠宝得分也为 100 分，因其销售渠道众多，大力发展渠道和加盟商，对销售路径没有过度依赖，也不会因少量销售渠道变化而影响经营，同时广泛的销售渠道也大大提高了营销推广能力，增厚其收入及利润。同时，公司的资产负债率仅有 32.88%，破产风险概率极低。

表 127　千叶珠宝经营风险得分情况对比

	千叶珠宝	平均分
主营业务收入占比	100	72
市场销售集中度	100	68
对外采购集中度	60	69
盈利敏感性	96	62
破产风险概率	80	63

　　千叶珠宝是一个通过专注主业、拓展销售渠道、控制财务风险而降低经营风险，提高盈利水平的典型案例。消费品行业企业因市场准入门槛低往往面临巨大的市场竞争压力，如何在众多的竞争对手中控制风险，保持盈利能力是保证企业活下去且做大做强的保证，因此千叶珠宝对经营风险的控制的战略选择及实施路径也值得其他消费品行业企业借鉴。

十四　医药行业挂牌公司质量评价报告①

（一）行业概况

1. 行业总体情况

医药行业主要包括医疗保健设备与用品、制药、生物科技、医疗保健提供商与服务、生命科学工具和服务、医疗保健技术等子领域。医药行业是按照国际标准划分的 15 类国际化产业之一，被称为"永不衰落的朝阳产业"，是国民经济的重要组成部分，与人民群众的生命健康和生活质量等密切相关。在我国居民生活水平和城镇化水平不断提升，医疗保险体制改革全面推进、人口老龄化等因素影响下，医药行业保持了稳定增长。

2. 制药行业分析

根据工信部发布的数据，2017 年，化学药品原料药制造业实现主营业务收入与实现利润的双增长，但利润增速有所下降，主要是由于 2016 年原料药价格大幅上涨，当年利润大幅增加使得基数较高，随着近年来环保监管的升级，大量环保投入少的中小企业退出使得原料药行业经历了去产能的过程，供需关系持续改善，我们认为未来原料药价格难以出现断崖式下跌，企业业绩有望维持稳定增长。

2017 年，医药制造业景气度持续回升，上市制药企业的主营业务收入和利润累计总额同比增速分别为 13.0% 和 18.2%，均达到了 2013 年以来同期的最好水平，医药行业近年来增速连续下滑的不利局面得到了扭转。

从政策维度来看，一致性评价持续推进，对行业影响深远。2015 年 8 月，国务院发布了《关于改革药品医疗器械审评审批制度的意见》，其中明确提出了提高仿制药质量，加快仿制药质量一致性评价，力争 2018 年底前

---

① 郭哲宇，金融学博士，特华博士后科研工作站博士后，现就职于长安国际信托股份有限公司，研究方向为股权投资市场、信托产业。胡啸兵，金融学博士，特华博士后科研工作站博士后，研究方向为大数据、互联网金融。

完成国家基本药物口服制剂与参比制剂质量一致性评价的目标，并要求对已经批准上市的仿制药，按与原研药品质量和疗效一致的原则，分期分批进行质量一致性评价，拉开了仿制药一致性评价的序幕。2016 年 3 月，国务院办公厅印发了《关于开展仿制药质量和疗效一致性评价的意见》，对仿制药一致性评价的对象和时限、参比制剂遴选原则、评价方法、管理办法和鼓励性政策等方面做出了规定，CFDA 陆续也发布了多项技术指导原则指导企业开展一致性评价。2017 年 8 月，CFDA 发布了《关于仿制药质量和疗效一致性评价工作有关事项的公告》（2017 年第 100 号），内容涉及参比试剂选择与采购、BE 试验的管理、一致性评价申请的受理和审批、视同通过一致性评价的情形和鼓励性政策等。同时明确提出原发布的一致性评价相关文件与此件不一致的，以此件为准，该文件将成为未来一致性评价工作的纲领性文件。

由于我国临床试验资源较为紧张，目前仅有 800 多家医院获得了临床试验机构资格认定，其中仅有 100 多家能够承担 I 期临床试验，虽然中办国办联合印发的《关于深化审评审批制度改革鼓励药品医疗器械创新的意见》中明确提出临床试验机构资格认定实行备案管理，支持临床试验机构和人员开展临床试验。但在短期内临床试验资源紧张、相关人才短缺和激励机制不健全的现状仍难以得到缓解。临床试验资源的紧张也直接推升了 BE 试验的费用，目前仅该项费用就已经达到数百万元，如果药物本身具有高变异、半衰期长等特征，需要增加受试者数量和采血时间，BE 试验费用往往会更高。在一致性评价总体费用方面，单个品种通过一致性评价的费用在 700 万元 ~ 1000 万元之间，费用高起对于业内中小企业造成了较大的压力。除了资金投入以外，在一致性评价的进程之中涉及原料药工艺优化、制剂质量研究和处方工艺优化、BE 试验等诸多方面，对企业的研发和技术能力也提出了较高的要求。

仿制药一致性评价将对我国医药工业的竞争格局产生深远影响，通过一致性评价的品种有望持续受益。我们认为通过一致性评价的品种首先将在招标定价方面享受到政策红利。在目前的药品招标之中，除了妇儿科用药、急

抢救用药、基础输液、低价药、谈判药品和精麻药品以外，其他药品的招标仍然以"双信封"制度为主，在经济技术标评审过后还需要进行商务标评审，目前主要采取的是低价者中标的规则。在本轮药品招标之中，各省区的中标价格已经呈现出联动态势，在某一区域内出现降价则会影响到其他区域的中标价，对于一些竞争较为激烈的品种而言，必须选择弃标维护价格体系还是牺牲价格维护市场份额，增加了企业维护价格体系的难度。在药品招标中，通过一致性评价的品种在按质量进行竞价分组时将占有一定优势，能够避开未通过一致性评价的普通品种，从而以较为理想的价格中标。

随着一致性评价和药品审评审批制度改革的推进，未来我国仿制药行业的格局将出现重大变化。一致性评价对企业的技术能力和资金实力提出了较高的要求，我们认为只有行业的龙头企业才能够同时具备以上的条件，随着一致性评价的进行，无法通过一致性评价的产品将难以获得市场准入，中小企业将陆续推出，优质仿制药市场份额将持续增加，行业集中度得到提升，在这个过程中产品质量层次较高，与原研药能够达到等效，在一致性评价中进展迅速的优质仿制药生产企业将占据先机，实现制剂出口海外规范市场的企业也能够利用转报程序加速推进自有产品一致性评价进程。另一方面，药品审评审批制度改革提高了仿制药审评标准，减少了低质量供给。总体来看，未来仿制药行业竞争格局将得到优化，企业的市场份额和利润率都将得到提升。

目前医疗保险支付由传统的按项目付费向以按病种付费为主的多元复合式医保支付方式转变。医保控费也更有针对性，对于辅助性、营养性用药的使用进行监控并降低医保支付比例，而在本轮医保目录调整之中重点调入了多个针对重大疾病、精神疾病、儿科妇科等领域具有重要临床价值的药品，医保支付在营养辅助性用药和治疗性用药间的此消彼长反映出未来我国医保支出结构将进行持续调整，营养性用药、辅助性用药未来将持续承压。2018年新纳入医保目录的产品受益于新一轮招标结果和新版医保目录执行，有望呈现出放量的态势。

中办国办联合印发的《关于深化审评审批制度改革鼓励药品医疗器械创新的意见》对创新药的研发、审评和上市销售各个环节均进行了优化。近年来我国创新药研发环境持续改善，政府、风险投资和业内企业纷纷加大投入，审评改革加快了创新药上市速度，医保药品目录动态调整和谈判机制的建立有利于将创新药尽快纳入医保，提高了投资回报率。拥有完备研发管线，并拥有推进至临床 III 期及以后阶段的公司，积极布局创新药研发，同时未来业绩有望持续增长，现金流充沛，能够为创新药研发提供持续支持的公司，此类公司将获得更好的发展机遇。

3. 生物科技行业分析

从需求端来看，疑难杂症病患对新型生物技术的临床需求强烈。随着医学的进步，人类已经攻克了许多病症，但仍有不少未能治愈的疾病，例如获得性免疫缺乏综合征（HIV）、阿尔茨海默氏症、自体免疫病、精神分裂症、某些恶性肿瘤等，遭受这些疾病折磨的患者数量众多，痛苦不已，期盼新型生物技术的出现。

从供给端来看，政策大力支持、海外人才纷纷归国，我国生物科技行业获得诸多资金护航。

具体政策中，优先审评机制节省创新药时间成本，审评数量持续增长。Insight 统计显示 2011～2014 年度新药平均审评时间均超过了理论值，2014 年 1.1 类和 3.1 类新药的上市审评时间更是达到 42 个月。2017 年上半年，优先审评品种获批临床的平均时间为 46 天（4.8 个月）、最快为 17 天，获批上市的平均时间为 227 天、最快为 21 天。

MAH 制度保证研发者利益，有助于提高创新药研发积极性。MAH 制度使得没有生产许可的研发企业可委托给其他多个企业代产，使得该研发企业将技术转化为稳定且体量大的收入，药品的安全性、有效性和质量可控性由上市许可人对公众负责。MAH 制度对于我国药品研发机构及研发型药企都具有积极意义，可有效鼓励药品研发创新，提高新药研发的积极性，抑制制药企业的低水平重复建设。临床试验机构改为备案制，大力加速新药上市。一方面，临床试验机构改为备案制有助于缓解国内

临床资源短缺的压力，加速药品上市，一定程度上能促进创新研发的积极性；另一方面，国内外同步开展新药临床试验、接受境外临床试验数据制度节省了国外创新药在国内上市的时间和成本，满足公众对境外创新药的需求。

国家药品研发经费政府计划总投入保持增加。根据科技部数据，2016～2020 年我国药品研发经费政府计划总投入达 7.5 亿元，这一数字是 2006～2010 年总投入的 3 倍。

总体来看，我国生物科技行业正值发展黄金时代。患者需求、政策支持、人才归国、资金护航，使得生物科技行业快速发展。我国各大药企对于新药研发投入增加（2016 年恒瑞医药和复星医药的研发费用已经越过 10 亿元门槛，恒瑞医药的研发投入占营业收入的比例甚至超过 10%），我国生物医药企业研发投入增速全球领先（我国生物技术企业研发投入相比上一财年增长 27.5%，远高于全球 9.8% 的年增长率）。目前各大药企临床管线布局丰富、蓄势待发，多种新型生物科技药品及技术处于研发后期阶段。

（二）挂牌公司质量评价结果

1. 整体评价结果

截至 2017 年底，新三板医药行业挂牌企业 708 家，占总挂牌企业数量的 6.09%，其中，85 家做市转让，1 家竞价转让，622 协议转让，股份总量 384.41 亿股，资产总量 1448.79 亿元，营业收入合计 1027.44 亿元，净利润 84.94 亿元。本报告提取医药行业挂牌公司样本 151 家，占样本公司总数的 6.90%。医药行业综合质量评分的平均值为 68.16 分，最高 78.98 分，最低 51.60 分，标准差 5.47。从挂牌公司在综合质量区间的分布来看，最高质量区间（"高"区间）的公司有 12 家，占比 7.95%；"较高"质量区间的公司 51 家，占比 33.77%；"一般"质量区间的公司 34 家，占比 22.52%；"较低"质量区间的公司 40 家，占比 26.49%；"低"质量区间的公司 14 家，占比 9.27%。

表 128 医药行业挂牌企业质量总体评价状况

项目	平均值	最高分	最低分	标准差
综合质量	68.16	78.98	51.60	5.47
1. 持续经营能力	66.55	86.16	44.86	8.55
1.1 财务质量评价	65.94	87.47	34.13	11.46
1.2 经营风险	71.43	94.60	41.52	10.52
1.3 公司治理	64.01	92.50	22.50	14.44
2. 信息披露质量	69.52	100.00	40.00	12.80
2.1 信批及时性	70.07	100.00	40.00	19.10
2.2 信批详细性	67.81	100.00	40.00	20.19
2.3 信批真实性	70.33	100.00	40.00	21.08
3. 成长性	76.60	89.67	34.70	8.92
3.1 成长表现	79.71	96.84	22.67	11.59
3.2 成长动因	71.94	84.64	47.82	6.85
4. 创新性	62.35	84.98	42.18	7.94
4.1 科技创新投入	67.63	91.95	37.20	11.56
4.2 科技创新产出	57.08	80.00	40.00	11.20

表 129 医药行业挂牌企业质量评分的分布状况

质量评价	综合质量		持续经营能力		信息披露质量		成长性		创新性	
	数量	占比(%)	数量	占比(%)	数量	占比(%)	数量	占比(%)	数量	占比(%)
低	14	9.27	33	21.85	33	21.85	11	7.28	63	41.72
较低	40	26.49	32	21.19	22	14.57	8	5.30	35	23.18
一般	34	22.52	30	19.87	12	7.95	16	10.60	25	16.56
较高	51	33.77	30	19.87	33	21.85	30	19.87	19	12.58
高	12	7.95	26	17.22	51	33.77	86	56.95	9	5.96
总体	151	100	151	100	151	100	151	100	151	100

资料来源：特华博士后科研工作站。

2. 持续经营能力评价

从持续经营能力来说，医药行业挂牌公司平均得分为 66.55 分，最高分

86.16 分，最低分 44.86 分，标准差 8.55。从挂牌公司持续经营能力评价区间的分布来看，大体分布较为均匀，17.22% 的企业在持续经营能力方面表现好，19.87% 的企业在该指标上的得分较高，19.87% 的企业表现一般，21.19% 的企业得分较低，21.85% 的企业表现相对落后。三个分项中，财务质量平均得分 65.94 分，最高得分 87.47 分，最低得分 34.13 分；经营风险平均得分 71.43 分，最高得分 94.60 分，最低得分 41.52 分；公司治理平均得分 64.01 分，最高得分 92.50 分，最低得分 22.50 分。经营风险指标得分高于财务质量和公司治理指标得分，说明挂牌企业具备较强经营风险抵御能力，但公司治理结构和财务质量仍有较大的提升空间。持续经营能力评分最高的三家企业分别是联川生物（871474）、中瑞药业（430645）、携泰健康（833669）。

财务质量。医药行业挂牌公司财务质量指标平均得分 65.94 分，具体来看，医药行业挂牌公司盈利能力指标表现"较好"，平均得分 73.92 分，而偿债能力表现"一般"，平均得分 67.17 分，说明医药行业虽然具有不错的盈利能力，但企业偿债能力有限，在资产负债率、利息保障倍数、现金比率方面表现不佳，也体现了我国非上市企业长期面临的融资环境和经营环境不佳问题，不过总体来说 2017 年医药行业偿债能力较上年有所改善。但是运营能力仅为 57.87 分，表现相对较差，说明企业整体运转仍具有较大提升空间。

经营风险。医药行业挂牌公司经营风险指标总体表现"较好"，平均得分 71.43 分。其中，主营业务的"主营业务收入占比"和"市场销售集中度"两项指标表现较为突出，分别为 76.95 分和 75.23 分，说明挂牌企业主营业务均集中度较高，在细分领域具有较强的市场影响力。

公司治理。医药行业挂牌企业公司治理平均得分 64.01 分，表现"较差"，"负面或有事项"得分较高，为 71.56 分，但"独立董事制度"、"关联交易"和"两权分离情况"得分较低，仅为 51.59 分、62.38 分和 62.52 分，说明新三板医药企业公司治理整体工作仍有较大提升空间。

表130　医药行业挂牌企业持续经营能力评价状况

项目	平均值	最高分	最低分	标准差
持续经营能力	66.55	86.16	44.86	8.55
A. 财务质量	65.94	87.47	34.13	11.46
盈利表现	73.92	22.57	99.79	4.30
偿债能力	67.17	12.58	96.73	37.67
运营管控能力	57.87	16.26	92.99	15.65
B. 经营风险	71.43	94.60	41.52	10.52
主营业务收入占比	76.95	21.56	100.00	40.00
市场销售集中度	75.23	18.37	100.00	40.00
对外采购集中度	66.23	17.25	100.00	40.00
盈利敏感性	67.78	23.48	96.93	5.57
破产风险概率	73.25	19.24	100.00	40.00
C. 公司治理	64.01	92.50	22.50	14.44
关联交易	62.38	22.31	100.00	40.00
负面或有事项	71.56	24.72	100.00	0.00
两权分离情况	62.52	32.58	100.00	20.00
独立董事制度	51.59	6.52	80.00	50.00

3. 信息披露质量评价

从信息披露质量来看，医药样本挂牌企业平均得分69.52分，总体表现"较好"。从挂牌公司信息披露质量评价区间的分布来看，33.77%的企业位于"高"评价区域，21.85%的企业位于"较高"评价区域，7.95%的企业位于"一般"评价区域，14.57%的企业位于"较低"评价区域，21.85%的企业位于"低"评价区域。

从各分项指标来看，信息披露及时性、详细性和真实性三项指标均表现良好，得分分别为70.07分、67.81分、70.33分。信息披露质量得分最高的三家医药企业分别为新健康成（831193）、津同仁堂（834915）和璟泓科技（430222）。

表 131　医药挂牌企业信息披露质量评价状况

项目	平均值	最高分	最低分	标准差
信息披露质量	69.52	100.00	40.00	12.80
A. 及时性	70.07	19.10	100.00	40.00
B. 详细性	67.81	20.19	100.00	40.00
C. 真实性	70.33	21.08	100.00	40.00

4. 成长性评价

从成长性能力来看，医药各样本公司表现"较好"，平均得分 76.60 分，最高得分 89.67 分，最低得分 34.70 分。其中，成长表现平均得分 79.71 分，成长动因平均得分 71.94 分。从挂牌公司成长性评价区间的分布来看，56.95% 的企业得到"高"的评价，19.87% 企业得到"较高"的评价，10.60% 的企业评价"一般"，5.30% 的企业评价"较低"，7.28% 的企业评价为"低"。成长性指标排名较高的三家企业分别为贝欧特（831448）、美泰科技（871397）和天一生物（831942）。

从各分项指标来看，体现成长能力的医药挂牌企业的营业收入增长率和净利润增长率表现突出，绝大多数企业均实现了较好的业绩成长；各企业成长动因的外部动因表现"一般"，平均得分为 66.50 分。

表 132　医药挂牌企业成长性评价状况

项目	平均值	最高分	最低分	标准差
成长性	76.60	89.67	34.70	8.92
A. 成长表现	79.71	96.84	22.67	11.59
营业收入增长率	79.39	16.42	97.84	17.48
净利润增长率	80.10	15.24	98.09	24.91
B. 成长动因	71.94	84.64	47.82	6.85
内部动因	80.10	15.24	98.09	24.91
外部动因	66.50	5.61	80.04	43.80

5. 创新性评价

从创新性评价来看，医药行业挂牌企业表现"一般"，平均得分为 62.35

分，最高得分 84.98 分，最低得分 42.18 分。从挂牌公司创新性评价区间的分布来看，5.96% 的企业得到"高"的评价，12.58% 企业得到"较高"的评价，16.56% 的企业评价"一般"，23.18% 的企业评价"较低"，41.72% 企业评价为"低"。可见，有相当比例的企业在创新性方面表现较差。创新性指标排名较高的三家企业分别为赛乐奇（834496）、中瑞药业（430645）和正济药业（430646）。

从分项指标来看，科技创新投入平均得分 67.63 分，整体表现评价"一般"，其中，研发经费占营收比重得分 69.54 分，表现"一般"，人力资本投资回报率得分 75.89 分，表现优秀。虽然科技创新投入较高，但是产出表现不佳，得分仅为 57.08 分，全要素劳动生产率得分 57.62 分，知识产权资产占总资产的比重得分仅为 56.42 分，如何提升科技创新产出率成为提升医药行业企业竞争力的关键。

表 133　医药行业挂牌企业创新性评价状况

项目	平均值	最高分	最低分	标准差
创新性	62.35	84.98	42.18	7.94
A. 科技创新投入	67.63	91.95	37.20	11.56
研发经费占营收比重	69.54	21.08	100.00	40.00
研发人员比重	56.82	14.02	100.00	40.00
人力资本投资回报率	75.89	20.99	99.41	30.67
B. 科技创新产出	57.08	80.00	40.00	11.20
全要素劳动生产率	57.62	16.26	100.00	40.00
知识产权资产占总资产的比重	56.42	23.03	100.00	40.00

（三）挂牌公司案例分析

1. 蓝海之略（834818.OC）

蓝海之略所处行业属于医疗用品及器材零售行业，公司主营业务为医院科室综合能力建设服务，其服务模式为向县级公立医院同时输入"资金、设备、技术、运营、品牌、移动医疗"六大要素，帮助医院进行重点科室

建设，并促进医院快速形成"医疗服务能力"、"经营管理能力"与"互联网＋医疗服务能力"三位一体能力体系。

该公司具有以下四方面亮点：

公司促进医院形成"三维立体能力建设"的协同效应，其中医疗服务能力解决医院医疗服务供给的问题，经营管理能力解决病源需求挖掘的问题，移动医疗能力解决线上病源开发与诊疗跟踪的问题，该服务模式在确保科室达到国家要求的医疗服务覆盖范围的同时，满足科室高起点起步与持续良性运营需求，形成良好的项目投入产出效益与社会效益，最终实现县域医改"大病不出县"目标，缓解基层百姓"看病难、看病贵"问题。

公司作为业内知名企业，已经与600多家医院合作完成了900多个科室项目，业务规模及品牌知名度已构建起很高的市场进入壁垒，使公司在市场竞争中处于优势地位。全国各省区也已成功建成多个学科的"样板"项目，有利于区域性的客户考察和市场推广。

公司自成立以来，将医师资源作为公司最核心的资产。公司发起成立"大医精诚医生集团"，拥有眼科等16个专科联盟及120多名副主任医师以上职称的专职植入医师团队。"植入医师"人数从期初127名增加至目前516名，植入医师长期驻点在县级医院为其提供技术与管理带教服务，为基层医院打通了技术输入的高速通道，构筑了公司最突出的核心竞争力。

居家养老服务将成为新的利润增长点。联合国统计数据显示，中国将成为各国中老年规模最大、老龄化速度最快的国家。蓝海之略在业界推出居家医养服务模式，在"衣食住行、文娱体游、防治康养"12个方面整合多个行业社会力量与优质资源，为乐龄人群提供全方位、一站式、精细化、专业化的贴心服务。居家医养服务模式计划通过标准化、连锁化的项目建设和运营方式，未来的三年内，将在全国100个地级市及以上城市建设和运营100家居家医养服务中心。

2. 美泰科技（871397.OC）

美泰科技所处行业属于食品制造业下的保健食品制造业，目前主要从事硫酸软骨素、奶粉营养辅料及保健品的研发、生产和销售。公司自成立以来始终立足于市场需求和技术创新，凭借多年行业经验，逐步形成了以硫酸软骨素和奶粉营养辅料为主要产品，自主保健品及其他终端产品为辅助产品的稳定布局。其中硫酸软骨素主要采用出口销售模式，奶粉营养辅料主要供给圣元营养，多年的积累让公司产品在业内取得了一定市场知名度和认可度，帮助公司建立了相对完善的研发、生产和销售体系。

该公司有以下三个亮点：

公司一直坚持自主创新的研发道路，拥有独立的研发团队，在硫酸软骨素、奶粉营养辅料和保健产品研发、生产工艺领域有着自己独特的技术优势。公司所使用的硫酸软骨素生产工艺主要技术以自主研发方式获得且拥有自主知识产权。截至2017年8月，通过自主研发取得了11项专利。

公司主要产品硫酸软骨素和奶粉营养辅料客户稳定，稳定的销售收益为公司新产品（如终端保健产品）的开发打下坚实基础，形成良性循环。

公司以硫酸软骨素和奶粉营养辅料为依托，在此基础上开发出具有保健功能的终端保健产品，成为公司新的盈利增长点。公司在保证成熟产品销售收入持续增长的同时，加大力度开发新产品，积极拓展保健品市场，为客户提供高品质的硫酸软骨素及终端产品。

3. 合全药业（832159.OC）

公司所属行业为创新药研发生产外包服务行业，通常被称为 CMO/CDMO。合全药业是在中美两地均有运营的药明康德子公司，服务于生命科学行业，拥有卓越的化学创新药研发和生产的能力和技术平台。作为全球新药合作研究开发生产领域（CDMO）的领军企业，合全药业致力于为全球合作伙伴提供从原料药（API）到制剂，高效、灵活、高质量的一站式解决方案。公司业务分为原料药 CDMO 业务和制剂 CDMO 业务。公司主要服务的药品类型为创新药，即新分子实体药；主要服务的药品治疗领域包括抗癌、抗艾滋病、抗丙肝、降血脂、镇痛、抗糖尿病、抗细菌感染、纤维性囊肿等；主要服务的药品生命周期为创新药的临床试验到专利药销售阶段。公司以技术研发为基础，凭借多年积累的完善的生产工艺开发和生产流程控制为客户提供高品质的医药研发生产服务。

该公司有以下三个亮点：

开放式、一体化的能力和技术平台。公司一方面为大型国际药企在新药的研发、检测和生产服务等各阶段提供国际领先的高度定制化的研发服务，另一方面通过一体化平台为初创新药研发公司乃至科学家个人客户提供小分子药物从原料药到制剂的一站式解决方案。公司为广东率先通过中药饮片GMP认证的生产企业，严把质量关，从中药饮片的采购、验收、在库储存养护、出库复核、交通运输、销售等环节层层控制，制定详尽的操作规范，将中药饮片质量风险降到最低。

高效、专业的技术团队。公司拥有全球最大的小分子创新药工艺开发团队，在上海外高桥、常州和美国圣地亚哥建立了三大研发基地，原料药和制剂业务合计拥有超过1300名经验丰富的研究人员和科学家，其中博士学位人员176人，硕士学位人员985人，拥有多年海外工作经验的人员近百人。2017年公司荣膺Life Science Leader颁发的2017 CMO领袖奖，这是公司第四次获此殊荣，更是本年度中国境内唯一获奖的CMO企业。

先进的质量管理体系。公司是中国第一个通过美国FDA审查的小分子新药CMC研发和生产平台，亦是中国第一家同时获得美国、中国、欧盟、加拿大、瑞士、澳大利亚和新西兰药监部门批准的创新药原料药（API）商业化供应商。公司分别在2013年、2014年、2016年三次顺利通过美国FDA审计。

4. 汉氏联合（834909.OC）

汉氏联合所属行业为生物科技行业。主营业务包括胎盘干细胞采集和存储服务、干细胞相关美容抗衰老产品的研发和销售、干细胞药物研发。针对干细胞存储业务，公司通过直营和代理模式开拓业务，干细胞检测费和保管费是主要的收入来源。在干细胞应用业务端，目前开展的主要是针对干细胞相关美容抗衰老产品业务，主要以渠道运营为主，已开拓京东商城等电子商务平台以及微商城等网络销售渠道，并开展代理等多种线下销售渠道，客户为高净值人群。未来公司下游业务主要是干细胞药物的临床应用，精准再生医学等医疗服务。

该公司有以下三个亮点：

（1）全产业链优势。公司已初步建设形成较为完整的干细胞产业链，包括干细胞资源存储、干细胞药物研发、组织工程产品、护肤抗衰、精准检测、医疗与健康管理。产业链的各项业务协同发展，既实现了公司经营的效益，又提升了企业的综合竞争力。干细胞存储为上游环节，客户存储的自体干细胞资源经扩增制备后可用于护肤抗衰和难治性疾病的治疗；客户捐献的干细胞公共库资源可用于干细胞药物的研发和批量生产；组织工程产品结合干细胞、支架材料和细胞因子、3D 打印等技术，构建组织工程产品、组织和器官，用于组织和器官移植；精准检测运用细胞、基因、蛋白、分子等现代检测技术，依据检测结果，设计个体化治疗方 13 案并结合干细胞治疗术进行疾病治疗；医院与养老康复中心相结合，旅游与健康休闲养生相结合；互联网医疗动态监测与远程交互结合，实现干细胞产业链的协同互动发展。

（2）稳定的研发和技术团队。韩忠朝为公司首席科学家，当选法国国家医学科学院院士和法国国家技术科学院院士，中国第一个双料法国院士，是中国血液学及围产期干细胞技术领军人物。20 世纪 90 年代至今，以首席科学家韩忠朝为代表的科研团队成功倡导了三次围产期干细胞技术革命，创造了 3 项第一，即血液干细胞、脐带间充质干细胞和胎盘来源的多种干细胞首创技术，其中以 2007 年至今的胎盘干细胞技术最为突出，代表着围产期干细胞行业的巅峰水平。科研团队成功开发并产业化胎盘来源的干细胞，建立了全球首个胎盘资源存储库。

（3）作为我国较早攻克胎盘造血干细胞提取并存储的公司，汉氏联合的干细胞技术具有独特的优势．干细胞技术主要集中在围产期组织包括胎盘和脐带干细胞工程技术及其产品的研究开发，公司开展的胎盘干细胞存储服务，因其干细胞丰富的种类、数量和广泛的应用价值以及不需配型等产品特性使其在市场上具有强大的竞争力。

5. 玉星生物（870526.OC）

河北玉星生物工程有限公司主要从事维生素 B12 系列产品的研发、生产与销售，拥有世界一流的生产设备和工艺，是世界上最大的 VB12 供应

商，年产 12 吨。主要产品包括维生素 B12、甲钴胺、羟钴胺、腺苷钴胺、维生素 B12 饲料添加剂和食品添加剂。公司拥有一支优秀的技术和管理队伍，有着十几年生产 VB12 的经验。公司经过多年专注于维生素 B12 行业的发展，"玉星"牌已为市场认可，享有较高声誉，一直秉承"诚信经营、质量为本"的经营理念，形成了稳定的客户群。目前公司已获得发明专利权 2 项。2018 年上半年实现营收 5.39 亿元，同比增长 13.57%；归属于挂牌公司股东的净利润 1.41 亿元，同比增长 24.98%。营收大幅度增长是因为其子公司旗下产品销量的增加。

该公司有以下三个亮点：

公司多年来一直致力于维生素 B12 的技术研发，在行业内技术水平处于领先地位。公司目前已获得发明专利权 2 项。公司目前主要生产维生素 B12 系列产品、饲料添加剂、食品添加剂。公司具有完整的维生素 B12 系列产品，抵抗市场风险能力较强。

公司有一支经验丰富和高素质的管理队伍，管理层中大部分员工在公司工作多年，注重以全新的理念推进管理创新，按照现代企业制度的要求积极推进管理制度、运行机制、组织机制的整合，为公司的持续健康发展打下了坚实的基础。

公司为高新技术企业，根据《中华人民共和国企业所得税法》第二十八条的规定，享受高新技术企业所得税税收优惠政策。本公司享受的优惠政策为：企业所得税减按 15% 征收。

6. 海融医药（870070. OC）

南京海融医药科技股份有限公司所处行业属于化学药领域，是一家专业从事化学药品研发、技术服务及生产制造的创新型医药企业。公司坚持创新驱动发展战略及差异化竞争战略，以临床及市场需求为导向，开展创新药、改良型新药、高端仿制药的研发及生产；为客户提供药品开发全流程的技术开发、技术转让、技术咨询等服务。报告显示，公司 2018 年上半年实现营收 1436.78 万元，同比增长 1900.98%；归母净利润 3702.44 万元，而 2017 年同期为亏损 420 万元，实现大幅扭亏。海融医药表示，公司营收增长主要因为公司及子公司与客户河北迈科生物科技有限公司签订 4000 万元销售合同，报告期内确认收入 1400 万元。

该公司有以下两个亮点：

公司拥有较强的研发实力。公司研发基地位于南京市江宁区生命科技小镇，总建筑面积合计 2280 平方米，建有国家博士后科研工作站、江苏省企业研究生工作站、南京市热熔挤出工程技术研究中心。公司拥有一支经验丰富、团结凝聚的研发队伍，团队核心成员专业互补、合作多年，具有共同的价值观，现有正式研发人员 40 人。公司重点开展创新药、改良型新药以及与原研药品质量和疗效一致、具有临床价值的仿制药研发，已形成高技术门槛活性维生素 D 系列药物开发、国内先进药物热熔挤出制剂技术应用等技术特色，技术水平国内领先。

公司坚持产业化发展道路，产业化能力突出。生产基地位于南京市高新开发区华康路 122 号，厂房总建筑面积 5216 平方米，建有符合新版 GMP 要求的现代化车间，包括原料药车间、口服固体制剂车间、外用制剂车间、小容量注射剂车间、软胶囊车间，产业化基地已取得江苏省食品药品监督管理局颁发的《药品生产许可证》，正在进行日本医药品外国制造业者认定。公司将通过高附加值、公斤级原料药及特色制剂的自主生产，实现跨越发展。

参考文献

王珊：《新三板挂牌公司注册会计师审计问题研究》，首都经济贸易大学硕士学位论文，2018。

杨毅：《新三板整体业绩增速快　新经济企业发展梯次已形成》，《金融时报》2018 年 5 月 16 日。

钟志敏：《新三板公司年报连续两年增收增》，《中国证券报》2018 年 5 月 24 日。

丁启航：《武汉新三板挂牌企业成长性研究——以武汉东湖高新技术开发区企业为例》，《经贸实践》2018 年第 21 期，第 181 页。

岳凌云：《新三板农业挂牌企业业绩分析》，《全国流通经济》2018 年第 29 期，第 76~77 页。

龙腾：《我国新三板市场信息披露问题研究——基于主板与新三板企业比较分析》，《中国市场》2018 年第 33 期。

白素文：《新三板挂牌公司发展研究》，《经贸实践》2018 年第 19 期，第 97 页。

新三板半年报：《中小民营经济体活力增强》，《产权导刊》2018 年第 10 期，第 20 页。

谢庚：《新三板服务中小微实践》，《中国金融》2018 年第 19 期，第 31 ~ 33 页。

范周乐、何任：《融资约束、机构投资者与企业创新——基于新三板制造业挂牌公司的证据》，《中国注册会计师》2018 年第 9 期，第 32 ~ 36 页。

陈丽旭：《新三板挂牌企业融资效率研究综述》，《科技经济市场》2018 年第 8 期，第 61 ~ 62 页。

陈子曦：《新三板市场企业信息披露制度的发展》，《银行家》2018 年第 9 期，第 119 ~ 120 页。

饶萍：《挂牌、股权融资与公司业绩——来自新三板挂牌公司的证据》，《企业经济》2018 年第 7 期，第 174 ~ 181 页。

陈丽旭：《新三板会计信息质量研究综述》，《现代经济信息》2018 年第 14 期，第 170 ~ 171 页。

谢天：《新三板挂牌企业财务成长性研究》，《当代经济》2018 年第 14 期，第 46 ~ 47 页。

郑建明、李金甜、刘琳：《新三板做市交易提高流动性了吗？——基于"流动性悖论"的视角》，《金融研究》2018 年第 4 期，第 190 ~ 206 页。

孟为、陆海天：《风险投资与新三板挂牌企业股票流动性——基于高科技企业专利信号作用的考察》，《经济管理》2018 年第 3 期，第 178 ~ 195 页。

王宇露：《基于 FAHP 的新三板企业价值评估探究》，武汉纺织大学硕士学位论文，2018。

孙铱：《商洛农村商业银行新三板上市对策研究》，西北农林科技大学硕士学位论文，2018。

许志峰：《新三板，制度变革助力新经济》，《人民日报》2018 年 6 月 19 日。

杨毅：《资本市场多渠道引导资金流入小微企业》，《金融时报》2018 年 8 月 29 日。

杨会娟：《企业并购中尽职调查及知识产权风险的规避——以专利为视角》，《法制博览》2018 年第 28 期，第 216 页。

刘衍伕：《面向盈利能力的上市运输企业融资结构研究》，华北水利水电大学硕士学位论文，2017。

张伟：《港口物流服务供应链供应商选择与任务分配问题研究》，大连海事大学硕士学位论文，2017。

董峰：《知识资本与中小企业成长性相关性研究》，《广西财经学院学报》2014 年第 5 期，第 1 ~ 8 页。

张珂：《事业单位财务预警模型的实证研究》，《会计之友》2013 年第 5 期，第 71 ~ 73 页。

孙彦鹏：《基于二元逻辑回归模型的我国水处理类上市公司财务危机预警系统研究》，《经济师》2013 年第 2 期。

梁君：《关于建设周期较长的企业在成立初期息税前利息保障倍数计算公式改进的探究》，《交通财会》2013 年第 2 期。

附　　录

Appendix

B.4
样本挂牌公司评价得分
排名分行业列表

　　本部分对参与新三板市场挂牌公司质量评价的所有 2189 家样本公司，按照万得数据库三级行业分类标准进行样本数据分类汇集，2189 家样本公司共涉及 60 个三级行业，其中样本公司数量前二十多的行业如下表所示，剩余 30 个行业有 379 家样本公司。分行业对其中前三分之一（四舍五入取 5 的整数倍）的样本公司得分及其他信息进行展示，样本数少于 30 的其他 40 个杂类行业统一作为一个行业集中排名展示。附录中行业表格按照首字汉语拼音顺序排列。

表1　所有样本挂牌公司按照万得三级行业分类数量分布

序号	万得三级行业	样本公司数	表中列示样本数
1	电气设备	114	40
2	电子设备、仪器和元件	170	60
3	纺织品、服装与奢侈品	31	10
4	互联网软件与服务Ⅲ	110	40
5	化工	173	60
6	机械	230	80
7	家庭耐用消费品	53	20
8	建筑产品Ⅲ	32	10
9	建筑与工程Ⅲ	90	30
10	金属、非金属与采矿	75	25
11	媒体Ⅲ	65	20
12	汽车零配件	51	15
13	容器与包装	30	10
14	软件	78	25
15	商业服务与用品	118	40
16	食品	91	30
17	信息技术服务	115	40
18	医疗保健设备与用品	46	15
19	制药	53	20
20	专业服务	85	30
	其他40个细分行业	379	125
	总计	2189	745

一　电气设备行业

该行业共有114样本挂牌公司，表中列示总分排名前40家。

表 2 电气设备行业

代码	简称	地区	设定行业	万得三级行业	持续经营能力得分	信批质量得分	成长性得分	创新性得分	总分	全样本排行	行业内排名
430567	无锡海航	江苏省	电气设备	电气设备	77.39	70	82.81	82.19	78.63	43	1
833054	未来电器	江苏省	电气设备	电气设备	78.46	100	81.30	62.00	78.29	51	2
836100	瑞捷电气	广东省	电气设备	电气设备	80.27	60	79.50	75.78	77.11	79	3
831961	创远仪器	上海市	电气设备	电气设备	77.19	84	70.81	81.65	76.83	92	4
870945	海 德 森	广东省	电气设备	电气设备	76.23	86	79.04	69.58	76.80	95	5
839032	动力未来	北京市	电气设备	电气设备	78.71	64	82.80	68.63	76.49	111	6
831798	博益气动	天津市	电气设备	电气设备	72.93	82	83.08	66.60	75.20	194	7
838012	同益科技	广东省	电气设备	电气设备	68.22	90	83.99	75.33	74.99	210	8
831276	松科快换	上海市	电气设备	电气设备	73.59	80	76.30	70.67	74.43	263	9
839153	希 尔 孚	江苏省	电气设备	电气设备	75.58	68	74.66	74.21	74.35	273	10
839160	浙特电机	浙江省	电气设备	电气设备	78.24	68	77.68	59.30	73.88	309	11
831627	力王股份	广东省	电气设备	电气设备	80.84	50	78.19	56.28	72.37	481	12
831314	深 科 达	广东省	电气设备	电气设备	69.33	82	80.57	62.14	72.01	520	13
871619	益昌电气	天津市	电气设备	电气设备	65.34	84	78.83	73.64	71.49	588	14
835881	德菱科技	浙江省	电气设备	电气设备	73.72	64	75.24	61.46	71.09	640	15
838585	智能科技	北京市	电气设备	电气设备	67.54	84	75.88	65.19	70.69	680	16
834065	合凯电气	安徽省	电气设备	电气设备	65.58	76	78.55	72.01	70.61	688	17
836945	紫光照明	广东省	电气设备	电气设备	70.35	74	76.63	60.34	70.59	689	18
836767	天杰实业	浙江省	电气设备	电气设备	77.47	54	72.04	59.41	70.51	697	19
833452	星辰热能	广东省	电气设备	电气设备	70.56	60	75.09	70.54	70.51	698	20

续表

代码	简称	地区	设定行业	万得三级行业	持续经营能力得分	信批质量得分	成长性得分	创新性得分	总分	全样本排行	行业内排名
832694	维冠机电	北京	电气设备	电气设备	74.82	58	82.34	50.19	70.37	722	21
430442	华昊电器	江苏省	电气设备	电气设备	68.45	76	80.84	56.60	70.08	759	22
870168	博源股份	河南省	电气设备	电气设备	63.97	88	83.02	61.40	70.06	765	23
831175	派诺科技	广东省	电气设备	电气设备	70.13	66	73.63	65.66	69.87	795	24
832012	博玺电气	上海	电气设备	电气设备	70.39	88	72.13	55.23	69.83	802	25
836239	长虹能源	四川省	电气设备	电气设备	74.34	54	73.29	62.02	69.82	804	26
835629	华伟股份	广东省	电气设备	电气设备	68.52	60	73.44	75.37	69.79	809	27
832131	斯盛能源	广东省	电气设备	电气设备	67.30	74	82.09	57.52	69.74	820	28
833152	新风光	山东省	电气设备	电气设备	68.72	76	78.92	55.48	69.59	837	29
837295	讯道股份	广东省	电气设备	电气设备	71.12	62	76.53	59.64	69.58	838	30
832283	天丰电源	浙江省	电气设备	电气设备	71.55	74	72.63	56.15	69.49	854	31
870487	环威股份	广东省	电气设备	电气设备	73.46	54	73.14	61.49	69.28	890	32
833450	奥立思特	江苏省	电气设备	电气设备	74.78	52	70.63	61.02	68.95	939	33
430654	聚科照明	广东省	电气设备	电气设备	61.14	86	81.56	66.94	68.92	947	34
836070	龙翔电气	河南省	电气设备	电气设备	61.73	64	81.15	77.00	68.57	992	35
831201	润华股份	江苏省	电气设备	电气设备	64.74	80	78.69	58.51	68.39	1008	36
832266	首帆动力	上海	电气设备	电气设备	69.45	76	62.18	70.91	68.38	1009	37
834474	里得电科	湖北省	电气设备	电气设备	62.41	72	78.51	70.64	68.31	1019	38
834584	蒙德电气	广东省	电气设备	电气设备	71.57	54	72.33	61.99	68.28	1025	39
832384	格瑞光电	河南省	电气设备	电气设备	60.24	74	87.64	64.66	68.25	1029	40

二 电子设备仪器和元件行业

电子设备仪器和元件行业共有 170 家样本挂牌公司，表中列示总分排名前 60 家。

表3 电子设备仪器和元件行业总分排名前 60 家样本挂牌公司名单

代码	简称	地区	设定行业	万得三级行业	持续经营能力得分	信批质量得分	成长性得分	创新性得分	总分	全样本排行	行业内排名
832389	睿思凯	江苏省	电子信息	电子设备、仪器和元件	81.97	88	78.85	69.48	79.76	21	1
870299	灿能电力	江苏省	电子信息	电子设备、仪器和元件	82.30	70	83.21	69.12	79.11	30	2
836888	来邦科技	安徽省	电子信息	电子设备、仪器和元件	77.06	96	86.87	64.75	79.08	31	3
832876	慧为智能	广东省	电子信息	电子设备、仪器和元件	77.91	92	78.36	64.61	77.13	78	4
430642	映翰通	北京市	电子信息	电子设备、仪器和元件	75.84	90	79.63	68.56	76.92	89	5
870209	小鸟股份	北京市	电子信息	电子设备、仪器和元件	74.45	78	87.22	67.47	76.68	100	6
834950	迅安科技	江苏省	电子信息	电子设备、仪器和元件	76.76	80	79.21	68.77	76.42	118	7
872451	飞安瑞	广东省	电子信息	电子设备、仪器和元件	82.85	60	80.53	62.24	76.30	123	8
870259	易捷通	广东省	电子信息	电子设备、仪器和元件	75.81	76	81.64	67.95	75.99	141	9
430512	芯朋微	江苏省	电子信息	电子设备、仪器和元件	73.33	84	76.47	78.98	75.96	143	10
835820	晨晓科技	浙江省	电子信息	电子设备、仪器和元件	70.79	68	83.44	88.04	75.90	148	11
832442	思必拓	北京市	电子信息	电子设备、仪器和元件	69.13	90	86.18	74.62	75.86	153	12
838337	高端精密	广东省	电子信息	电子设备、仪器和元件	81.35	76	81.07	53.32	75.77	156	13
430504	众智科技	河南省	电子信息	电子设备、仪器和元件	83.24	54	76.21	67.20	75.51	169	14
833932	奥雷德	云南省	电子信息	电子设备、仪器和元件	74.22	92	74.20	72.00	75.48	173	15
835053	帝尔激光	湖北省	电子信息	电子设备、仪器和元件	71.38	94	88.35	59.41	75.29	185	16

续表

代码	简称	地区	设定行业	万得三级行业	持续经营能力得分	信批质量得分	成长性得分	创新性得分	总分	全样本排行	行业内排名
834742	麦克韦尔	广东省	电子信息	电子设备、仪器和元件	73.78	78	85.84	62.61	75.18	195	17
831274	瑞可达	江苏省	电子信息	电子设备、仪器和元件	74.05	100	74.62	64.63	74.91	218	18
836507	纽迈分析	江苏省	电子信息	电子设备、仪器和元件	74.64	70	81.25	68.84	74.84	223	19
838761	蓝晨科技	广东省	电子信息	电子设备、仪器和元件	74.18	82	75.17	71.66	74.79	227	20
836179	国天电子	广东省	电子信息	电子设备、仪器和元件	78.03	76	69.83	71.71	74.74	232	21
838452	立洋股份	广东省	电子信息	电子设备、仪器和元件	78.00	62	84.41	59.83	74.72	238	22
871818	思格雷	广东省	电子信息	电子设备、仪器和元件	72.57	80	81.77	67.65	74.71	239	23
871018	华菱电子	山东省	电子信息	电子设备、仪器和元件	79.02	68	79.93	58.88	74.69	241	24
833645	安联锐视	广东省	电子信息	电子设备、仪器和元件	74.79	84	84.02	56.23	74.63	244	25
832189	科瑞达	河北省	电子信息	电子设备、仪器和元件	80.02	60	77.85	63.63	74.61	248	26
833640	广州中崎	广东省	电子信息	电子设备、仪器和元件	72.54	76	79.67	72.13	74.54	256	27
832802	保丽洁	江苏省	电子信息	电子设备、仪器和元件	79.37	50	79.02	71.39	74.51	260	28
871350	明致股份	广东省	电子信息	电子设备、仪器和元件	77.90	66	82.67	56.60	74.13	292	29
838923	瑞捷光电	广东省	电子信息	电子设备、仪器和元件	72.61	100	74.29	61.67	73.58	331	30
831518	波长光电	江苏省	电子信息	电子设备、仪器和元件	78.35	50	83.04	62.78	73.52	340	31
833692	托普云农	浙江省	电子信息	电子设备、仪器和元件	78.41	50	75.07	73.90	73.49	342	32
831602	昊华传动	江苏省	电子信息	电子设备、仪器和元件	75.44	78	80.54	55.10	73.40	351	33
870399	通达电气	广东省	电子信息	电子设备、仪器和元件	74.07	82	78.78	58.69	73.38	352	34
870725	德普电气	湖北省	电子信息	电子设备、仪器和元件	69.83	74	82.71	69.98	73.30	367	35
871672	新亚胜	湖南省	电子信息	电子设备、仪器和元件	71.92	74	82.23	64.01	73.29	370	36
834503	西盈科技	浙江省	电子信息	电子设备、仪器和元件	78.96	60	74.43	63.59	73.28	372	37
837920	盛本智能	上海	电子信息	电子设备、仪器和元件	76.89	46	77.99	76.44	73.23	376	38

续表

代码	简称	地区	设定行业	万得三级行业	持续经营能力得分	信批质量得分	成长性得分	创新性得分	总分	全样本排行	行业内排名
837821	则成电子	广东省	电子信息	电子设备,仪器和元件	76.96	92	72.65	53.22	73.07	396	39
835963	安人股份	浙江省	电子信息	电子设备,仪器和元件	73.21	72	74.24	71.33	73.06	399	40
430234	襄捷股份	上海	电子信息	电子设备,仪器和元件	75.95	50	82.64	67.24	73.05	402	41
839077	飞嘀智慧	北京	电子信息	电子设备,仪器和元件	71.86	74	75.04	73.10	73.04	403	42
871785	崧盛股份	广东省	电子信息	电子设备,仪器和元件	73.43	56	89.04	61.31	72.99	407	43
834407	驰诚股份	河南省	电子信息	电子设备,仪器和元件	70.67	84	80.16	63.07	72.95	411	44
835002	维冠视界	广东省	电子信息	电子设备,仪器和元件	71.83	66	82.24	67.18	72.94	413	45
838157	华光光电	山东省	电子信息	电子设备,仪器和元件	80.15	74	69.25	57.06	72.85	424	46
831509	中科英泰	山东省	电子信息	电子设备,仪器和元件	73.78	52	79.10	75.49	72.74	432	47
832193	宏晶科技	安徽省	电子信息	电子设备,仪器和元件	62.15	94	85.30	79.16	72.70	439	48
836188	品茗股份	浙江省	电子信息	电子设备,仪器和元件	79.65	50	78.29	60.42	72.62	452	49
870301	康通电子	湖南省	电子信息	电子设备,仪器和元件	72.59	60	84.98	63.54	72.62	454	50
831305	海希通讯	上海	电子信息	电子设备,仪器和元件	74.91	84	75.15	55.10	72.42	471	51
834690	捷先数码	广东省	电子信息	电子设备,仪器和元件	71.48	76	79.02	63.17	72.39	477	52
834245	易普森	广东省	电子信息	电子设备,仪器和元件	75.58	50	75.24	74.83	72.33	485	53
837029	汇创达	广东省	电子信息	电子设备,仪器和元件	70.78	90	80.02	56.39	72.25	496	54
430109	中航讯	北京	电子信息	电子设备,仪器和元件	70.66	64	77.98	74.26	72.25	497	55
871106	创凯智能	广东省	电子信息	电子设备,仪器和元件	73.14	58	80.79	66.21	72.18	503	56
833671	邦诚电信	上海	电子信息	电子设备,仪器和元件	68.78	68	75.83	80.79	72.12	507	57
833960	华发教育	河北省	电子信息	电子设备,仪器和元件	67.22	84	76.72	73.75	72.04	515	58
839632	利美隆	广东省	电子信息	电子设备,仪器和元件	73.36	64	81.54	59.18	71.95	527	59
839291	利德宝	福建省	电子信息	电子设备,仪器和元件	78.03	64	70.39	61.22	71.89	536	60

三 纺织服装与奢侈品行业

纺织服装与奢侈品行业共有 31 家样本挂牌公司，表中列示总分排名前 10 家。

表 4 纺织服装与奢侈品行业总分排名前 10 家样本挂牌公司名单

代码	简称	地区	设定行业	万得三级行业	持续经营能力得分	信批质量得分	成长性得分	创新性得分	总分	全样本排行	行业内排名
837942	金尔豪	广东省	消费品	纺织品、服装与奢侈品	82.88	90	85.39	72.86	82.58	2	1
870416	天章股份	江苏省	消费品	纺织品、服装与奢侈品	72.00	90	77.98	75.09	75.58	163	2
871083	伽懋智造	广东省	消费品	纺织品、服装与奢侈品	78.25	86	73.57	63.95	75.46	176	3
870412	海盟实业	江苏省	消费品	纺织品、服装与奢侈品	70.50	80	75.09	64.54	71.58	578	4
871790	钻明钻石	广东省	消费品	纺织品、服装与奢侈品	71.32	70	75.59	64.38	71.13	636	5
870178	旭平首饰	广西壮族自治区	消费品	纺织品、服装与奢侈品	70.35	70	81.95	54.96	70.39	714	6
839858	卓尔珠宝	广东省	消费品	纺织品、服装与奢侈品	69.58	70	71.97	62.32	69.06	923	7
872004	弘尚智能	浙江省	消费品	纺织品、服装与奢侈品	68.10	78	73.18	59.90	68.94	942	8
870001	楚星时尚	江苏省	消费品	纺织品、服装与奢侈品	70.20	52	79.18	60.39	68.64	986	9
839259	客莱诵	云南省	消费品	纺织品、服装与奢侈品	77.00	62	61.04	60.87	68.64	987	10

四 互联网软件与服务行业

互联网软件与服务行业共有110家样本挂牌公司，表中列示总分排名前40家。

表5 互联网软件与服务行业总分排名前40家样本挂牌公司名单

代码	简称	地区	设定行业	万得三级行业	持续经营能力得分	信批质量得分	成长性得分	创新性得分	总分	全样本排行	行业内排名
871182	靠谱云	福建省	互联网	互联网软件与服务Ⅲ	80.25	64	86.59	84.99	80.65	8	1
834003	挖金客	北京	互联网	互联网软件与服务Ⅲ	81.68	76	81.74	76.83	80.37	10	2
834452	奥菲传媒	上海	互联网	互联网软件与服务Ⅲ	78.35	72	85.23	84.10	80.19	12	3
837037	嗨皮网络	上海	互联网	互联网软件与服务Ⅲ	84.10	64	85.53	71.18	80.15	14	4
836610	铠甲网络	福建省	互联网	互联网软件与服务Ⅲ	77.51	74	86.56	77.56	79.32	27	5
831467	世窗信息	河北省	互联网	互联网软件与服务Ⅲ	85.56	64	78.96	69.73	79.00	33	6
835213	福信富通	福建省	互联网	互联网软件与服务Ⅲ	73.39	80	85.47	86.16	78.77	39	7
832114	中爆数字	广东省	互联网	互联网软件与服务Ⅲ	75.23	68	87.02	82.17	78.26	53	8
832340	国联股份	北京	互联网	互联网软件与服务Ⅲ	77.71	80	85.14	66.57	77.91	60	9
839460	乐享互动	北京	互联网	互联网软件与服务Ⅲ	76.81	54	87.96	81.87	77.45	66	10
430754	三态股份	北京	互联网	互联网软件与服务Ⅲ	86.09	58	84.36	56.17	77.23	74	11
832097	浩辰软件	江苏省	互联网	互联网软件与服务Ⅲ	72.93	90	82.53	75.28	77.18	76	12
832171	志晟信息	河北省	互联网	互联网软件与服务Ⅲ	78.25	56	87.28	73.71	77.07	80	13
839158	酷炫网络	北京	互联网	互联网软件与服务Ⅲ	75.64	62	83.65	82.29	77.01	84	14
834734	创谐信息	浙江省	互联网	互联网软件与服务Ⅲ	73.25	74	79.00	85.60	76.49	110	15
839603	乐米科技	江苏省	互联网	互联网软件与服务Ⅲ	72.17	76	86.21	76.16	76.46	113	16
830972	道一信息	广东省	互联网	互联网软件与服务Ⅲ	81.16	86	70.40	65.05	76.21	128	17

续表

代码	简称	地区	设定行业	万得三级行业	持续经营能力得分	信批质量得分	成长性得分	创新性得分	总分	全样本排行	行业内排名
832645	高德信	广东省	互联网	互联网软件与服务Ⅲ	78.26	74	76.80	69.91	76.16	131	18
838757	和众互联	浙江省	互联网	互联网软件与服务Ⅲ	77.33	74	84.15	62.35	76.14	134	19
870402	金东创意	山东省	互联网	互联网软件与服务Ⅲ	73.38	80	83.51	70.61	76.01	140	20
834709	注意力科技	广东省	互联网	互联网软件与服务Ⅲ	81.68	66	81.00	57.74	75.75	157	21
834136	仙果科技	北京	互联网	互联网软件与服务Ⅲ	77.40	80	66.31	83.85	75.61	162	22
430071	首都在线	北京	互联网	互联网软件与服务Ⅲ	77.70	76	73.89	70.19	75.40	178	23
833402	众引传播	上海	互联网	互联网软件与服务Ⅲ	75.75	80	76.72	69.19	75.37	180	24
430350	万德智新	湖北省	互联网	互联网软件与服务Ⅲ	73.81	82	77.50	72.55	75.31	183	25
836858	爱用宝	上海	互联网	互联网软件与服务Ⅲ	77.99	80	65.89	80.03	75.25	190	26
871320	奇异互动	广东省	互联网	互联网软件与服务Ⅲ	75.80	60	87.70	66.16	75.25	191	27
836339	麦广互娱	上海	互联网	互联网软件与服务Ⅲ	75.02	60	83.65	73.90	75.22	193	28
870241	二五八	福建省	互联网	互联网软件与服务Ⅲ	72.83	74	80.22	75.55	75.14	198	29
872139	网娱互动	北京	互联网	互联网软件与服务Ⅲ	75.44	74	80.71	66.33	75.12	199	30
870916	雷利股份	江苏省	互联网	互联网软件与服务Ⅲ	74.89	70	87.14	60.26	74.78	229	31
830960	微步信息	广东省	互联网	互联网软件与服务Ⅲ	76.17	74	75.10	69.94	74.72	237	32
834194	实邑科技	福建省	互联网	互联网软件与服务Ⅲ	76.16	72	76.32	69.09	74.67	242	33
831063	安泰股份	安徽省	互联网	互联网软件与服务Ⅲ	75.79	90	76.66	58.43	74.37	271	34
836366	尚航科技	广东省	互联网	互联网软件与服务Ⅲ	74.10	72	77.91	69.33	74.08	297	35
831142	易讯通	北京	互联网	互联网软件与服务Ⅲ	75.98	64	77.70	67.33	73.76	316	36
832101	浩亚股份	上海	互联网	互联网软件与服务Ⅲ	71.91	82	83.64	60.60	73.75	318	37
833132	企源科技	上海	互联网	互联网软件与服务Ⅲ	79.52	76	75.58	53.62	73.67	324	38
835801	博大光通	北京	互联网	互联网软件与服务Ⅲ	74.63	82	69.04	72.74	73.60	329	39
430373	捷安高科	河南省	互联网	互联网软件与服务Ⅲ	68.72	78	82.34	72.74	73.44	347	40

五　化工行业

化工行业共有 173 家样本挂牌公司，表中列示总分排名前 60 家。

表 6　化工行业总分排名前 60 家样本挂牌公司名单

代码	简称	地区	设定行业	万得三级行业	持续经营能力得分	信批质量得分	成长性得分	创新性得分	总分	全样本排行	行业内排名
833291	森合高科	广西壮族自治区	能源化工	化工	79.41	64	86.66	70.89	78.09	54	1
830885	波斯科技	广东省	能源化工	化工	75.71	74	78.66	73.60	75.94	147	2
832073	吉和昌	湖北省	能源化工	化工	79.27	72	71.59	69.85	75.10	200	3
833742	天秦装备	河北省	能源化工	化工	78.18	80	70.77	69.31	75.07	202	4
839724	汉和生物	广西壮族自治区	能源化工	化工	76.14	84	88.36	50.27	74.99	209	5
870328	和和新材	江苏省	能源化工	化工	78.65	68	78.70	61.72	74.76	230	6
871643	祥生科技	山东省	能源化工	化工	77.75	70	76.89	64.56	74.61	247	7
870723	华顺科技	浙江省	能源化工	化工	80.42	64	74.33	63.30	74.35	274	8
839664	航天恒丰	北京	能源化工	化工	74.24	90	70.43	70.66	74.14	289	9
871258	吉田股份	山东省	能源化工	化工	79.34	58	77.57	64.06	74.04	300	10
871203	旭梅科技	上海	能源化工	化工	79.89	80	65.31	65.75	73.78	313	11
837938	贝斯美	浙江省	能源化工	化工	78.45	70	75.75	58.98	73.67	325	12
870358	安达农森	四川省	能源化工	化工	73.60	90	78.09	57.99	73.54	336	13
871838	善水科技	江西省	能源化工	化工	76.10	56	88.54	57.70	73.53	339	14
837878	傲胜股份	广东省	能源化工	化工	77.35	54	81.12	64.54	73.49	343	15

续表

代码	简称	地区	设定行业	万得三级行业	持续经营能力得分	信批质量得分	成长性得分	创新性得分	总分	全样本排行	行业内排名
837713	粤辉科技	广东省	能源化工	化工	71.74	68	83.25	67.91	73.46	346	16
834153	炜田新材	广东省	能源化工	化工	76.91	64	78.86	60.44	73.29	368	17
430221	风帆科技	湖北省	能源化工	化工	71.93	80	79.19	63.35	73.06	398	18
839210	天威新材	广东省	能源化工	化工	77.98	56	78.27	62.04	72.96	410	19
836247	华密股份	河北省	能源化工	化工	73.07	76	78.31	62.39	72.89	420	20
830793	阿拉丁	上海	能源化工	化工	75.01	78	68.81	69.52	72.86	422	21
836338	宏远新材	江苏省	能源化工	化工	76.94	50	74.77	73.05	72.60	455	22
871694	中裕科技	江苏省	能源化工	化工	70.87	60	87.90	64.52	72.53	463	23
836312	集美新材	广东省	能源化工	化工	80.76	54	72.50	61.57	72.50	464	24
839678	东湖高科	浙江省	能源化工	化工	68.73	82	73.15	77.17	72.30	490	25
833572	励福环保	广东省	能源化工	化工	72.61	74	76.80	63.32	72.27	493	26
830775	吉华材料	浙江省	能源化工	化工	75.47	64	70.13	67.70	71.71	558	27
836059	金达科技	河北省	能源化工	化工	73.03	50	73.90	80.84	71.61	573	28
833566	和顺科技	浙江省	能源化工	化工	76.63	58	73.14	63.03	71.53	582	29
834162	江平生物	福建省	能源化工	化工	64.56	70	81.52	79.35	71.16	632	30
835841	圣安化工	浙江省	能源化工	化工	69.89	60	79.55	69.71	71.07	646	31
832534	东宝股份	江苏省	能源化工	化工	74.03	66	74.69	59.88	71.05	650	32
834589	洁特生物	广东省	能源化工	化工	70.80	66	77.62	64.32	70.91	666	33
838478	东仁新材	安徽省	能源化工	化工	67.42	78	78.01	66.51	70.81	672	34
838330	壹豪科技	广东省	能源化工	化工	64.63	84	81.30	67.52	70.73	676	35
870212	奥旺迪	山东省	能源化工	化工	72.79	68	70.68	65.20	70.59	691	36
835193	东立科技	四川省	能源化工	化工	70.74	64	76.32	64.32	70.37	723	37

代码	简称	地区	设定行业	万得三级行业	持续经营能力得分	信批质量得分	成长性得分	创新性得分	总分	全样本排行	行业内排名
831247	盛帮股份	四川省	能源化工	化工	72.12	72	72.74	60.37	70.36	724	38
831135	永冠股份	上海	能源化工	化工	77.75	90	64.67	48.81	70.26	737	39
838451	天成包装	安徽省	能源化工	化工	61.64	74	78.93	83.87	69.93	783	40
833841	夜 光 明	浙江省	能源化工	化工	73.71	50	79.34	59.42	69.92	788	41
871968	红梅色母	江苏省	能源化工	化工	72.34	60	76.83	58.89	69.89	791	42
831868	新农股份	浙江省	能源化工	化工	70.82	74	77.48	52.96	69.65	830	43
838823	海天消防	河南省	能源化工	化工	73.43	60	75.15	56.71	69.63	832	44
831673	交联辐照	浙江省	能源化工	化工	70.22	68	76.11	58.79	69.54	844	45
839711	凯盛新材	山东省	能源化工	化工	71.68	62	78.25	55.03	69.41	869	46
831892	新玻电力	天 津	能源化工	化工	71.12	58	70.56	69.99	69.38	873	47
835385	法 宁 格	江苏省	能源化工	化工	72.25	62	72.71	60.38	69.37	877	48
870484	英普环境	浙江省	能源化工	化工	70.97	70	73.36	58.10	69.35	882	49
831933	百 杰 瑞	湖北省	能源化工	化工	67.18	70	75.97	64.41	69.13	914	50
836612	瑞 博 龙	山东省	能源化工	化工	66.35	46	81.84	78.36	69.11	916	51
838138	华源医疗	江苏省	能源化工	化工	75.09	56	79.31	47.91	69.11	917	52
835827	盛 嘉 伦	广东省	能源化工	化工	69.68	66	64.94	76.64	69.07	922	53
836202	金山环材	广东省	能源化工	化工	70.58	72	74.42	54.68	68.97	934	54
833821	浦江股份	江苏省	能源化工	化工	67.72	64	76.38	64.97	68.97	935	55
870536	快达农化	江苏省	能源化工	化工	70.22	90	76.19	45.67	68.88	954	56
838105	中盛新材	浙江省	能源化工	化工	66.69	70	73.54	67.91	68.86	959	57
834738	民祥医药	天 津	能源化工	化工	65.75	86	75.41	58.71	68.72	975	58
832141	燎原环保	江苏省	能源化工	化工	73.11	50	76.83	57.15	68.68	981	59
833189	达 诺 尔	江苏省	能源化工	化工	72.70	44	68.39	74.34	68.32	1017	60

六 机械行业

机械行业共有230家样本挂牌公司，表中列示总分排名前80家。

表7 机械行业总分排名前80家样本挂牌公司名单

代码	简称	地区	设定行业	万得三级行业	持续经营能力得分	信批质量得分	成长性得分	创新性得分	总分	全样本排行	行业内排名
832368	佳创科技	福建省	装备制造	机械	83.50	78	82.61	69.28	80.43	9	1
837178	商科数控	天津	装备制造	机械	81.39	66	84.24	70.27	78.64	42	2
831424	薪泽奇	江苏省	装备制造	机械	74.56	90	87.55	69.81	78.31	49	3
832499	天海流体	安徽省	装备制造	机械	78.85	82	82.29	61.24	77.03	82	4
430737	斯达科技	江苏省	装备制造	机械	76.00	70	73.71	86.26	76.24	127	5
839827	久久弊	广东省	装备制造	机械	74.43	74	80.35	72.40	75.51	168	6
839894	长城搅拌	浙江省	装备制造	机械	78.08	74	82.64	58.69	75.47	174	7
830870	松宝智能	安徽省	装备制造	机械	74.87	74	82.40	66.35	75.22	192	8
834013	利和兴	广东省	装备制造	机械	77.29	74	79.87	60.52	74.79	226	9
871245	威博液压	江苏省	装备制造	机械	74.73	82	82.41	59.96	74.79	228	10
839986	江南电机	浙江省	装备制造	机械	75.82	74	80.88	62.80	74.73	236	11
835861	奥诺科技	山东省	装备制造	机械	72.44	76	89.17	60.60	74.65	243	12
835635	联动属具	安徽省	装备制造	机械	77.69	80	77.28	58.23	74.52	259	13
870640	德耐尔	上海	装备制造	机械	80.17	64	79.79	57.22	74.43	264	14
834733	华卓精科	北京	装备制造	机械	73.43	86	70.98	75.03	74.21	285	15
831512	环创科技	福建省	装备制造	机械	69.50	90	84.79	64.87	74.18	287	16

续表

代码	简称	地区	设定行业	万得三级行业	持续经营能力得分	信批质量得分	成长性得分	创新性得分	总分	全样本排行	行业内排名
832463	月旭科技	上海	装备制造	机械	75.31	66	76.32	72.19	74.10	295	17
835824	广东振华	广东省	装备制造	机械	76.15	64	80.81	61.00	73.47	344	18
837176	孚因动力	上海	装备制造	机械	75.26	64	76.09	69.29	73.34	358	19
833332	多尔晋泽	山西省	装备制造	机械	71.93	68	80.67	70.02	73.31	364	20
836260	中冀股份	四川省	装备制造	机械	67.39	90	84.64	66.49	73.29	369	21
835740	康帅冷链	上海	装备制造	机械	75.69	56	78.22	70.49	73.26	373	22
837004	舜禹水务	安徽省	装备制造	机械	77.09	56	80.32	62.53	73.10	389	23
835368	连城数控	辽宁省	装备制造	机械	66.85	96	81.35	68.48	73.07	397	24
831540	京源环保	江苏省	装备制造	机械	68.73	92	81.10	63.78	72.93	417	25
831149	奥美环境	山东省	装备制造	机械	71.49	72	77.16	71.35	72.90	419	26
870577	德耀科技	河南省	装备制造	机械	69.64	72	80.75	70.51	72.64	448	27
833284	灵鸽科技	江苏省	装备制造	机械	77.78	94	58.66	69.45	72.63	451	28
871774	惠宝股份	浙江省	装备制造	机械	74.31	76	73.91	63.40	72.62	453	29
430394	伯朗特	广东省	装备制造	机械	69.91	68	82.95	67.90	72.44	469	30
836503	襄宇科技	广东省	装备制造	机械	70.59	84	78.10	62.82	72.39	478	31
836709	昀丰科技	浙江省	装备制造	机械	70.81	100	74.13	59.35	72.20	500	32
837453	通锦精密	江苏省	装备制造	机械	76.63	60	76.49	60.60	72.16	505	33
870704	安森智能	陕西省	装备制造	机械	69.56	74	79.47	68.03	72.12	506	34
871912	睿通股份	上海	装备制造	机械	72.32	80	77.20	58.95	72.02	519	35
831237	飞宇科技	江苏省	装备制造	机械	75.78	72	77.27	53.66	71.94	529	36
834278	高测股份	山东省	装备制造	机械	65.95	82	87.45	63.06	71.85	544	37
837414	恒誉环保	山东省	装备制造	机械	67.21	84	77.65	69.97	71.68	562	38

续表

代码	简称	地区	设定行业	万得三级行业	持续经营能力得分	信批质量得分	成长性得分	创新性得分	总分	全样本排行	行业内排名
832314	四砂泰益	山东省	装备制造	机械	76.20	56	76.02	62.23	71.64	568	39
832468	向明轴承	上海	装备制造	机械	74.72	74	76.12	54.83	71.59	577	40
871338	金瑞股份	广东省	装备制造	机械	72.75	74	77.24	58.15	71.53	584	41
837331	嘉德股份	广西壮族自治区	装备制造	机械	74.80	74	79.06	50.70	71.47	592	42
839734	福立旺	江苏省	装备制造	机械	70.73	76	81.52	56.51	71.37	605	43
831824	东方滤袋	江苏省	装备制造	机械	72.55	68	81.87	55.10	71.29	617	44
871623	中设智能	广东省	装备制造	机械	68.27	68	83.69	63.96	71.11	638	45
838936	远荣智能	广东省	装备制造	机械	62.49	96	84.85	66.10	71.01	654	46
833684	联赢激光	广东省	装备制造	机械	68.17	68	79.06	69.95	71.00	658	47
835591	富瑞德	江苏省	装备制造	机械	66.63	88	80.22	61.98	70.99	662	48
831846	飞驰环保	江苏省	装备制造	机械	70.48	70	75.83	62.76	70.49	699	49
836170	中安精工	浙江省	装备制造	机械	70.28	74	75.01	62.06	70.48	702	50
833125	华益精机	浙江省	装备制造	机械	71.58	74	83.48	48.37	70.37	720	51
837056	菱欧科技	江苏省	装备制造	机械	72.94	50	82.28	60.00	70.30	732	52
835537	华维节水	上海	装备制造	机械	68.46	70	79.52	62.50	70.26	738	53
833280	万亨科技	浙江省	装备制造	机械	65.11	96	77.41	62.53	70.25	740	54
872477	龙成消防	山东省	装备制造	机械	77.66	44	73.34	63.82	70.23	742	55
832156	强田液压	上海	装备制造	机械	65.79	74	80.29	66.49	70.08	762	56
837253	中良股份	江苏省	装备制造	机械	72.48	50	80.28	62.49	70.07	763	57
839204	航天数维	北京	装备制造	机械	66.65	52	83.53	75.07	70.03	769	58
831475	春晖智控	浙江省	装备制造	机械	68.35	72	81.93	57.32	70.01	774	59

续表

代码	简称	地区	设定行业	万得三级行业	持续经营能力得分	信批质量得分	成长性得分	创新性得分	总分	全样本排行	行业内排名
830904	博思特	天津	装备制造	机械	66.85	76	81.00	60.28	69.95	782	60
871874	博纳斯威	天津	装备制造	机械	66.72	80	72.65	70.03	69.91	790	61
832239	恒鑫智能	广东省	装备制造	机械	68.94	70	77.84	60.91	69.86	797	62
833679	洞光股份	河南省	装备制造	机械	75.30	60	69.18	61.00	69.83	803	63
838861	华鹏精机	山东省	装备制造	机械	63.97	68	85.49	67.78	69.80	805	64
871134	黑金刚	福建省	装备制造	机械	70.02	60	75.58	66.94	69.80	807	65
837003	凯斯机械	湖南省	装备制造	机械	73.34	60	79.29	52.71	69.76	816	66
832281	和氏技术	广东省	装备制造	机械	67.27	76	80.23	58.89	69.76	817	67
871452	朗进科技	山东省	装备制造	机械	67.93	80	77.98	57.53	69.71	824	68
838359	浙江钰烯	浙江省	装备制造	机械	66.42	76	75.41	67.85	69.71	825	69
831978	金康精工	江苏省	装备制造	机械	69.69	80	75.06	55.95	69.65	829	70
831855	浙江大农	浙江省	装备制造	机械	72.71	54	74.91	62.98	69.59	836	71
832176	三扬股份	广东省	装备制造	机械	72.91	56	75.87	59.48	69.56	841	72
835849	上海众辛	上海	装备制造	机械	69.87	88	76.42	49.42	69.42	867	73
871752	洛克技术	广东省	装备制造	机械	61.54	84	84.30	65.99	69.40	870	74
830849	平原智能	河南省	装备制造	机械	70.32	72	70.93	61.87	69.29	888	75
834519	华能环保	江苏省	装备制造	机械	66.13	70	77.83	66.05	69.26	896	76
839985	永鑫精工	湖北省	装备制造	机械	73.04	60	68.26	65.09	69.21	901	77
833455	汇隆活塞	辽宁省	装备制造	机械	65.98	78	80.85	57.77	69.20	903	78
430414	三光科技	江苏省	装备制造	机械	74.80	60	70.71	56.36	69.15	912	79
832182	欧好光电	上海	装备制造	机械	64.98	58	80.71	73.41	69.07	921	80

七 家庭耐用消费品行业

该行业共有 53 家样本挂牌公司，表中列示总分排名前 20 家。

表 8　家庭耐用消费品行业总分排名前 20 家样本挂牌公司名单

代码	简称	地区	设定行业	万得三级行业	持续经营能力得分	信批质量得分	成长性得分	创新性得分	总分	全样本排行	行业内排名
833523	德瑞锂电	广东省	消费品	家庭耐用消费品	84.88	76	84.13	56.86	78.88	37	1
834886	久正工学	江苏省	消费品	家庭耐用消费品	78.25	64	87.74	69.34	77.50	64	2
838130	明学光电	广东省	消费品	家庭耐用消费品	79.31	78	82.40	60.82	76.82	93	3
870073	力美照明	广东省	消费品	家庭耐用消费品	76.53	64	86.15	57.60	74.20	286	4
870781	亿林科技	浙江省	消费品	家庭耐用消费品	76.12	70	78.75	62.93	73.98	303	5
870136	鼎美智装	浙江省	消费品	家庭耐用消费品	76.66	68	76.68	61.75	73.33	360	6
838325	罗曼智能	广东省	消费品	家庭耐用消费品	79.35	60	76.44	56.87	72.72	434	7
836737	米科股份	浙江省	消费品	家庭耐用消费品	77.32	58	81.72	56.60	72.69	441	8
837326	同方瑞风	广东省	消费品	家庭耐用消费品	75.42	72	68.42	69.01	72.29	491	9
835842	纳仕达	福建省	消费品	家庭耐用消费品	73.10	70	75.19	65.90	72.17	504	10
837457	莎朗股份	广东省	消费品	家庭耐用消费品	74.81	54	78.66	65.37	71.86	541	11
833888	华普永明	浙江省	消费品	家庭耐用消费品	72.05	60	84.43	60.48	71.69	560	12
838443	祈禧股份	浙江省	消费品	家庭耐用消费品	68.97	80	77.17	64.77	71.32	614	13
836305	光跃科技	浙江省	消费品	家庭耐用消费品	78.75	56	63.39	69.66	70.78	673	14
831641	格利尔	江苏省	消费品	家庭耐用消费品	73.71	66	72.16	61.99	70.65	685	15
835834	达伦股份	江苏省	消费品	家庭耐用消费品	73.17	82	61.74	70.67	70.56	693	16
839575	实益达	广东省	消费品	家庭耐用消费品	70.66	82	72.27	59.56	70.30	731	17
839762	浙江旭光	浙江省	消费品	家庭耐用消费品	73.59	62	76.24	54.40	69.75	819	18
838821	福凯股份	广东省	消费品	家庭耐用消费品	74.79	40	76.24	65.67	69.23	900	19
835069	德珑磁电	广东省	消费品	家庭耐用消费品	66.66	86	73.73	60.29	69.08	919	20

八　建筑产品行业

该行业共有 32 家样本挂牌公司，表中列示总分排名前 10 家。

表 9　建筑产品行业总分排名前 10 家样本挂牌公司名单

代码	简称	地区	设定行业	万得三级行业	持续经营能力得分	信批质量得分	成长性得分	创新性得分	总分	全样本排行	行业内排名
839342	恒宝精密	广东省	建筑地产	建筑产品Ⅲ	78.06	60	79.31	72.47	75.49	172	1
872315	威骏股份	湖北省	建筑地产	建筑产品Ⅲ	75.45	74	76.80	66.11	74.15	288	2
838708	科能股份	新疆维吾尔自治区	建筑地产	建筑产品Ⅲ	74.47	70	72.85	66.13	72.30	487	3
838019	金戈炼业	江苏省	建筑地产	建筑产品Ⅲ	71.48	80	77.14	55.98	71.03	652	4
833859	国能新材	广东省	建筑地产	建筑产品Ⅲ	71.37	86	64.87	58.74	68.95	941	5
837459	帝华科技	四川省	建筑地产	建筑产品Ⅲ	68.04	64	72.99	64.41	68.26	1028	6
839675	湖北兴欣	湖北省	建筑地产	建筑产品Ⅲ	64.40	64	74.32	71.90	67.82	1086	7
839512	天元汇邦	广东省	建筑地产	建筑产品Ⅲ	66.17	92	70.05	53.39	67.17	1180	8
839089	索纳塔	上海	建筑地产	建筑产品Ⅲ	69.78	66	66.20	60.95	67.11	1190	9
834185	黎明钢构	湖北省	建筑地产	建筑产品Ⅲ	71.46	58	63.05	65.18	66.90	1219	10

九 建筑与工程行业

该行业共有 90 家样本挂牌公司，表中列示总分排名前 30 家。

表 10 建筑与工程行业总分排名前 30 家样本挂牌公司名单

代码	简称	地区	设定行业	万得三级行业	持续经营能力得分	信批质量得分	成长性得分	创新性得分	总分	全样本排行	行业内排名
831514	艾迪尔	北京	建筑地产	建筑与工程III	79.03	66	78.70	71.67	76.41	119	1
839504	赛达交科	广东省	建筑地产	建筑与工程III	73.76	64	86.52	75.18	75.90	149	2
872221	华友股份	河北省	建筑地产	建筑与工程III	71.93	84	81.85	69.43	75.05	204	3
839534	深圳园林	广东省	建筑地产	建筑与工程III	74.67	80	80.30	60.83	74.25	281	4
871713	锡源爆破	广东省	建筑地产	建筑与工程III	69.25	78	81.24	67.42	72.64	447	5
833685	天元信息	山东省	建筑地产	建筑与工程III	74.95	74	77.85	57.53	72.63	450	6
836926	神洁环保	上海	建筑地产	建筑与工程III	77.87	68	70.75	60.60	72.23	498	7
837978	金东方智	湖北省	建筑地产	建筑与工程III	72.03	58	75.69	76.26	71.98	525	8
838602	环能设计	山东省	建筑地产	建筑与工程III	65.63	80	81.82	69.00	71.27	620	9
870889	鲁班艺术	福建省	建筑地产	建筑与工程III	68.69	68	80.17	65.95	70.89	668	10
839299	裕隆股份	河南省	建筑地产	建筑与工程III	69.91	64	80.92	63.45	70.84	671	11
832006	郑州水务	河南省	建筑地产	建筑与工程III	64.25	94	80.15	65.01	70.66	683	12
836255	仁利股份	江苏省	建筑地产	建筑与工程III	67.34	74	77.24	69.09	70.62	687	13

续表

代码	简称	地区	设定行业	万得三级行业	持续经营能力得分	信批质量得分	成长性得分	创新性得分	总分	全样本排行	行业内排名
871800	超宇股份	浙江省	建筑地产	建筑与工程Ⅲ	67.75	80	82.83	56.21	70.43	708	14
870771	力田科技	广东省	建筑地产	建筑与工程Ⅲ	70.25	70	76.75	61.62	70.40	712	15
834154	建为历保	上海	建筑地产	建筑与工程Ⅲ	69.61	70	72.15	69.73	70.29	733	16
831140	力阳科技	上海	建筑地产	建筑与工程Ⅲ	66.43	78	72.13	73.52	69.97	780	17
838418	绿城股份	北京	建筑地产	建筑与工程Ⅲ	76.06	60	67.53	61.64	69.86	796	18
831216	中林股份	浙江省	建筑地产	建筑与工程Ⅲ	68.78	88	68.59	65.07	69.86	798	19
835187	中汇股份	安徽省	建筑地产	建筑与工程Ⅲ	70.44	76	70.46	61.84	69.61	834	20
832621	三维钢构	山东省	建筑地产	建筑与工程Ⅲ	63.15	74	77.05	77.75	69.57	840	21
871798	茂盟工程	上海	建筑地产	建筑与工程Ⅲ	71.92	50	77.15	64.56	69.44	859	22
836183	百林园林	广东省	建筑地产	建筑与工程Ⅲ	65.50	70	81.39	61.48	68.96	937	23
871493	厦门安越	福建省	建筑地产	建筑与工程Ⅲ	67.79	64	74.04	67.91	68.92	946	24
839169	君信达	广东省	建筑地产	建筑与工程Ⅲ	64.37	86	73.85	66.36	68.89	952	25
836087	瑞孚净化	河南省	建筑地产	建筑与工程Ⅲ	65.15	58	85.91	63.63	68.77	968	26
871186	中衡建设	北京	建筑地产	建筑与工程Ⅲ	66.12	94	75.22	54.58	68.73	973	27
871422	谦诚桩工	湖北省	建筑地产	建筑与工程Ⅲ	63.14	66	84.07	63.92	68.25	1031	28
836906	天行装饰	浙江省	建筑地产	建筑与工程Ⅲ	63.05	66	74.99	76.47	68.09	1048	29
831707	绿岛园林	湖北省	建筑地产	建筑与工程Ⅲ	69.88	80	62.75	64.25	68.09	1049	30

十　金属非金属与采矿行业

该行业共有 75 家样本挂牌公司，表中列示总分排名前 25 家。

表 11　金属非金属与采矿行业总分排名前 25 家样本挂牌公司名单

代码	简称	地区	设定行业	万得三级行业	持续经营能力得分	信批质量得分	成长性得分	创新性得分	总分	全样本排行	行业内排名
838975	鑫泰科技	江西省	金属矿冶	金属、非金属与采矿	81.48	76	82.05	69.86	79.21	28	1
838672	金润德	山东省	金属矿冶	金属、非金属与采矿	77.65	78	80.63	68.03	76.88	91	2
832599	皓业彩瓷	广东省	金属矿冶	金属、非金属与采矿	78.33	92	79.22	57.33	76.17	130	3
831188	正兴玉	四川省	金属矿冶	金属、非金属与采矿	75.19	72	74.59	67.45	73.51	341	4
871564	巨成钛业	陕西省	金属矿冶	金属、非金属与采矿	79.40	56	73.03	66.51	73.12	388	5
836724	欧晶科技	内蒙古自治区	金属矿冶	金属、非金属与采矿	70.76	94	79.28	58.11	72.72	433	6
831137	秦和股份	安徽省	金属矿冶	金属、非金属与采矿	67.49	86	83.51	61.16	71.86	542	7
870193	亿仕达	辽宁省	金属矿冶	金属、非金属与采矿	71.69	82	70.56	67.64	71.74	555	8
839146	盈博莱	广东省	金属矿冶	金属、非金属与采矿	70.35	90	74.53	60.68	71.55	581	9
831768	拾比佰	广东省	金属矿冶	金属、非金属与采矿	73.15	66	71.82	68.69	71.39	600	10

续表

代码	简称	地区	设定行业	万得三级行业	持续经营能力得分	信批质量得分	成长性得分	创新性得分	总分	全样本排行	行业内排名
839725	惠丰钻石	河南省	金属矿冶	金属、非金属与采矿	69.13	84	85.99	52.10	71.35	607	11
839719	宁新新材	江西省	金属矿冶	金属、非金属与采矿	69.41	58	84.89	65.25	71.03	651	12
430286	东岩股份	上海	金属矿冶	金属、非金属与采矿	70.55	70	77.20	62.14	70.74	675	13
833308	德威股份	河南省	金属矿冶	金属、非金属与采矿	65.52	88	76.01	69.74	70.69	679	14
832724	江苏三鑫	江苏省	金属矿冶	金属、非金属与采矿	74.18	58	73.03	63.80	70.48	700	15
833180	瀚丰矿业	吉林省	金属矿冶	金属、非金属与采矿	66.13	80	82.88	60.85	70.43	709	16
870309	中天新能	河南省	金属矿冶	金属、非金属与采矿	66.02	62	83.27	70.44	70.20	747	17
838792	四环锌锗	四川省	金属矿冶	金属、非金属与采矿	71.39	80	74.96	53.77	70.05	766	18
832175	东方碳素	河南省	金属矿冶	金属、非金属与采矿	72.79	68	75.45	55.10	69.96	781	19
832892	捷昕精密	福建省	金属矿冶	金属、非金属与采矿	64.42	86	78.60	65.90	69.93	784	20
838653	申吉钛业	浙江省	金属矿冶	金属、非金属与采矿	71.48	70	77.51	54.69	69.93	787	21
832213	双森股份	浙江省	金属矿冶	金属、非金属与采矿	70.39	78	74.69	53.90	69.35	883	22
832486	久美股份	江苏省	金属矿冶	金属、非金属与采矿	67.49	66	76.59	64.89	69.09	918	23
833790	嘉元科技	广东省	金属矿冶	金属、非金属与采矿	66.23	94	74.82	56.28	69.01	931	24
430701	立德股份	江苏省	金属矿冶	金属、非金属与采矿	66.70	80	73.69	61.79	68.84	961	25

十一 媒体行业

该行业共有 65 家样本挂牌公司，表中列示总分排名前 20 家。

表 12 媒体行业总分排名前 20 家样本挂牌公司名单

代码	简称	地区	设定行业	万得三级行业	持续经营能力得分	信批质量得分	成长性得分	创新性得分	总分	全样本排行	行业内排名
834687	海唐公关	北　京	文化	媒体Ⅲ	77.54	72	86.47	73.21	78.41	48	1
839388	多彩贵州	贵州省	文化	媒体Ⅲ	80.37	86	83.24	59.56	78.04	56	2
871565	森宇文化	上　海	文化	媒体Ⅲ	76.03	72	80.70	73.17	76.31	122	3
837482	龙源数媒	北　京	文化	媒体Ⅲ	71.34	76	83.35	80.91	76.06	138	4
834291	中信出版	北　京	文化	媒体Ⅲ	78.80	80	80.93	58.92	76.06	139	5
838397	道森媒体	湖北省	文化	媒体Ⅲ	77.92	66	79.47	69.42	75.69	159	6
871954	朝霞文化	河南省	文化	媒体Ⅲ	80.93	58	81.23	62.03	75.29	186	7
834902	网映文化	上　海	文化	媒体Ⅲ	66.88	74	86.08	89.46	75.17	196	8
833416	掌上纵横	北　京	文化	媒体Ⅲ	70.70	76	80.47	76.47	74.42	265	9
839629	华糖云商	河北省	文化	媒体Ⅲ	80.83	80	82.48	45.16	74.37	270	10
834617	飞博共创	福建省	文化	媒体Ⅲ	73.34	84	80.70	62.24	74.29	276	11
834729	朗朗教育	山东省	文化	媒体Ⅲ	72.32	62	86.67	68.92	73.98	304	12
833632	荣信教育	陕西省	文化	媒体Ⅲ	74.78	76	85.37	52.08	73.33	361	13
838657	尚诚同力	北　京	文化	媒体Ⅲ	81.07	68	69.76	59.09	73.17	386	14
834476	自在传媒	北　京	文化	媒体Ⅲ	77.34	74	73.82	58.84	73.05	401	15
835488	唯优传媒	北　京	文化	媒体Ⅲ	80.10	44	77.60	65.80	72.67	443	16
836385	九九互娱	北　京	文化	媒体Ⅲ	69.86	80	83.90	61.12	72.66	444	17
839622	君品品牌	北　京	文化	媒体Ⅲ	71.42	70	86.71	57.12	72.35	482	18
837948	榕智股份	上　海	文化	媒体Ⅲ	75.24	76	78.27	52.12	71.99	523	19
870608	印象股份	福建省	文化	媒体Ⅲ	78.46	72	77.91	46.83	71.87	538	20

十二 汽车零配件行业

该行业共有 51 家样本挂牌公司，表中列示总分排名前 15 家。

表 13　汽车零配件行业总分排名前 15 家样本挂牌公司名单

代码	简称	设定行业	地区	万得三级行业	持续经营能力得分	信批质量得分	成长性得分	创新性得分	总分	全样本排行	行业内排名
833533	骏创科技	江苏省	装备制造	汽车零配件	76.80	84	80.12	65.78	76.52	106	1
833137	通宝光电	江苏省	装备制造	汽车零配件	79.97	72	75.09	63.59	75.27	187	2
834735	麦凯智造	福建省	装备制造	汽车零配件	77.43	82	84.52	52.31	75.05	203	3
837577	宁波科达	浙江省	装备制造	汽车零配件	72.44	64	79.19	73.84	73.37	353	4
834471	鑫宇股份	江苏省	装备制造	汽车零配件	75.21	96	76.44	52.13	73.24	374	5
838500	唐群科技	广东省	装备制造	汽车零配件	71.35	80	79.51	64.17	72.98	409	6
430293	奉天电子	上 海	装备制造	汽车零配件	73.96	74	76.05	63.74	72.84	425	7
870774	华信科技	安徽省	装备制造	汽车零配件	72.61	74	80.02	60.34	72.50	465	8
833119	得 普 达	山东省	装备制造	汽车零配件	69.07	94	78.19	60.60	72.05	513	9
839946	华阳变速	湖北省	装备制造	汽车零配件	69.97	78	84.33	55.89	71.66	566	10
831278	泰德股份	山东省	装备制造	汽车零配件	72.92	86	81.96	46.60	71.37	603	11
430646	上海底特	上 海	装备制造	汽车零配件	72.60	64	77.28	62.32	71.17	630	12
832429	朗 恩 斯	江苏省	装备制造	汽车零配件	67.39	86	82.82	56.89	70.88	669	13
837581	川力科技	四川省	装备制造	汽车零配件	68.71	84	73.52	55.42	69.04	925	14
839647	瑞明科技	江西省	装备制造	汽车零配件	62.88	80	78.42	68.35	68.93	944	15

十三 容器与包装行业

该行业共有 30 家样本挂牌公司，表中列示总分排名前 10 家。

表 14 容器与包装行业总分排名前 10 家样本挂牌公司名单

代码	简称	地区	设定行业	万得三级行业	持续经营能力得分	信批质量得分	成长性得分	创新性得分	总分	全样本排行	行业内排名
836027	金晟环保	浙江省	消费品	容器与包装	79.90	92	75.53	52.63	75.05	205	1
838163	方大股份	河北省	消费品	容器与包装	77.22	68	73.38	55.40	71.62	570	2
430586	兴港包装	江苏省	消费品	容器与包装	71.89	74	75.84	52.66	69.73	821	3
832364	兴宇包装	江苏省	消费品	容器与包装	68.41	82	80.34	51.78	69.55	843	4
830970	艾录股份	上 海	消费品	容器与包装	70.75	76	75.89	52.64	69.37	876	5
839392	鹏程药包	黑龙江省	消费品	容器与包装	70.72	54	69.62	72.06	68.76	969	6
833075	柏 星 龙	广东省	消费品	容器与包装	67.17	76	75.64	58.14	68.56	993	7
870918	永盛包装	江苏省	消费品	容器与包装	65.17	64	77.57	63.33	67.65	1107	8
839272	华英包装	河南省	消费品	容器与包装	65.69	66	82.02	53.80	67.42	1140	9
430476	海能仪器	山东省	消费品	容器与包装	68.61	80	73.62	47.92	67.19	1173	10

十四 软件行业

该行业共有 78 家样本挂牌公司，表中列示总分排名前 25 家。

表 15 软件行业总分排名前 25 家样本挂牌公司名单

代码	简称	地区	设定行业	万得三级行业	持续经营能力得分	信批质量得分	成长性得分	创新性得分	总分	全样本排行	行业内排名
870019	博源恒芯	北　京	软件信息	软件	80.68	70	90.90	78.73	81.65	5	1
833096	仰邦科技	上　海	软件信息	软件	83.09	90	77.89	68.50	80.06	15	2
837592	华信永道	北　京	软件信息	软件	80.77	76	85.57	71.89	80.04	16	3
835097	讯腾智科	北　京	软件信息	软件	79.69	74	86.30	75.02	79.97	18	4
839097	泽达易盛	天　津	软件信息	软件	77.63	70	84.94	83.59	79.45	24	5
836949	源宕科技	湖北省	软件信息	软件	75.35	96	92.23	65.10	79.44	25	6
870221	申朴信息	上　海	软件信息	软件	80.00	78	85.11	66.97	78.91	35	7
839036	珠海鸿端	广东省	软件信息	软件	78.23	58	88.42	80.02	78.55	45	8
430066	南北天地	北　京	软件信息	软件	78.82	64	82.34	80.59	78.30	50	9
430161	光合信息	湖北省	软件信息	软件	78.59	78	81.39	71.19	78.06	55	10
837758	宏天信业	北　京	软件信息	软件	82.20	54	84.94	72.76	78.02	57	11

续表

代码	简称	地区	设定行业	万得三级行业	持续经营能力得分	信批质量得分	成长性得分	创新性得分	总分	全样本排行	行业内排名
836333	像素软件	北　京	软件信息	软件	72.75	58	94.03	87.22	77.92	58	12
831306	丽明股份	吉林省	软件信息	软件	78.55	68	74.75	86.50	77.59	63	13
831688	山大地纬	山东省	软件信息	软件	80.85	76	76.10	70.22	77.49	65	14
834532	萨纳斯	山东省	软件信息	软件	79.99	76	84.88	60.21	77.40	69	15
837939	云竹信息	北　京	软件信息	软件	76.16	64	84.37	80.24	77.39	70	16
832498	明源软件	广东省	软件信息	软件	77.76	72	88.63	63.13	77.28	72	17
870731	游动网络	福建省	软件信息	软件	72.82	74	86.54	79.72	77.20	75	18
832624	金智教育	江苏省	软件信息	软件	78.30	76	84.59	62.96	77.03	83	19
430706	海芯华夏	北　京	软件信息	软件	76.26	76	84.98	66.68	76.76	97	20
870863	开普云	广东省	软件信息	软件	76.00	70	89.11	64.63	76.55	103	21
834596	拜特科技	广东省	软件信息	软件	71.72	66	90.39	79.31	76.51	108	22
838246	山谷网安	河南省	软件信息	软件	77.91	80	77.59	68.26	76.50	109	23
870111	昂捷信息	广东省	软件信息	软件	70.50	90	89.79	68.53	76.42	117	24
834195	华清飞扬	北　京	软件信息	软件	80.47	70	76.81	64.87	75.94	146	25

十五 商业服务与用品行业

该行业共有 118 家样本挂牌公司，表中列示总分排名前 40 家。

表 16 商业服务与用品行业总分排名前 40 家样本挂牌公司名单

代码	简称	地区	设定行业	万得三级行业	持续经营能力得分	信批质量得分	成长性得分	创新性得分	总分	全样本排行	行业内排名
871052	盛日环保	山东省	生产服务	商业服务与用品	83.86	90	88.53	70.74	83.45	1	1
831822	米奥会展	浙江省	生产服务	商业服务与用品	86.12	78	82.05	59.44	79.69	22	2
838298	益江环保	广西壮族自治区	生产服务	商业服务与用品	74.56	56	86.36	81.16	76.13	135	3
830777	金达莱	江西省	生产服务	商业服务与用品	65.47	96	92.66	75.77	75.84	154	4
838952	佰源科技	江西省	生产服务	商业服务与用品	72.29	72	87.60	70.35	75.51	170	5
830842	长天思源	广东省	生产服务	商业服务与用品	70.71	78	86.49	70.29	75.03	206	6
839820	赢家伟业	北京	生产服务	商业服务与用品	72.50	84	81.96	66.54	74.90	220	7
835864	中晟环境	江苏省	生产服务	商业服务与用品	71.81	80	86.75	64.05	74.81	225	8
833183	超凡股份	四川省	生产服务	商业服务与用品	74.98	86	87.06	51.23	74.53	257	9
835974	天人科技	河南省	生产服务	商业服务与用品	74.45	64	92.70	56.30	74.28	278	10
835697	航天常兴	北京	生产服务	商业服务与用品	75.25	54	80.31	75.04	73.95	306	11
430603	回水科技	浙江省	生产服务	商业服务与用品	67.90	74	85.27	74.83	73.56	332	12
832371	莱茵环保	北京	生产服务	商业服务与用品	68.63	68	85.23	76.41	73.56	333	13
834046	金锐同创	北京	生产服务	商业服务与用品	73.46	66	80.12	67.60	73.35	355	14
839085	广东威林	广东省	生产服务	商业服务与用品	70.50	90	80.93	61.87	73.33	362	15
870942	科大环境	江苏省	生产服务	商业服务与用品	68.05	80	88.34	63.73	73.10	390	16

续表

代码	简称	地区	设定行业	万得三级行业	持续经营能力得分	信批质量得分	成长性得分	创新性得分	总分	全样本排行	行业内排名
839133	淳博传播	上海	生产服务	商业服务与用品	67.77	88	84.63	62.06	72.57	459	17
871660	汇洋环保	湖南省	生产服务	商业服务与用品	66.34	66	87.22	76.47	72.53	462	18
833812	天溯计量	广东省	生产服务	商业服务与用品	78.07	66	75.86	55.42	72.40	475	19
835688	平安环保	湖南省	生产服务	商业服务与用品	65.79	62	83.57	86.37	72.32	486	20
839542	浩赛科技	山东省	生产服务	商业服务与用品	76.40	72	70.70	60.90	72.00	522	21
871501	麦斯特	江苏省	生产服务	商业服务与用品	73.17	60	81.95	61.56	71.91	534	22
430385	中一检测	浙江省	生产服务	商业服务与用品	70.05	80	85.85	53.26	71.68	561	23
871982	瑞美股份	湖北省	生产服务	商业服务与用品	72.09	82	78.44	54.24	71.47	593	24
836745	海润股份	天津	生产服务	商业服务与用品	70.32	86	76.45	59.48	71.45	594	25
870056	广东顺力	广东省	生产服务	商业服务与用品	71.24	70	80.06	59.95	71.35	606	26
871248	东元环境	广东省	生产服务	商业服务与用品	69.48	66	82.18	64.15	71.23	622	27
831291	恒博环保	河南省	生产服务	商业服务与用品	63.96	64	81.83	84.58	70.94	665	28
870043	威保特	湖南省	生产服务	商业服务与用品	63.25	80	86.46	68.71	70.89	667	29
871144	中工美	北京	生产服务	商业服务与用品	76.44	60	71.69	59.55	70.72	677	30
836836	加力股份	浙江省	生产服务	商业服务与用品	65.79	72	84.61	65.52	70.65	684	31
832774	森泰环保	湖北省	生产服务	商业服务与用品	65.66	60	86.36	71.99	70.65	686	32
837947	中科生态	湖北省	生产服务	商业服务与用品	68.79	74	84.82	53.91	70.40	713	33
835476	金科资源	河南省	生产服务	商业服务与用品	66.21	76	86.81	57.81	70.39	716	34
871664	华旭环保	江苏省	生产服务	商业服务与用品	66.28	58	85.08	70.29	70.23	741	35
835723	宝海微元	江西省	生产服务	商业服务与用品	71.53	62	88.83	46.97	69.89	792	36
833365	民基生态	山西省	生产服务	商业服务与用品	62.47	86	85.20	63.52	69.88	794	37
834362	润和天泽	广东省	生产服务	商业服务与用品	64.81	56	85.53	73.46	69.75	818	38
832580	中绿环保	山西省	生产服务	商业服务与用品	72.99	46	79.10	63.25	69.60	835	39
835710	仕净环保	江苏省	生产服务	商业服务与用品	70.41	60	82.93	55.05	69.57	839	40

十六 食品行业

该行业共有 91 家样本挂牌公司，表中列示总分排名前 30 家。

表 17 食品行业总分排名前 30 家样本挂牌公司名单

代码	简称	地区	设定行业	万得三级行业	持续经营能力得分	信批质量得分	成长性得分	创新性得分	总分	全样本排行	行业内排名
838275	驱 动 力	广东省	食品	食品	83.60	94	84.92	66.65	82.08	4	1
831377	有友食品	重 庆	食品	食品	88.20	84	82.61	47.53	78.70	40	2
832559	熊猫乳业	浙江省	食品	食品	79.28	82	74.96	74.23	77.67	62	3
834956	普 元 堂	广东省	食品	食品	74.73	74	88.45	67.80	76.74	99	4
871654	商大科技	广西壮族自治区	食品	食品	77.84	70	81.77	69.31	76.62	101	5
831108	紫 乾 坤	浙江省	食品	食品	80.48	66	76.01	62.32	74.85	222	6
832783	恒源食品	黑龙江省	食品	食品	80.35	82	85.49	44.10	74.74	234	7
834794	咸亨股份	浙江省	食品	食品	76.83	78	76.11	61.81	74.30	275	8
430625	联创种业	北 京	食品	食品	76.48	74	75.88	64.82	74.21	284	9
839928	歌瑞农牧	河南省	食品	食品	73.15	60	87.40	65.37	73.72	319	10
836422	润普食品	江苏省	食品	食品	73.92	72	81.07	59.84	73.10	391	11
870307	传味股份	海南省	食品	食品	76.56	64	80.65	57.25	72.94	415	12
837233	徒河食品	西 藏自治区	食品	食品	77.88	46	84.93	61.76	72.92	418	13

续表

代码	简称	地区	设定行业	万得三级行业	持续经营能力得分	信批质量得分	成长性得分	创新性得分	总分	全样本排行	行业内排名
837444	佳客来	福建省	食品	食品	72.46	66	79.52	67.49	72.70	440	14
835233	美味源	广东省	食品	食品	77.59	60	76.42	60.95	72.65	445	15
837485	天谷生物	上海	食品	食品	67.32	58	86.41	78.07	72.18	502	16
831913	东方誉源	山东省	食品	食品	70.77	66	83.78	62.88	72.02	518	17
835850	凯欣股份	山东省	食品	食品	71.87	66	79.17	63.22	71.61	571	18
838568	申亚股份	安徽省	食品	食品	79.30	62	64.68	65.75	71.49	586	19
832221	聚元食品	福建省	食品	食品	72.62	64	82.38	57.34	71.43	597	20
837885	利和萃取	山东省	食品	食品	69.92	90	71.08	65.71	71.34	611	21
833506	勤劳农夫	湖北省	食品	食品	69.61	76	69.05	77.72	71.25	621	22
871989	天黄生物	河北省	食品	食品	71.21	68	81.64	58.47	71.21	624	23
836456	南宇科技	广东省	食品	食品	72.71	52	79.33	67.14	71.00	657	24
871797	达诺乳业	安徽省	食品	食品	66.69	72	79.96	67.11	70.39	717	25
837403	康农种业	湖北省	食品	食品	70.24	64	70.18	74.21	70.15	755	26
838651	谷实农牧	黑龙江省	食品	食品	74.12	88	71.47	48.50	70.11	758	27
838200	金添动漫	广东省	食品	食品	73.35	54	80.63	55.11	69.78	812	28
871970	大禹生物	山西省	食品	食品	63.12	80	84.28	64.63	69.72	822	29
839225	健源生物	山东省	食品	食品	75.05	54	82.07	48.33	69.52	847	30

十七 信息技术服务行业

该行业共有115家样本挂牌公司，表中列示总分排名前40家。

表18 信息技术服务行业总分排名前40家样本挂牌公司名单

代码	简称	地区	设定行业	万得三级行业	持续经营能力得分	信披质量得分	成长性得分	创新性得分	总分	全样本排行	行业内排名
839737	鸥玛软件	山东省	软件信息	信息技术服务	85.21	72	87.73	73.00	82.46	3	1
837045	敬众科技	上海	软件信息	信息技术服务	83.86	54	91.46	80.26	81.47	6	2
835653	天润融通	北京	软件信息	信息技术服务	78.00	82	85.48	81.22	80.69	7	3
835823	视美泰	广东省	软件信息	信息技术服务	75.81	74	92.89	79.61	80.16	13	4
830866	凌志软件	江苏省	软件信息	信息技术服务	83.60	90	80.99	62.65	80.01	17	5
838758	思迅软件	广东省	软件信息	信息技术服务	83.34	70	85.27	67.67	79.84	19	6
833954	飞天经纬	北京	软件信息	信息技术服务	78.35	64	89.62	75.05	78.89	36	7
870126	卓识网安	北京	软件信息	信息技术服务	76.29	84	84.89	74.74	78.87	38	8
836036	昆仑股份	北京	软件信息	信息技术服务	78.22	84	88.11	63.60	78.68	41	9
835804	安趣股份	北京	软件信息	信息技术服务	81.62	86	68.59	79.62	78.27	52	10
836460	风云云科技	福建省	软件信息	信息技术服务	73.82	72	88.87	79.01	77.92	59	11
832145	佰合股份	北京	软件信息	信息技术服务	75.57	64	88.51	76.17	77.41	68	12
833861	麦可思	四川省	软件信息	信息技术服务	77.57	70	87.30	65.83	77.16	77	13
835666	天亿马	广东省	软件信息	信息技术服务	76.97	68	81.72	75.87	77.00	87	14
836513	佰信蓝图	北京	软件信息	信息技术服务	75.32	66	89.45	68.24	76.45	114	15
838943	星震同源	北京	软件信息	信息技术服务	79.94	58	80.59	72.39	76.43	116	16
870420	卫星定位	福建省	软件信息	信息技术服务	71.16	84	86.49	73.65	76.36	121	17

续表

代码	简称	地区	设定行业	万得三级行业	持续经营能力得分	信披质量得分	成长性得分	创新性得分	总分	全样本排行	行业内排名
837069	华如科技	北京	软件信息	信息技术服务	71.22	84	86.12	73.55	76.30	124	18
837099	柏科数据	广东省	软件信息	信息技术服务	68.49	90	89.25	72.73	75.88	152	19
837186	贝伦思	江苏省	软件信息	信息技术服务	74.26	76	85.59	66.09	75.78	155	20
832579	同兴股份	浙江省	软件信息	信息技术服务	73.48	68	80.94	76.63	75.17	197	21
836870	山维港信	北京	软件信息	信息技术服务	78.23	78	79.87	57.60	75.09	201	22
832493	珠海港信	广东省	软件信息	信息技术服务	78.34	56	77.01	75.14	74.96	214	23
839591	德通股份	天津	软件信息	信息技术服务	73.18	70	85.58	66.60	74.70	240	24
870622	英讯通	天津	软件信息	信息技术服务	73.25	60	87.01	71.16	74.63	245	25
836392	博力通	上海	软件信息	信息技术服务	79.20	94	77.35	49.27	74.59	250	26
837272	特力通	福建省	软件信息	信息技术服务	72.86	90	79.99	63.20	74.56	253	27
871229	合力创新	山西省	软件信息	信息技术服务	74.09	76	78.67	68.51	74.52	258	28
839663	田龙电气	湖南省	软件信息	信息技术服务	70.96	68	83.20	77.07	74.44	262	29
838448	联创云科	北京	软件信息	信息技术服务	83.66	62	64.67	70.12	74.14	290	30
839091	圣点世纪	山西省	软件信息	信息技术服务	75.03	60	73.98	82.32	74.14	291	31
839005	腾盛智能	上海	软件信息	信息技术服务	70.44	76	82.15	72.05	74.01	302	32
834968	玄武科技	广东省	软件信息	信息技术服务	72.96	88	77.05	64.14	73.92	307	33
837824	仁歌股份	北京	软件信息	信息技术服务	71.11	68	84.63	70.62	73.86	310	34
832326	华清安泰	北京	软件信息	信息技术服务	66.13	78	92.77	70.16	73.82	312	35
836501	名通科技	广东省	软件信息	信息技术服务	69.18	70	86.65	70.10	73.42	348	36
838526	鑫英泰	湖北省	软件信息	信息技术服务	63.55	94	86.68	75.90	73.35	356	37
430630	合胜科技	上海	软件信息	信息技术服务	72.08	76	77.76	68.73	73.32	363	38
832492	金蓝络	上海	软件信息	信息技术服务	69.87	66	79.61	79.93	73.24	375	39
839316	长城网科	广东省	软件信息	信息技术服务	75.56	86	70.20	63.34	73.19	382	40

十八 医疗保健设备与用品行业

该行业共有 46 家样本挂牌公司，表中列示总分排名前 15 家。

表 19 医疗保健设备与用品行业总分排名前 15 家样本挂牌公司名单

代码	简称	地区	设定行业	万得三级行业	持续经营能力得分	信批质量得分	成长性得分	创新性得分	总分	全样本排行	行业内排名
837564	创志科技	江苏省	医药	医疗保健设备与用品	77.91	88	84.23	69.42	79.04	32	1
833234	美创医疗	四川省	医药	医疗保健设备与用品	75.63	90	86.83	68.70	78.52	46	2
430145	智立医学	北京	医药	医疗保健设备与用品	74.02	84	77.01	75.60	75.94	145	3
832060	施可瑞	福建省	医药	医疗保健设备与用品	80.69	60	81.24	64.61	75.89	150	4
870132	爱迪特	河北省	医药	医疗保健设备与用品	82.56	54	80.02	63.41	75.47	175	5
430069	天助畅运	北京	医药	医疗保健设备与用品	73.93	72	79.72	74.77	75.27	188	6
835637	林华医疗	江苏省	医药	医疗保健设备与用品	82.38	78	78.47	49.48	74.98	212	7
832022	珈诚生物	浙江省	医药	医疗保健设备与用品	77.46	50	84.98	71.18	74.93	216	8
833669	携泰健康	安徽省	医药	医疗保健设备与用品	85.16	64	72.54	57.34	74.93	217	9
836795	狼和医疗	江西省	医药	医疗保健设备与用品	75.87	70	83.43	60.74	74.54	255	10
833990	迈得医疗	浙江省	医药	医疗保健设备与用品	76.00	78	80.84	58.56	74.41	266	11
830833	九生堂	湖北省	医药	医疗保健设备与用品	74.47	86	81.90	56.63	74.25	280	12
836412	海泰新光	山东省	医药	医疗保健设备与用品	74.14	84	80.05	59.78	74.09	296	13
839744	科莱瑞迪	广东省	医药	医疗保健设备与用品	76.24	92	69.60	62.73	73.75	317	14
871397	美泰科技	山东省	医药	医疗保健设备与用品	73.97	64	89.26	56.93	73.47	345	15

十九 制药行业

该行业共有 53 家样本挂牌公司，表中列示总分排名前 20 家。

表 20 制药行业总分排名前 20 家样本挂牌公司名单

代码	简称	地区	设定行业	万得三级行业	持续经营能力得分	信批质量得分	成长性得分	创新性得分	总分	全样本排行	行业内排名
430645	中瑞药业	天津	医药	制药	85.77	54	79.51	79.30	79.42	26	1
836813	格兰尼	福建省	医药	制药	80.82	70	80.15	64.70	76.89	90	2
832796	逸舒制药	广东省	医药	制药	78.76	72	69.64	78.66	75.68	160	3
834483	元和药业	内蒙古自治区	医药	制药	69.87	94	79.47	73.26	74.86	221	4
871077	神龙药业	江苏省	医药	制药	66.86	80	88.30	68.36	73.22	377	5
836262	科源制药	山东省	医药	制药	71.29	82	80.33	62.85	73.09	393	6
836437	瑞诚科技	河南省	医药	制药	69.66	80	79.58	70.00	73.07	395	7
871194	博大制药	吉林省	医药	制药	73.83	70	79.48	61.14	72.72	435	8
870526	玉星生物	河北省	医药	制药	76.69	68	81.00	52.86	72.65	446	9
832548	金泉科技	安徽省	医药	制药	69.39	72	84.14	65.64	72.48	466	10
871129	天济草堂	湖南省	医药	制药	67.87	70	87.47	67.42	72.46	468	11
871088	百草堂	广东省	医药	制药	76.50	46	79.22	65.95	71.73	556	12
835627	南松医药	重庆	医药	制药	71.40	60	84.62	62.10	71.70	559	13
834915	津同仁堂	天津	医药	制药	68.23	100	72.51	65.25	71.49	589	14
839989	千禾药业	陕西省	医药	制药	70.78	70	77.52	64.78	71.37	604	15
870656	海昇药业	浙江省	医药	制药	69.10	78	75.35	68.15	71.32	613	16

续表

代码	简称	地区	设定行业	万得三级行业	持续经营能力得分	信批质量得分	成长性得分	创新性得分	总分	全样本排行	行业内排名
837689	圣保堂	广西壮族自治区	医药	制药	68.11	76	78.98	62.41	70.52	695	17
835509	林恒制药	海南省	医药	制药	71.48	54	74.27	70.27	69.99	777	18
836193	瑞一科技	上海	医药	制药	68.45	66	75.03	67.96	69.71	826	19
871082	龙翔药业	湖北省	医药	制药	71.73	50	77.92	64.43	69.51	849	20

二十　专业服务行业

该行业共有85家样本挂牌公司，表中列示总分排名前30家。

表21　专业服务行业总分排名前30家样本挂牌公司名单

代码	简称	地区	设定行业	万得三级行业	持续经营能力得分	信批质量得分	成长性得分	创新性得分	总分	全样本排行	行业内排名
835212	多想互动	福建省	生产服务	专业服务	82.90	78	90.95	59.55	80.25	11	1
833427	同济设计	江西省	生产服务	专业服务	77.80	70	92.78	73.64	79.79	20	2
430211	丰电科技	北京	生产服务	专业服务	76.32	94	85.14	70.64	79.16	29	3
834621	润晶水利	云南省	生产服务	专业服务	75.60	94	84.17	70.56	78.55	44	4
839164	兴华设计	江苏省	生产服务	专业服务	73.69	84	91.04	67.97	77.77	61	5
870941	零点有数	北京	生产服务	专业服务	80.05	68	82.60	67.50	77.37	71	6
831209	鑫安利	河南省	生产服务	专业服务	76.52	84	81.98	65.73	76.81	94	7

续表

代码	简称	地区	设定行业	万得三级行业	持续经营能力得分	信批质量得分	成长性得分	创新性得分	总分	全样本排行	行业内排名
870785	国地科技	广东省	生产服务	专业服务	77.56	60	90.65	65.21	76.58	102	8
835221	汉米敦	上海	生产服务	专业服务	78.35	80	82.14	61.10	76.54	104	9
835124	泰坦科技	上海	生产服务	专业服务	78.71	58	81.80	75.08	76.54	105	10
839962	中诚管理	江苏省	生产服务	专业服务	76.92	74	85.09	63.62	76.37	120	11
839176	麦迪卫康	北京	生产服务	专业服务	84.57	74	79.93	51.02	76.27	126	12
833835	天鸿设计	海南省	生产服务	专业服务	69.80	80	90.00	74.59	76.16	132	13
836121	思纳设计	上海	生产服务	专业服务	76.09	66	88.28	65.22	76.07	137	14
839860	华越设计	浙江省	生产服务	专业服务	78.27	66	83.18	63.58	75.73	158	15
833973	来也股份	四川省	生产服务	专业服务	79.37	76	76.37	63.18	75.64	161	16
835918	瀚海检测	上海	生产服务	专业服务	73.36	60	90.70	71.73	75.56	164	17
870053	北方时代	内蒙古自治区	生产服务	专业服务	71.89	88	82.84	68.90	75.52	166	18
838284	时代华商	广东省	生产服务	专业服务	71.96	94	82.23	65.98	75.43	177	19
870066	恒信诺金	江苏省	生产服务	专业服务	71.29	96	84.87	61.29	74.99	208	20
871928	恒力检测	广东省	生产服务	专业服务	71.07	90	86.40	62.66	74.98	213	21
871658	水石设计	上海	生产服务	专业服务	80.64	44	89.03	62.61	74.90	219	22
836019	阿尔特	北京	生产服务	专业服务	70.28	88	79.36	74.40	74.73	235	23
831946	名洋会展	北京	生产服务	专业服务	65.72	74	91.70	78.92	74.29	277	24
832172	倍通检测	广东省	生产服务	专业服务	75.28	70	78.35	67.46	74.25	279	25
837554	国联质检	陕西省	生产服务	专业服务	64.70	80	94.71	74.43	74.24	282	26
871753	天纺标	天津	生产服务	专业服务	75.92	72	81.10	59.98	74.11	293	27
831607	邦鑫勘测	广东省	生产服务	专业服务	70.92	68	90.24	65.42	74.10	294	28
831016	帝测科技	北京	生产服务	专业服务	72.07	70	88.23	62.82	74.05	299	29
870619	水利咨询	江苏省	生产服务	专业服务	77.11	48	81.36	71.66	73.72	321	30

二十一 其他四十个行业

其他四十个行业共有 379 家样本挂牌公司，表中列示总分排名前 125 家。这四十个行业分别为（按照名称首字汉语拼音排序）办公电子设备、半导体产品与半导体设备、电力Ⅲ、电脑与外围设备、独立电力生产商与能源贸易商Ⅲ、多元电信服务、多元化零售、多元金融服务、房地产管理和开发、复合型公用事业Ⅲ、个人用品Ⅲ、公路与铁路运输、海运、航空航天与国防Ⅲ、航空货运与物流Ⅲ、互联网与售货目录零售、家庭用品Ⅲ、建材Ⅲ、交通基础设施、酒店、贸易公司与工业品经销商Ⅲ、能源设备与服务、汽车、燃气、生命科学工具和服务Ⅲ、生物科技Ⅲ、石油、天然气与供消费用燃料、食品与主要用品零售Ⅲ、水务Ⅲ、通信业务Ⅲ、无线电信业务Ⅲ、消费品经销商Ⅲ、休闲设备与用品、医疗保健提供商与服务、医疗保健技术Ⅲ、饮料、纸与林木产品、专营零售、综合类Ⅲ、综合消费者服务Ⅲ和其他。

表 22　其他四十个行业总分排名前 125 家样本挂牌公司名单

代码	简称	设定行业	地区	万得三级行业	持续经营能力得分	信批质量得分	成长性得分	创新性得分	总分	全样本排行	综合行业内排名
836399	汇春科技	广东省	电子信息	半导体产品与半导体设备	82.43	60	80.13	83.79	79.48	23	1
870666	肖克利	上海	生产服务	贸易公司与工业品经销商Ⅲ	78.63	72	90.10	68.12	78.92	34	2
838349	乐舱网	山东省	生产服务	海运Ⅲ	83.93	76	73.37	71.60	78.46	47	3
831187	创尔生物	广东省	医药	生物科技Ⅲ	76.58	90	76.14	74.73	77.43	67	4
870319	鼎信通达	广东省	电子信息	通信设备Ⅲ	80.28	66	77.95	74.41	77.26	73	5

代码	简称	设定行业	地区	万得三级行业	持续经营能力得分	信披质量得分	成长性得分	创新性得分	总分	全样本排行	综合行业内排名
832021	安谱实验	上海	生活服务	消费品经销商Ⅲ	80.85	82	74.38	66.74	77.05	81	6
839749	炬申物流	广东省	生产服务	公路与铁路运输Ⅲ	74.49	78	90.77	64.87	77.01	85	7
837785	聚力股份	山东省	能源化工	燃气Ⅲ	75.23	100	73.27	75.91	77.00	86	8
871696	安捷包装	江苏省	消费品	纸与林木产品	82.27	54	83.29	68.59	76.99	88	9
838655	秦利信	天津	能源化工	石油 天然气与供消费用燃料	81.49	64	80.70	65.42	76.78	96	10
837706	龙铁纵横	北京	生产服务	交通基础设施	75.33	70	87.89	69.27	76.75	98	11
837090	泛谷药业	广东省	医药	医疗保健提供商与服务	72.07	80	88.96	70.49	76.51	107	12
839728	模式生物	上海	医药	生命科学工具和服务Ⅲ	74.64	90	78.69	70.90	76.47	112	13
837839	尚通科技	江西省	互联网	多元电信服务	82.13	76	80.77	55.12	76.44	115	14
839976	传智播客	江苏省	生活服务	综合消费者服务Ⅲ	84.04	66	77.88	58.80	76.29	125	15
837023	芭薇股份	广东省	消费品	个人用品Ⅲ	79.79	78	79.40	59.96	76.18	129	16
838830	龙门教育	陕西省	生活服务	综合消费者服务Ⅲ	82.22	74	82.87	52.19	76.14	133	17
871053	维海德	广东省	电子信息	办公电子设备Ⅲ	77.41	66	81.99	69.85	76.11	136	18
834548	天视文化	福建省	生活服务	综合消费者服务Ⅲ	85.54	66	77.61	54.22	75.97	142	19
837297	中晨电商	上海	生产服务	贸易公司与工业品经销商Ⅲ	81.50	52	79.03	72.32	75.95	144	20
839264	世纪明德	北京	生活服务	综合消费者服务Ⅲ	78.05	64	79.38	69.66	75.54	165	21
832329	吉成园林	云南省	消费品	纸与林木产品	77.25	76	86.78	55.31	75.52	167	22
838468	光华教育	北京	生活服务	综合消费者服务Ⅲ	72.22	68	77.60	89.66	75.50	171	23
837538	玖悦股份	上海	生活服务	消费品经销商Ⅲ	76.83	76	78.91	65.18	75.38	179	24
839859	长帆国际	广东省	生产服务	海运Ⅲ	76.79	70	88.31	57.16	75.37	181	25

续表

代码	简称	设定行业	地区	万得三级行业	持续经营能力得分	信批质量得分	成长性得分	创新性得分	总分	全样本排行	综合行业内排名
834206	傲基电商	广东省	互联网	互联网与售货货目录零售	73.61	92	84.49	58.60	75.29	184	26
872196	兴业物联	河南省	建筑地产	房地产管理和开发	79.93	74	81.84	52.90	74.99	207	27
834149	动信通	北京	生产服务	无线电信业务Ⅲ	73.30	62	91.76	65.60	74.99	211	28
839142	金穗隆	广东省	电子信息	办公电子设备Ⅲ	79.79	60	77.66	66.53	74.95	215	29
836092	乐普基因	北京	医药	医疗保健提供商与服务	73.82	70	77.64	76.96	74.83	224	30
838790	卡尔股份	山东省	电子信息	通信设备Ⅲ	79.84	58	77.65	66.72	74.76	231	31
832982	锦波生物	山西省	医药	生物科技Ⅲ	73.70	76	81.06	67.63	74.74	233	32
870248	巴罗克	山东省	医药	生命科学工具和服务Ⅲ	70.99	70	84.94	74.13	74.63	246	33
832822	保正股份	上海	生产服务	航空货运与物流Ⅲ	81.02	60	80.11	58.10	74.59	251	34
831116	腾远股份	上海	生活服务	消费品经销商Ⅲ	79.29	80	70.63	63.50	74.57	252	35
835870	紫晶存储	广东省	电子信息	电脑与外围设备	72.90	70	79.79	74.09	74.44	261	36
835800	万霆生活	黑龙江省	建筑地产	房地产管理和开发	74.47	76	82.39	61.58	74.38	267	37
836475	华士食品	福建省	食品	食品与主要用品零售Ⅲ	79.02	58	83.65	58.99	74.38	268	38
831193	新健康成	四川省	医药	生物科技Ⅲ	71.23	100	80.82	60.54	74.22	283	39
835852	伊普诺康	安徽省	医药	生物科技Ⅲ	73.28	78	80.39	64.58	74.05	298	40
835936	天璇物流	山东省	生产服务	公路与铁路运输	77.31	74	82.88	53.04	74.02	301	41
835209	固德威	江苏省	电子信息	半导体产品与半导体设备	73.54	70	88.10	58.42	73.96	305	42
837812	美嘉欣	广东省	消费品	休闲设备与用品	78.31	56	83.48	59.61	73.86	311	43
430165	光宝联合	北京	生产服务	无线电信业务Ⅲ	65.98	80	82.07	84.92	73.78	314	44
831940	网高科技	北京	互联网	多元电信服务	65.43	76	84.50	86.08	73.78	315	45

续表

代码	简称	设定行业	地区	万得三级行业	持续经营能力得分	信批质量得分	成长性得分	创新性得分	总分	全样本排行	综合行业内排名
836081	西谷数字	电子信息	浙江省	通信设备Ⅲ	69.66	90	83.33	63.55	73.72	320	46
870360	普瑞柏	医药	浙江省	生物科技Ⅲ	75.88	76	73.25	66.08	73.68	323	47
872108	芯德科技	电子信息	广东省	通信设备Ⅲ	74.69	54	82.03	72.30	73.66	326	48
839430	创意双星	消费品	广东省	休闲设备与用品	75.03	60	85.10	62.36	73.65	327	49
838580	坤恒顺维	电子信息	四川省	通信设备Ⅲ	68.91	70	83.62	76.13	73.53	338	50
836959	阳生生物	医药	江苏省	生命科学工具和服务Ⅲ	72.42	84	69.01	77.88	73.42	349	51
837935	创新股份	建筑地产	浙江省	建材Ⅲ	71.63	66	82.23	70.36	73.34	357	52
837130	中环互联	建筑地产	江西省	房地产管理和开发	72.01	70	81.35	67.61	73.33	359	53
838112	安捷讯	电子信息	江苏省	通信设备Ⅲ	79.28	44	83.16	64.28	73.30	365	54
831672	莲池医院	医药	山东省	医疗保健技术Ⅲ	74.35	84	82.81	52.08	73.30	366	55
833477	希德电子	电子信息	陕西省	通信设备Ⅲ	66.48	92	77.45	79.49	73.29	371	56
837160	凯洁电商	食品	上海	食品与主要用品零售Ⅲ	74.67	82	80.76	53.97	73.21	379	57
839180	瑞来	电子信息	广东省	通信设备Ⅲ	73.75	54	86.51	66.02	73.17	384	58
835563	欧美克	能源化工	四川省	石油、天然气与供消费用燃料	72.76	90	71.33	66.73	73.01	405	59
837510	明辉股份	食品	浙江省	食品与主要用品零售Ⅲ	73.34	62	80.10	68.55	72.98	408	60
837542	伟昊汽车	装备制造	上海	汽车	78.27	58	80.86	56.60	72.95	412	61
871952	国创节能	建筑地产	山东省	建材Ⅲ	73.00	76	78.50	62.60	72.94	416	62
834319	三椒口腔	消费品	广东省	个人用品Ⅲ	73.50	70	81.95	59.54	72.82	426	63
871692	安特股份	消费品	江苏省	个人用品Ⅲ	76.15	50	82.90	64.54	72.75	431	64
832847	三水能源	生产服务	山西省	复合型公用事业Ⅲ	71.85	78	76.26	66.72	72.71	436	65

续表

代码	简称	设定行业	地区	万得三级行业	持续经营能力得分	信批质量得分	成长性得分	创新性得分	总分	全样本排行	综合行业内排名
870124	越顺物流	生产服务	浙江省	公路与铁路运输	68.99	76	90.35	57.82	72.57	460	66
837344	三元基因	医 药	北 京	生物科技Ⅲ	66.21	86	81.70	72.16	72.56	461	67
870657	三创环保	建筑地产	湖南省	建材Ⅲ	73.76	62	75.64	70.60	72.47	467	68
831675	一拓通信	互联网	安徽省	多元电信服务	80.86	64	58.25	78.20	72.41	473	69
836252	砂之船	生活服务	浙江省	多元化零售	79.57	44	77.80	65.37	72.41	474	70
833972	司南导航	装备制造	上 海	航空航天与国防Ⅲ	73.40	86	70.76	63.90	72.37	480	71
872085	群 星	生产服务	湖北省	贸易公司与工业品经销商Ⅲ	69.23	70	81.20	70.65	72.35	483	72
836153	明邦物流	生产服务	北 京	航空货运与物流Ⅲ	70.54	60	80.75	74.21	72.34	484	73
835387	荣恩集团	医 药	上 海	医疗保健供应商与服务	76.57	74	82.76	46.93	72.30	489	74
837529	百泰实业	电子信息	广东省	半导体产品与半导体设备	70.74	64	82.74	67.15	72.27	494	75
834770	艾能聚	电子信息	浙江省	半导体产品与半导体设备	71.50	70	76.48	69.23	72.21	499	76
834111	建誉利业	建筑地产	广东省	房地产管理和开发	73.89	76	79.56	54.90	72.19	501	77
870009	安捷股份	生产服务	广东省	交通基础设施	70.09	54	85.90	71.44	72.05	512	78
836659	欣捷高新	医 药	四川省	生命科学工具和服务Ⅲ	64.56	80	83.95	74.64	71.98	524	79
871557	佐 今 明	食 品	河南省	食品与主要用品零售Ⅲ	76.02	64	77.43	57.46	71.98	526	80
832851	天杭生物	医 药	浙江省	生物科技Ⅲ	74.28	54	76.25	71.03	71.93	530	81
870387	迈 睿 达	生产服务	湖北省	公路与铁路运输	70.88	62	89.66	57.72	71.92	532	82
871094	瑞 斯 特	互联网	广东省	互联网与售货目录零售	68.16	60	88.47	68.37	71.86	540	83
837989	乐汇电商	互联网	北 京	互联网与售货目录零售	73.59	54	81.64	64.60	71.81	545	84
430621	固安信通	生产服务	河北省	公路与铁路运输	66.42	70	87.01	68.72	71.80	546	85

续表

代码	简称	设定行业	地区	万得三级行业	持续经营能力得分	信批质量得分	成长性得分	创新性得分	总分	全样本排行	综合行业内排名
839288	荣鑫科技	山东省	电子信息	电脑与外围设备	75.11	64	69.32	70.69	71.79	547	86
837789	房讯股份	广东省	建筑地产	房地产管理和开发	65.10	70	86.44	74.18	71.78	548	87
831619	五舟科技	广东省	电子信息	电脑与外围设备	74.60	72	70.06	65.52	71.77	551	88
833810	睿博光电	重庆	装备制造	汽车	82.14	52	63.63	68.96	71.71	557	89
835474	蓝色未来	上海	生活服务	综合消费者服务Ⅲ	74.72	88	83.96	41.71	71.65	567	90
870803	济脾医药	江苏省	医药	生命科学工具和服务Ⅲ	67.49	70	81.95	70.88	71.63	569	91
837559	赛英电子	江苏省	电子信息	半导体产品与半导体设备	75.82	64	68.70	68.27	71.60	576	92
832533	利美康	贵州省	医药	医疗保健提供商与服务	76.72	86	79.30	42.18	71.53	583	93
871936	金洁水务	浙江省	生产服务	水务Ⅲ	75.30	58	82.89	54.21	71.53	585	94
839532	建伟物流	江苏省	生产服务	公路与铁路运输	69.28	68	88.28	57.76	71.49	587	95
839706	奇士达	广东省	消费品	休闲设备与用品	71.44	78	74.38	62.62	71.38	602	96
870385	华誉教育	北京	生活服务	综合消费者服务Ⅲ	66.73	72	84.21	67.23	71.35	608	97
839666	吉林中科	吉林省	医药	生物科技Ⅲ	72.76	74	78.07	56.10	71.34	609	98
832875	富仕德	安徽省	生活服务	酒店、餐饮与休闲Ⅲ	72.61	74	74.68	60.84	71.34	610	99
871725	环国运	广东省	生产服务	公路与铁路运输	74.50	60	77.57	60.02	71.29	615	100
836447	信维股份	广东省	电子信息	电脑与外围设备	76.52	84	60.98	65.44	71.28	618	101
838798	瑞星时光	浙江省	生活服务	专营零售	73.88	62	78.41	58.46	71.14	635	102
838994	可观股份	福建省	生活服务	专营零售	70.62	70	87.00	52.42	71.09	641	103
831173	秦恩康	广东省	医药	医疗保健提供商与服务	69.86	64	77.52	69.82	71.07	647	104
835704	罗特药业	广东省	医药	医疗保健提供商与服务	68.86	80	78.47	61.61	71.03	653	105

续表

代码	简称	设定行业	地区	万得三级行业	持续经营能力得分	信批质量得分	成长性得分	创新性得分	总分	全样本排行	综合行业内排名
834496	赛乐奇	广东省	医 药	生物科技Ⅲ	66.17	70	73.86	84.98	71.01	655	106
836160	亿博科技	河南省	建筑地产	建材Ⅲ	70.20	68	81.72	60.08	71.01	656	107
839920	联佳股份	广东省	能源化工	石油、天然气与供消费用燃料	72.24	84	74.62	55.10	70.99	661	108
870131	达达股份	福建省	生产服务	海运Ⅲ	71.50	62	81.62	60.04	70.98	664	109
870453	亿兆华盛	北 京	生产服务	贸易公司与工业经销商Ⅲ	68.26	74	78.48	65.07	70.75	674	110
831767	知音文化	上 海	消 费 品	休闲设备与用品	77.30	66	68.29	56.91	70.46	705	111
870848	柏亚股份	广东省	生产服务	贸易公司与工业品经销商Ⅲ	66.08	68	81.63	69.68	70.43	710	112
870350	海河游船	天 津	生活服务	酒店、餐馆与休闲Ⅲ	76.37	58	77.86	51.73	70.42	711	113
836900	博为光电	广东省	生产服务	贸易公司与工业经销商Ⅲ	67.02	82	79.02	61.75	70.39	715	114
872122	华联电子	福建省	电子信息	半导体产品与半导体设备	73.78	80	74.87	49.81	70.38	718	115
839617	喜铺婚礼	北 京	生活服务	综合消费者服务Ⅲ	75.66	62	70.78	59.55	70.37	721	116
839732	力博医药	江苏省	医 药	生物科技Ⅲ	68.17	70	79.46	63.95	70.34	726	117
872263	中 天 迅	广东省	电子信息	通信设备Ⅲ	68.93	56	87.87	60.26	70.30	729	118
837498	第一物业	北 京	建筑地产	房地产管理和开发	72.50	90	73.26	50.03	70.26	739	119
839035	多宾陈列	江苏省	消 费 品	纸与林木产品	68.71	66	80.62	62.56	70.23	743	120
839364	赛 骄 阳	广东省	电子信息	半导体产品与半导体设备	69.70	64	82.28	58.74	70.21	744	121
831942	天一生物	陕西省	医 药	生物科技Ⅲ	64.67	76	87.47	60.70	70.21	746	122
871610	教 师 网	北 京	生活服务	综合消费者服务Ⅲ	68.21	76	80.20	58.58	70.18	748	123
871304	华 粤 安	广东省	消 费 品	纸与林木产品	75.43	50	69.38	70.46	70.17	752	124
835782	嘉岩供应	上 海	生产服务	贸易公司与工业品经销商Ⅲ	72.57	54	82.03	57.34	70.12	757	125

参考文献

王双：《完善财务指标评价体系建设　提高房地产企业内部考核机制的科学性》，《环渤海经济瞭望》2011 年第 10 期，第 41~43 页。

王硕：《基于平衡计分卡视角下的企业社会责任评价体系的研究》，西南财经大学，2011。

王玲：《医药行业上市公司财务风险预警模型研究》，西安电子科技大学，2011。

万海燕：《湖南高科技创业投资公司投资项目风险评估研究》，湖南大学，2009。

韩英：《中成股份核心竞争力研究》，厦门大学，2009。

舒绍明：《军工科研事业单位军品成本管理体系设计》，电子科技大学，2007。

中国电子信息行业联合会：《中国电子信息行业运行报告》，《中国信息报》2018 年 5 月 21 日。

黄鑫：《电子信息业：科技转化效率高》，《经济日报》2018 年 2 月 5 日。

黎旅嘉：《高景气延续　机构看好半导体板块》，《中国证券报》2018 年 2 月 8 日。

中国互联网络信息中心（CNNIC）：《第 40 次〈中国互联网络发展状况统计报告〉》，2017 年 8 月。

王程民：《网络直播企业价值构成及评估方法研究》，云南财经大学，2018。

郑红明、马斌、陈宇琨：《基于大数据应用的自媒体运营分析》，《合作经济与科技》2018 年第 12 期，第 121~123 页。

张翼：《改革开放 40 年：消费成为我国经济增长第一驱动力》，《光明日报》2018 年 9 月 6 日。

苏海洋、万媛媛：《移动端跨境电商带来的机遇与挑战及应对策略》，《中国经贸导刊》（理论版）2018 年第 14 期，第 13~15 页。

田新翠、赵彦云：《大数据背景下文化产业拉动经济增长的机理研究》，《经济师》2018 年第 4 期，19－20＋22。

蒋梦婕：《连云港市海产品网络营销研究》，《合作经济与科技》2018 年第 3 期，第 98~99 页。

谭波：《企业内部创业模式与策略研究》，浙江工业大学，2017。

中国公路网：《"十三五"中国智慧交通发展趋势判断》，http://www.chinahighway.com/news/2015/930125.php。

国家统计局贸经司：《消费基础性作用不断增强　发展新动力快速提升》，《中国信息报》2017 年 7 月 24 日。

国家统计局贸易外经司：《国内市场繁荣活跃　消费结构转型升级》，《中国信息报》

2018 年 9 月 6 日。

艾瑞咨询系列研究报告：《中国教育 O2O 服务行业白皮书》，2018 年第 4 期。

艾瑞咨询系列研究报告：《中国在线旅游度假行业研究报告》，2018 年第 5 期。

钟纷慧：《新技术为集群与市场添活力》，《中国纺织报》2018 年 9 月 17 日。

孟庆欣：《消费市场平稳增长　消费结构持续优化》，《中国信息报》2018 年 1 月 22 日。

宋瑞霖、王敏、张琳、吴晓明：《仿制药品政策应当成为中国药物政策体系不可或缺的组成部分》，《中国药物经济学》2018 年第 11 期，第 11～16 页。

张曼曼：《W 阀门公司国内市场营销战略研究》，青岛科技大学，2018。

张颖、韩月、刘兰茹：《我国药品审评改革中药品技术转让政策带来的思考》，《药物评价研究》2016，39（02），第 166～170 页。

《机械工业经济运行速度减缓结构调整步伐加快》，《现代制造技术与装备》2016 年第 2 期，第 2～4 页。

桑岩俊：《T 汽车公司产销分离模式的转让定价分析》，上海交通大学，2015。

王青柏、刘飞飞：《药政新形势下的药品注册管理》，《山东化工》，2018，47（18），第 97～99 页。

郑文超、贾伟、汪德生：《智慧交通现状与发展》，《指挥信息系统与技术》，2018，9（04），第 8～16 页。

贡晓静：《敏感信息保护在智慧交通中的应用研究》，《智库时代》2018 年第 28 期，第 67～68 页。

李慧：《我国新三板企业信息披露质量探究》，江西财经大学，2017。

杨小琴：《G 证券公司的新三板挂牌业务风险管理研究》，东南大学，2017。

钟鹤伟：《新三板转板法律制度构建研究》，西南政法大学，2017。

吴娇姣：《我国新三板做市商法律制度的完善》，华东政法大学，2016。

李士光：《新三板做市商法律规制研究》，黑龙江大学，2016。

常文杰：《新三板挂牌公司会计信息披露质量评价研究》，华中科技大学，2014。

王碧玉：《我国新三板挂牌企业会计信息披露质量研究》，中国财政科学研究院，2018。

Abstract

By the end of 2018, with the M&A market deregulation and the expected establishment of the Technology Board, M&A and restructuring activities on technology sector and growth might be active again and M&A and restructuring activities in the New Third Board market are also likely to shine again. Following the research methodology of the New Third Board listing company quality evaluation report in 2017, based on features of NEEQ listed companies and development orientation of new third board market, our study try to construct a system of indicators to evaluate the quality of listed companies in new third board market, including four measurement dimensions, namely sustainable operating capacity, quality of information disclosure, growth and innovation. This report consists of two parts, general report and sub report.

The general report is divided into five parts, namely, the development status of the new third board market, the revision and improvement of the quality evaluation methods of the listed companies, the sample selection, the overall quality evaluation results, and the summary and outlook. Specifically, the current development status of the new third board market aims to give a perspective as a reference background for this report. The overall development of the new third board market and the overall operating status of the listed company in 2017 are showed in this part. The quality evaluation method of listed companies adopted in this report is the inheritance and development of the evaluation methods used last year. The quality evaluation system is still composed by the four dimensions, including sustainable operating capacity, quality of information disclosure, growth and innovation, which is measured by 28 basic indicators. Compared with last year's report, the quality evaluation system has made obvious adjustments. In this report, 2189 companies were selected as sample companies, accounting for about 20% of the listed companies. The average score was 67. 50 points, and the scores

were distributed between 46. 80 points and 83. 45 points. The overall distribution was normal, showing a good discrimination.

Discussion of quality evaluation result of sampling listing companies in all 14 industries is given in sub report. Firstly, we showed the basic situation of the industry, including industry analysis of major sub-sectors and industry development trends. Secondly, we review these quality evaluation results in 4 dimensions, including sustainable operating capacity, quality of information disclosure, growth and innovation. Finally, we conducted a case study of some listed companies in the industry.

Keywords：NEEQ；Listed Companies；Quality Evaluation

Contents

I General Reports

Abstract: With the re-relaxation of merger and reorganization market of domestic capital market at the end of 2018 and the proposal of sci-tech innovation board, merger and reorganization activities centering on science and technology sector and growth are bound to be active again, and merger and reorganization activities in the new third board market will shine again. Following the research idea of the 2017 neeq listed companies' quality evaluation report, this report, based on the group characteristics of listed companies, comprehensively evaluates the investment quality of listed companies from the four dimensions of continuous operation ability, information disclosure quality, growth and innovation. The evaluation index system consists of 28 basic indicators. In this year's evaluation, the research group conducted a comprehensive evaluation on 2189 sample companies (about 20% of all listed companies at the end of 2017). The average score of quality evaluation of listed companies is 67.50 points, and the score is distributed between 46.80 points and 83.45 points. Generally, the score is normally

distributed, showing a good degree of differentiation and identifying relatively high-quality listed companies. It should be said that the quality evaluation score essentially reflects the relative ranking of the listed company's quality index. In this sense, from the perspective of investors' attention, the ranking of listed companies with common characteristics in the segmented industry has more reference value.

Keywords: New Third Board; Listed Companies; Quality Evaluation; Merger and Reorganization

B. 2 The Implementation, Comparison and Influence of Science and Technology Innovation Board / 051

Abstract: As a major institutional innovation in China's capital market, Science and Technology Innovation Board not only further improves China's multi-level capital market system, is conducive to vigorously promoting China's financial market reform, but also provides a fast financing channel for innovative SMEs, is conducive to achieving structural reform of China's financial supply side, and realizes the strategic positioning of the real economy of financial services. This report elaborates on the system and rules of the landing of Science and Technology Innovation Board, focusing on ten aspects: issuing mode, pricing mode, callback mechanism, bidding mode, strategic placement and investor threshold. It compares with other A-share sectors and Hong Kong market in depth. Finally, it analyses the important impact of Science and Technology Innovation Board from the perspective of financial market reform and structural reform of financial supply side.

Keywords: Science and Technology Innovation Board; Registration System; Other Sectors of A Shares; Hong Kong Market

II Industry Reports

Abstract: This report based on Wind tertiary industry for industry classification, the 2189 sample companies involved in 60 Wind tertiary industry, according to the attribute further merge into 14 set industry, including electrical equipment, electronic information and Internet, machinery, buildings, real estate, metal mining and metallurgy, energy and chemical industry, software information, production services, service life, food, culture, consumer goods and pharmaceutical industries. For each category of industries, the report is evaluated and displayed from three aspects, including industry overview and analysis of subdivided industries, quality evaluation results of listed companies in the industry, and case presentation of some excellent listed companies.

Keywords: Evaluation Results; Industry Ranking; Industry Segmentation

III Appendix

❈ 皮书起源 ❈

"皮书"起源于十七、十八世纪的英国，主要指官方或社会组织正式发表的重要文件或报告，多以"白皮书"命名。在中国，"皮书"这一概念被社会广泛接受，并被成功运作、发展成为一种全新的出版形态，则源于中国社会科学院社会科学文献出版社。

❈ 皮书定义 ❈

皮书是对中国与世界发展状况和热点问题进行年度监测，以专业的角度、专家的视野和实证研究方法，针对某一领域或区域现状与发展态势展开分析和预测，具备原创性、实证性、专业性、连续性、前沿性、时效性等特点的公开出版物，由一系列权威研究报告组成。

❈ 皮书作者 ❈

皮书系列的作者以中国社会科学院、著名高校、地方社会科学院的研究人员为主，多为国内一流研究机构的权威专家学者，他们的看法和观点代表了学界对中国与世界的现实和未来最高水平的解读与分析。

❈ 皮书荣誉 ❈

皮书系列已成为社会科学文献出版社的著名图书品牌和中国社会科学院的知名学术品牌。2016年，皮书系列正式列入"十三五"国家重点出版规划项目；2013~2019年，重点皮书列入中国社会科学院承担的国家哲学社会科学创新工程项目；2019年，64种院外皮书使用"中国社会科学院创新工程学术出版项目"标识。

中国皮书网

（网址：www.pishu.cn）

发布皮书研创资讯，传播皮书精彩内容
引领皮书出版潮流，打造皮书服务平台

栏目设置

关于皮书：何谓皮书、皮书分类、皮书大事记、皮书荣誉、
　　　　　皮书出版第一人、皮书编辑部

最新资讯：通知公告、新闻动态、媒体聚焦、网站专题、视频直播、下载专区

皮书研创：皮书规范、皮书选题、皮书出版、皮书研究、研创团队

皮书评奖评价：指标体系、皮书评价、皮书评奖

互动专区：皮书说、社科数托邦、皮书微博、留言板

所获荣誉

2008 年、2011 年，中国皮书网均在全
国新闻出版业网站荣誉评选中获得"最具
商业价值网站"称号；

2012 年，获得"出版业网站百强"称号。

网库合一

2014 年，中国皮书网与皮书数据库端
口合一，实现资源共享。

权威报告·一手数据·特色资源

皮书数据库
ANNUAL REPORT(YEARBOOK)
DATABASE

当代中国经济与社会发展高端智库平台

所获荣誉

- 2016年，入选"'十三五'国家重点电子出版物出版规划骨干工程"
- 2015年，荣获"搜索中国正能量 点赞2015""创新中国科技创新奖"
- 2013年，荣获"中国出版政府奖·网络出版物奖"提名奖
- 连续多年荣获中国数字出版博览会"数字出版·优秀品牌"奖

成为会员

通过网址www.pishu.com.cn访问皮书数据库网站或下载皮书数据库APP，进行手机号码验证或邮箱验证即可成为皮书数据库会员。

会员福利

- 已注册用户购书后可免费获赠100元皮书数据库充值卡。刮开充值卡涂层获取充值密码，登录并进入"会员中心"—"在线充值"—"充值卡充值"，充值成功即可购买和查看数据库内容。
- 会员福利最终解释权归社会科学文献出版社所有。

数据库服务热线：400-008-6695
数据库服务QQ：2475522410
数据库服务邮箱：database@ssap.cn
图书销售热线：010-59367070/7028
图书服务QQ：1265056568
图书服务邮箱：duzhe@ssap.cn

S 基本子库
SUB DATABASE

中国社会发展数据库（下设 12 个子库）

全面整合国内外中国社会发展研究成果，汇聚独家统计数据、深度分析报告，涉及社会、人口、政治、教育、法律等 12 个领域，为了解中国社会发展动态、跟踪社会核心热点、分析社会发展趋势提供一站式资源搜索和数据分析与挖掘服务。

中国经济发展数据库（下设 12 个子库）

基于"皮书系列"中涉及中国经济发展的研究资料构建，内容涵盖宏观经济、农业经济、工业经济、产业经济等 12 个重点经济领域，为实时掌控经济运行态势、把握经济发展规律、洞察经济形势、进行经济决策提供参考和依据。

中国行业发展数据库（下设 17 个子库）

以中国国民经济行业分类为依据，覆盖金融业、旅游、医疗卫生、交通运输、能源矿产等 100 多个行业，跟踪分析国民经济相关行业市场运行状况和政策导向，汇集行业发展前沿资讯，为投资、从业及各种经济决策提供理论基础和实践指导。

中国区域发展数据库（下设 6 个子库）

对中国特定区域内的经济、社会、文化等领域现状与发展情况进行深度分析和预测，研究层级至县及县以下行政区，涉及地区、区域经济体、城市、农村等不同维度。为地方经济社会宏观态势研究、发展经验研究、案例分析提供数据服务。

中国文化传媒数据库（下设 18 个子库）

汇聚文化传媒领域专家观点、热点资讯，梳理国内外中国文化发展相关学术研究成果、一手统计数据，涵盖文化产业、新闻传播、电影娱乐、文学艺术、群众文化等 18 个重点研究领域。为文化传媒研究提供相关数据、研究报告和综合分析服务。

世界经济与国际关系数据库（下设 6 个子库）

立足"皮书系列"世界经济、国际关系相关学术资源，整合世界经济、国际政治、世界文化与科技、全球性问题、国际组织与国际法、区域研究 6 大领域研究成果，为世界经济与国际关系研究提供全方位数据分析，为决策和形势研判提供参考。

法律声明

　　"皮书系列"（含蓝皮书、绿皮书、黄皮书）之品牌由社会科学文献出版社最早使用并持续至今，现已被中国图书市场所熟知。"皮书系列"的相关商标已在中华人民共和国国家工商行政管理总局商标局注册，如 LOGO（ ⬛ ）、皮书、Pishu、经济蓝皮书、社会蓝皮书等。"皮书系列"图书的注册商标专用权及封面设计、版式设计的著作权均为社会科学文献出版社所有。未经社会科学文献出版社书面授权许可，任何使用与"皮书系列"图书注册商标、封面设计、版式设计相同或者近似的文字、图形或其组合的行为均系侵权行为。

　　经作者授权，本书的专有出版权及信息网络传播权等为社会科学文献出版社享有。未经社会科学文献出版社书面授权许可，任何就本书内容的复制、发行或以数字形式进行网络传播的行为均系侵权行为。

　　社会科学文献出版社将通过法律途径追究上述侵权行为的法律责任，维护自身合法权益。

　　欢迎社会各界人士对侵犯社会科学文献出版社上述权利的侵权行为进行举报。电话：010-59367121，电子邮箱：fawubu@ssap.cn。

社会科学文献出版社